MASSIMO PITTAU

600 ISCRIZIONI ETRUSCHE

Tradotte e commentate

....

600 ISCRIZIONI ETRUSCHE
TRADOTTE E COMMENTATE
by Massimo Pittau
Language Italian
Digital and Paperback Edition
Second Edition, April 2018
Ipazia Books
www.ipaziabooks.com
Dublin, Ireland
Cover: Affresco – Tomba degli Auguri, Tarquinia.

Premessa

Nell'anno 1990 io avevo pubblicato un'opera intitolata Testi Etruschi tradotti e commentati – con vocabolario (Bulzoni Editore, Roma). La presente opera costituisce il rifacimento di quella mia di 23 anni fa.

Ovviamente la metodologia da me seguita nella composizione di quella mia prima opera è quella stessa che seguo in questa mia nuova, ma il titolo risulta mutato in Iscrizioni Etrusche – tradotte e commentate.

La mia decisione di mutare il titolo è venuta da due importanti circostanze: I) Il numero delle iscrizioni etrusche da me studiate, tradotte e commentate in questa mia nuova opera è di molto superiore al numero di quelle da me presentate nella mia vecchia; II) Alla traduzione e al commento delle iscrizioni della mia prima opera io ho apportato, in questa nuova, numerose modifiche e perfezionamenti, conseguenti al fatto che nel frattempo io ho mandato avanti in maniera intensiva lo studio della lingua etrusca, come dimostra il numero delle nuove opere che ho pubblicato in questi ultimi anni.

In un campo assai sdrucciolevole come è quello relativo allo studio della lingua etrusca, è evidente che il tempo non passa mai inutilmente: in effetti nella mia nuova opera compaiono miei recenti scoperte relative alla lingua etrusca, ovvio effetto del mio successivo studio approfondito. D'altronde tengo a segnalare e a precisare che mie traduzioni e interpretazioni di iscrizioni etrusche che avevo inserito perfino in mie opere recenti e recentissime, risultano modificate o perfezionate in questa mia nuova odierna.

È cosa nota che in tutte le scienze o discipline, il sapere si trova in continua evoluzione di modifica e di perfezionamento e ciò avviene ovviamente pure rispetto allo studio della lingua etrusca, come potrebbe constatare

con facilità dall'esame e dalla comparazione che un qualsiasi lettore intendesse effettuare nella serie delle mie 12 opere dedicate a questa lingua.
Nella mia opera del 1990 io avevo seguito il testo e pure la numerazione delle iscrizioni etrusche quali risultavano nell'opera di Massimo Pallottino, Testimonia Linguae Etruscae (II ediz., Firenze 1968) (sigla TLE). Senonché questa pur importante opera è stata largamente superata dalla più recente di Helmut Rix, Etruskische Texte, Editio Minor, I Einleitung, Konkordanz, Indices; II Texte (Tübingen 1991) (sigla ET). Questa riporta il sito di ritrovamento di ogni iscrizione, il suo supporto epigrafico ed inoltre la datazione, sia pure generica.
In questa mia presente opera pertanto io seguo la numerazione e le indicazioni della citata opera del Rix, ovviamente facendo uso delle relative sigle ed abbreviazioni, quelle che riporto immediatamente dopo questa Premessa. Però, siccome il Rix non è sempre convincente nelle sue letture, ricostruzioni ed emendamenti delle iscrizioni etrusche citate, talvolta peggiorando quelli del Pallottino, ho ritenuto di continuare a mantenere il riferimento ai TLE del Pallottino, anche per consentire all'eventuale studioso di controllare in contemporanea i due testi (quelli dei TLE e degli ET) e di scegliere quello che gli sembra da preferire.
Chiudo questa mia breve Premessa dicendo di essere convinto di poter offrire, con la presente opera, un utile e facile strumento di lavoro per coloro che si volessero dedicare allo studio di questa affascinante (però non più "misteriosa") lingua di quel popolo meraviglioso che sono stati gli Etruschi.

Massimo Pittau
Sassari, dicembre 2013

Abbreviazioni degli "Etruskische Texte" di Helmut Rix

Ad	*Adria*
Af	*Africa*
AH	*Ager Hortanus*
Ar	*Arretium*
AS	*Ager Saenensis*
AT	*Ager Tarquinensis*
AV	*Ager Vulcentanus*
Cl	*Clusium*
Cm	*Campania*
Co	*Cortona*
Cr	*Caere*
Cs	*Corsica*
Fa	*Falerii et Ager Faliscus*
Fe	*Felsina*
Fs	*Faesulae*
G.	*Gemmae*
La	*Latium*
Li	*Liguria*
LL	*Liber linteus*
Na	*Gallia Narbonensis*
NU	*Nummi*
OA	*Inscr. Originis Australis*
OB	*Inscr. Originis Borealis*
OI	*Inscr. Originis Ignotae*
Pa	*Padana*
Pe	*Perusia*
Po	*Populonia*
Ru	*Rusellae*
S.	*Specula*
Sa	*Sabina*
Sp	*Spina*
Ta	*Tarquinia*
TC	*Tabula Capuana*

Um *Umbria et Ager Gallicus*
Vc *Vulci*
Ve *Veii*
Vn *Vetulonia*
Vs *Volsinii*
Vt *Volaterrae*

Altre abbreviazioni

a.C. *avanti Cristo*
ant. *antico, antiquato/a*
cap. *capitolo*
cfr. *confronta*
cit. *citato/a*
ecc. *eccetera*
es. *esempio*
etr. *etrusco/a*
femm. *femminile*
fig. *figura(to)*
franc. *francese*
indeur. *indeuropeo*
ingl. *inglese*
ital. *italiano/a*
lat. *latino/a*
masch. *maschile*
num. *numero(/ale)*
pers. *persona(le)*
pg(g). *pagina/e*
plur. *plurale*
pres. *presente*
rec *recente*
sec. *secolo*
sg(g). *seguente/i*
sing. *singolare*
suff. *suffisso/i*
s. v. *sub voce*
ted. *tedesco*

Cippus Cippo di Perugia
Liber Liber linteus
Pirgi Lamine auree
TCap Tabula Capuana
TCort Tabula Cortonensis

Avvertenze per la lettura del lessico etrusco

1) Come si usa comunemente da parte dei linguisti, per esigenze tipografiche l'etrusco viene trascritto in maniera destrorsa, cioè dalla sinistra alla destra, mentre è noto che gli Etruschi in generale lo scrivevano in maniera contraia, cioè sinistrorsa.

2) La puntegiatura è tralasciata, dato che – com'è noto – nella scrittura etrusca essa ha esclusivamente un valore epigrafico, non uno semantico.

3) Il greco viene trascritto in caratteri latini.

4) L'asterisco * che precede o segue un vocabolo indica che esso è presupposto, ma non documentato.

( ) parentesi che racchiudono lettere o sillabe o parole sottintese o da sottintendere.

[ ] parentesi che racchiudono lettere o sillabe o parole da reintegrare.

{ } parentesi che racchiudono lettere o sillabe o parole da espungere od eliminare.

/ stanghetta che indica il cambio della riga nella iscrizione etrusca e, talvolta, anche nella sua traduzione.

\ stanghetta che indica differenti iscrizioni scritte sul medesimo supporto.

| stanghetta verticale che indica le differenti facce od angoli di un supporto.

(?) indica dubbio sulla traduzione.

ISCRIZIONI TRADOTTE E COMMENTATE

Iscrizione 1

(Ad 2.9, 17 - rec; TETC, TLE 717)

KAVIŚ TA MI

questa io (sono) di Cavio

Iscrizione graffita su una patera rinvenuta ad Adria. Cfr. con le iscrizione *TLE* 5, 8, 9, 67, 900.- KAVI è una variante del gentilizio masch. CAVIE = lat. *Cavius* (*TLE* 393); TA è il dimostrativo.

Iscrizione 2

(Ad 6.1 – rec; su patera; TLE 938)

KULŚNUTERAŚ ŚMINΘI AKŚKE

Smintio (l') ha fatta per il sodalizio di Culsonia

KULŚNUTERAŚ (KULŚNU-TERA-Ś) probabilmente «del/al sodalizio di Culsonia» (in genitivo di donazione). Il suffisso collettivo -TERA corrisponde a quello più comune -TRA. Vedi CULŚU.

Iscrizione 3

(Af 3.1; NRIE 1042; TLE 724)

MI PUINEL KARΘAZIE ELS Φ[ERSU]NA

io (sono) Poenulo Cartaginese - contrassegno (?) personale (?)

Iscrizione graffita su una placchetta di avorio, nel cui retro è scolpito un cinghiale e che è stata rinvenuta in una tomba di Cartagine. Molto probabilmente era una tessera di riconoscimento, scritta in etrusco, che il defunto, Punico ed in particolare Cartaginese, si portava dietro ai fini dei suoi rapporti commerciali in Etruria e con gli Etruschi. Sembra del VI sec. a. C. -PUINEL corrisponde esattamente al lat. *Poenulus*, diminivo dell'etnico *Poenus* «Punico» (E. Peruzzi, *Storia di Roma*, I pg. 22-23); qui è *un* nome individuale, che al possessore della tessera, a causa della sua origine, sarà stato attribuito dagli Etruschi. -EL è un suffisso diminutivo variante dell'altro più frequente -IL (cfr. VENEL/VINIL, ΘANXVIL/ΘANXVEL) e l'uno e l'altro corrispondono a quelli lat. *-ellus/-illus*, che è di matrice tirrenica (B. A. Terracini, *StEtr* III, 1929, pgg. 223-27; *LELN*).- KARΘAZIE presuppone un **Cartadius* (Benveniste, *StEtr* VII, 1933, pgg. 245-249; G. Bonfante, *StEtr* 37, 1969, pg. 499; M. Pallottino, *StEtr* 47, 1979, 319), il quale è confermato dal *cognomen* lat. *Carthagius* realmente documentato (*RNG* 310).- ELS corrisponde ad ELS di *TLE* 425: dal contesto sembrerebbe che si possano dedurre gli stessi significati del lat. *signum* «segno, contrassegno, segnacolo».- Se ΦERSU significa «maschera, attore, personaggio, persona» (iscrizione 80), Φ[ERSU]NA significherà «personale» (aggettivo). La ricostruzione del vocabolo e la sua traduzione sono mie.

Iscrizione 4

(Af 8.1-8, su 8 cippi confinari; TCL 98-101)

MVNATA ZVTAS TVL DARDANIVM TINS M

questo predio (?) è di Sutio e il cippo di Tinia Dardanio - Mille (passi)

TVL abbreviazione di TULAR «cippo, cippo confinario». Vedi TUL.- TVL DARDANIVM TINS «cippo di Tinia Dardanio», cioè "cippo posto sotto la protezione di Giove di origine dardania o troiana".- Due "flessioni di gruppo"; (*LEGL* 83; *LLE* 132).

Iscrizione 5

(AH 1.28 - 3:s; su ossario; CIE 5634; TLE 280)

LUVCATRU LARIS / ARNΘAL RIL XXXII / ZILAXNCE AVILS X

Laris Licandro (figlio) di Arunte di età 32 fu pretore per 10 anni

AVILS (AVIL-S) «anno», «età», probabilmente da confrontare col lat. *aevum* «età, (lungo) tempo, (lunga) durata, secolo» e col greco *aión* «età, vita, (lungo) tempo, (lunga) durata», col gotico *aiws* «durata, tempo» (indeur.) (*LEGL* 98) (Cr 4,4/2; Ta 1.9;....). Vedi AVILXVAL.

Iscrizione 6
(AH 1.29 – 3:s; su ossario)

LUVCATRUS LARIS ARNΘAL R XXXII \ ZILAXNCE / ΘUI CAL[ΘI MUTNAIΘI]

Laris Licandro (figlio) di Arunte di età 32 \ fu pretore / (è) qui in que[st'ossario]

Iscrizione su coperchio di ossario bisomo.- LUVCATRUS «(di) Licandro», genitivo patronimico fossilizzato di LUVCATRU (*LEGL* 78).- ZILAXNCE (ZILAX-N-CE) «fu pretore, consigliere», in preterito debole.

Iscrizione 7

(AH 1.33; CIE 5638; TETC, TLE 281)

LARΘIAL VIPIAL / MUTNA

ossario di Lartia Uipia

Iscrizione scolpita su un ossario di epoca recente, rinvenuto a Bomarzo, in territorio volsiniese.- LARΘIAL qui è genitivo femm. come in *TLE* 130, 138, 141.- Il gentilizio femm. VIPIAL (in genitivo) corrisponde a quello lat. *Vipius*.- Per MUTNA «arca, urna, sarcofago, ossario», variante recente di MUTANA, vedi *TLE* 115.

Iscrizione 8
(AH 1.34; CIE 5640; TETC, TLE 279)

VEL SECNES / VELUS CLAN / AVILS ESLEM / [Z]AΘRUMS

Uel Secennio figlio di Uel di anni diciotto

Iscrizione scolpita su un sarcofago di epoca recente, rinvenuto a Bomarzo, in territorio volsiniese.- SECNES gentilizio masch. da confrontare con quello lat. *Secennius*; la -S è quella dell'originario genitivo patronimico ormai fossilizzata (*TLE* 35).- ESLEM, da distinguere in ESL-EM, significa «due (sottratto) da» (cfr. ESAL(-S) «due» di *TLE* 324).- ZAΘRUM(-S) «(di) diciotto», letteralmente «due da venti», cioè «venti meno due» e corrisponde al lat. *duodeviginti* (cfr. ΘUNEM ZAΘRUM di *TLE* 192).

Iscrizione 9

(AH 1.47 - rec; CIE 5646; TETC, TLE 276)

ECLΘI RAMΘA CAINEI

qui (c'è) Ramta Caenia

Iscrizione scolpita sul coperchio di un sarcofago di epoca recente, rinvenuto a Ferento (*VT*), del IV/III sec. a. C.- ECLΘI «in questo (sarcofago)» dimostrativo in locativo ed anche avverbio «qua, qui», da confrontare con CLΘI di *TLE* 93 e con CLT di *TLE* 683.- Il gentilizio femm. CAINEI corrisponde a quello lat. *Caenius*, nonché all'appellativo *caenum* «fango, melma, lordura», finora privo di etimologia (*DELL*) e quindi di probabile origine etrusca (*DICLE* 49); vedi KAINEI di *TLE* 664.

Iscrizione 10

(AH 1.50 – 3: su sarcofago)

LARΘI ΘUI

qui (c'è) Lartia

Iscrizione su coperchio di sarcofago del III sec. a. C., rinvenuto a Ferento (*VT*).

Iscrizione 11

(AH 1.52 – 2:su coperchio di ossario)

ECA HUPNINA / ŚEΘRES

questo ossario / (è) di Setre

Iscrizione su coperchio di ossario di tufo del II sec. a. C., rinvenuto a Ferento (*VT*).

Iscrizione 12
(AH 1.60 - 3: CIE 5661*; TETC, TLE 286)

[VE]L VIPIΘENES ARNΘAL SVALCE AVIL LXXII

Uel Uibidieno (figlio) di Arunte visse 72 anni

Iscrizione scolpita sul coperchio di un sarcofago rinvenuto ad Orte, in territorio volsiniese, del III sec. a. C.- Il gentilizio masch. VIPIΘENES (per la -S vedi *TLE* 35) corrisponde a quello lat. *Vibidienus*, al toponimo *Vipitenum* (odierno *Vipiteno* in Alto Adige) e alla *Vipitina vallis* della *Raetia*. È appena il caso di ricordare che Tito Livio (V 33) parla della presenza degli Etruschi nella Rezia, cioè appunto nell'odierno Alto Adige.

Iscrizione 13

(AH 1.80 – rec; CIE 10945; NRIE 752)

VEL CEISES / LARΘISAS

Uel Caesio / (figlio) di Lartillo

Iscrizione su tegola di epoca recente rinvenuta ad Orte.- LARΘISA(-S) è il diminutivo del prenome masch. LARΘ, in caso genitivo.

Iscrizione 14

(AH 1.81; CIE 5682; TETC, TLE 285)

ECA SUΘI CEICNAL Θ

questo sepolcro (è) di T(ania) Caecinia

Iscrizione scolpita su un cippo funerario del IV/III sec. a.C., rinvenuto ad Orte, in territorio volsiniese.

Iscrizione 15
(AH 3.3; TETC, TLE 752)

TITE CALE ATIAL TURCE / MALSTRIA CVER

Tito Callio ha donato ad Attia / lo specchio in dono

oppure

Tito Callio (figlio) di Attia ha donato lo specchio in dono

Iscrizione incisa su uno specchio bronzeo, del IV/III sec. a. C. e di rinvenimento incerto.- CALE gentilizio masch. corrispondente a quello lat. *Cal(l)ius*.- MALSTRIA «specchio», da cfr. con MALENA, MALNA «specchio».- ATIAL «di/a Attia» in genitivo di donazione (*TLE* 266).

Iscrizione 16

(AH 3.4; S.4; CIE 10919*; TETC, TLE 282)

MI TITASI CVER MENAXE

\ ARTUME \ HERCLE \ MENRVA \ APLU

io sono stato dato in dono a Titia

\ Artemide \ Ercole \ Minerva \ Apollo

La prima iscrizione è incisa sul margine di uno specchio bronzeo del IV sec. a. C., rinvenuto a Bomarzo, in territorio volsiniese; le altre sono incise a fianco dell'immagine di ciascuna divinità.- MI «io» al nominativo, mentre altre volte è in accusativo come in *TLE* 33, 49, 60, 69, 278, 748, 868, 914.- TITASI «a Titia» è un prenome femm. corrispondente a quello lat. *Titius-a*; è in dativo.- Per CVER «dono, regalo» vedi *TLE* 149.- MENAXE «è stato dato», preterito passivo, da confrontare con ZIXUXE[2] di *TLE* 278; altre volte è all'attivo (*LLE* 122).

Iscrizione 17
(Ar 1.1; CIE 376; TETC, TLE 664)

FASTI KAINEI TULESA KN

Fausta Caenia avendo innalzato questo

Iscrizione incisa su una tabella bronzea di epoca per me arcaica, rinvenuta ad Arezzo. Sarà stata applicata ad un oggetto bronzeo votivo.- Per il gentilizio femm. KAINEI vedi la variante grafica CAINEI della *TLE* 276.- TULESA probabilmente «avendo sollevato, elevato, innalzato», in gerundio passato. Vedi TUL.- KN (*ET*, Ar 1.1) è una variante grafica di CN, accusativo del dimostrativo CA «questo-a» (*TLE* 51, 149).

Iscrizione 18
(Ar 1.13; TETC, TLE 670)

MI NUMUSIEŚ / ŚEMUŚ AΘNIŚ

io (sono) di Numisio / sacerdote di Semone

Iscrizione scolpita su un ossario di epoca arcaica, rinvenuto a Montagnano (*AR*).- Il gentilizio masch. NUMUSIEŚ (in genitivo) corrisponde a quelli lat. *Numisius* e *Numesius* (*LEN* 164).- ŚEMUŚ «di Semone» (in genitivo), corrisponde al lat. *Semo,-onis* "dio delle sementi" (*TETC, DETR; DICLE*).- AΘNIŚ è il genitivo dell'appellativo AΘNU «sacerdote» (*TLE* 577, 598, 599).- La divisione e l'interpretazione del testo ŚEMUŚ AΘNIŚ «sacerdote di Semone» è mia (*LLE* 164).

Iscrizione 19
(Ar 1.18 - rec; TLE 672)

ΘUKER AKIL TUŚ ΘUVEŚ

Tocer - opera del coniuge (rimasto) solo (?)

Iscrizione su coperchio di ossario rinvenuto ad Arezzo, di epoca recente.- ΘUKER, ΘUCER è un prenome masch. arcaico.- AKIL TUŚ (leggo in questo modo anziché AKILTUŚ «di Acilio»).- ΘUVE-Ś «dell'unico, del singolo, del solo», da ΘU«uno».

Iscrizione 20
(Ar 1.94 - rec; TETC, TLE 658)

LRT TULE CAVINEI / TUŚ

Lart Tullio (e) Cauinia / coniugi

Iscrizione scolpita su una lapide sepolcrale rinvenuta ad Arezzo, di epoca recente.- TULE (*ET*, Ar 1.94) gentilizio masch. da confrontare con quello lat. *Tullius*, nonché con l'appellativo *tullius* «getto, zampillo, cascata», già indiziato come di origine etrusca (*DELL; DICLE* 179).- TUŚ (*ET*, Ar 1.94) probabilmente abbreviazione di TUŚURΘIR «consorti, coniugi» (*TLE* 586, 587) oppure di TUŚΘI «assieme» (*LLE* 207).

Iscrizione 21
(Ar 2.3, 0.7, X.1; NRIE 180; TLE 665)

TARXIS \ ALIEΘI FRAST TEZIS LUΘ

(è) di Tarconte \ presso l'Allia» nel cuore della (sua) festa di norma (?)

Due porzioni di iscrizione su lucerna fittile rinvenuta ad Arezzo: la prima attorno alla lucerna, la seconda attorno al foro dell'olio; di epoca recente.- ALIEΘI (ALIE-ΘI) forse «nel/presso l'Allia», affluente del Tevere.- FRAST (*ET,* Ar 2.3, 0.7, X.1) forse FRAS-T «nel cuore» (in locativo).- TEZIS probabilmente «di norma, di legge» (in genitivo).- LUΘ «festa religiosa, festività», da confrontare col lat. *ludus* «ludo, festa, esercizio»; plur. «giochi religiosi» (già prospettato come di origine etrusca; *DELL, DELI, ESL* 169) (*LEGL* 69; *DICLE; LIOE* 48). Vedi LUΘCVA, LUΘTI, LUT.- TARXIS «di Tarchie o Tarconte» (in genitivo di donazione); era costui un mitico personaggio della "religione rivelata" degli Etruschi (corrige *LLE* 80).

Iscrizione 22
(Ar 4.1; TETC, TLE 668)

MI KLANINŚL

io (sono) di Chianino

Iscrizione incisa su una statuetta bronzea di figura maschile, del V sec. a. C., rinvenuta a Quarata (*AR*).- KLANINŚ-L «di Chianino», probabilmente è la personificazione divinizzata del fiume *Clanis*, odierno *Chiani* o *Chiana* che attraversa l'Aretino (*LELN* 154). Il vocabolo è in genitivo di dedicazione.

Iscrizione 23

(Ar 4.3; TETC, TLE 657)

TINŚ / TUL

cippo / di Tinia

oppure

TINŚ / LUT

festa / di Tinia

Iscrizione scolpita su una lapide di epoca recente, rinvenuta ad Arezzo.- TINŚ «di Tin(i)a», divinità che difende i cippi confinari.- TUL abbreviazione di TULAR «cippo, cippo confinario»; vedi TVL.- Oppure LUT (*ET*, Ar 4.3; AS 4.5) probabilmente variante di LUΘ «festa religiosa».

Iscrizione 24
(Ar 4.4; CIE 2627; TETC, TLE 685)

EIT VISCRI TURE / ARNΘALITLE PUMPUŚ

questo viscere (è) il dono /

di Pomponio quello (figlio) di Arunte

Iscrizione incisa su una statuetta bronzea di offerente, della metà del III sec. a. C., rinvenuto a Paterno di Vallombrosa (AR). L'offerente protende con la mano sinistra un viscere, interpretato dagli studiosi come un cuore oppure come un fegato o infine come un fallo. Respingo la differente divisione dei vocaboli data negli *ET*.- EIT «questo-a» dimostrativo documentato anche come EΘ ed EIΘ (*TLE* 170).- VISCRI «viscere», da confrontare col lat. *viscus,-eris*, finora privo di etimologia (*LEW, DELL*) e quindi di probabile origine etrusca. Qualora sul piano archeologico risultasse che il viscere presentato dall'offerente è un fallo, allora si potrebbe interpretare VISCRI = «bìschero», il quale è uno dei nomi toscani del fallo, sinora anch'esso privo di etimologia (*DEI, GDLI, AEI*) e che pertanto sarebbe un relitto etrusco conservato nel toscano.- TURE «dono» (*TLE* 42).- ARNΘALITLE letteralmente «di quello di Arunte», patronimico articolato (in genitivo) del prenome masch. ARNΘ.

Iscrizione 25
(AS 1.2 – rec)

LARΘI PUTRNEI ΘUI

qui (c'è) Lartia Potronia

Iscrizione su coperchio di ossario, rinveututo a Siena, Colle San Marco.- PUTRNEI «Potronia», gentilizio femm., da confrontare con quello lat. *Potronius* (*RNG*) (corrige *LELN* 81).

Iscrizione 26
(AS 1.9 - rec; su sepolcro; TLE 431)

LARΘL CVENLEŚ TA SUΘI | MAN ALCU [-----][SV|A]LCE

questo sepolcro (è) di Lart Quenlio

| il Mane donato [------ | visse

Il gentilizio CVENLE ricorre anche nella forma CVELNE e corrisponde a quello lat. *Quelius* (*RNG*).

Iscrizione 27
(AS 1.12 – rec; su ossario)

HEVA CVELNE / AU AVLNAL

nobiluomo Au(lo) Quelio (figlio) di Aulnia

HEVA «nobile, nobiluomo» (significato quasi certo; *LLE* 88). Vedi HEUL, HEVL in genitivo.

Iscrizione 28
(AS 1.29; TETC, TLE 434)

LARΘ CVENLE / PAPA

Lart Quelio / nonno

Iscrizione scolpita su un ossario di epoca recente, rinvenuto in una tomba di Montaperti (*SI*).- Per il gentilizio CVENLE vedi *TLE* 431.- Per PAPA «nonno» vedi *TLE* 96.- Per la formula dell'iscrizione cfr. l'altra *TLE* 584.

Iscrizione 29
(AS 1.41 - arc; CIE 299; TETC, TLE 432)

MI ARAΘIA ŚURTENAŚ A

io (sono) Aruntia (moglie) di A(ulo) Surdinio

Iscrizione scolpita su un cippo sepolcrale di epoca arcaica, rinvenuto a Montaperti (*SI*).

Iscrizione 30

(AS 1.99 – 2/1: su coperchio di ossario)

HEVA MARC/NIΘUR PUPEINAL

nobile famiglia Marcinia di Pupenia

MARCNIΘUR (MARCNI-ΘUR) «famiglia Marcinia».

Iscrizione 31
(AS 1.138 – 2/1: su ossario)

ΘANA MARCNEI CALISNAL TETALZ

Tana Marcinia nipote di Calusia

Iscrizione su coperchio di ossario rinveuto ad Asciano (*SI*). - TETALZ «nipote (di nonna?)», variante di TETALS.

Iscrizione 32
(AS 1.209 - rec; TLE 436)

A CAINI STRUME / MANΘ APA

Aulo Caenio Struma / (è) presso il Mane del padre

Iscrizione su ossario di calcare.- STRUME è il *cognomen*, che corrisponde a quello lat. *Struma* (letteralmente *Scrofola*). Il lat. *struma* «scrofola, ghiandola enfiata» è privo di etimologia (*DELL*) e pertanto molto probabilmente deriva dall'etrusco.- Probabilmente MANΘ (MAN-Θ) «nel, presso il Mane», «presso il Mane padre» in locativo.- APA è privo della desinenza del locativo per la "declinazione di gruppo".

Iscrizione 33

(AS 1.210 - rec; su ossario? TLE 438)

A VELNI VL / CAINAL / HERACNAL

Aulo Uelinio (figlio) di Uel (e) di Caenia Hercennia

CAINAL femm. in genitivo di CAINI «Caenio», gentilizio masch., da confrontare con quello lat. *Caenius* (*RNG*), nonché col lat. *caenum* «fango, melma, lordura» (finora privo di etimologia; *DELL*) .

Iscrizione 34

(AS 1.233 - rec; su ossario; TETC, TLE 449, 450)

ΘUI / ARNΘ ATINI \ LAUTN ETERI

qui (c'è) / Arunte Atinio \ amico di famiglia

Iscrizione scolpita su un coperchio di ossario di epoca recente, rinvenuto a Castelnuovo dell'Abate (*SI*).- ATINI gentilizio masch. corrispondente a quello lat. *Atinius*.- LAUTN = lat. *gens*, da cui è derivato LAUTNI «domestico» (*TLE* 393).- LAUTN ETERI, scritto anche unito «amico di famiglia».- ETERI, ETERA = «amico, compagno, socio, cliente» (*TLE* 122).

Iscrizione 35

(AS 1.236; StEtr 12, 325; TETC, TLE 451)

MI HUPNINA ARUNΘIAL ŚALXI/EŚ

io (sono l') ossario di Arunte di sessanta (anni)

Iscrizione scolpita su un ossario rinvenuto a Sant'Angelo in Colle (*SI*), del VI/V sec. a. C.- Per l'appellativo HUPNINA «loculo, ossario, piccolo ossario», diminutivo di HUPNI, vedi *TLE* 442.- ARUNΘIAL «di Arunte».- ŚALXIEŚ «di sessanta (anni)».

Iscrizione 36

(AS 1.253 – rec; su ossario)

HILAR SE[ΘRES ----?-] FULNI

(ossario) personale di Se[tre ----?-] Folnio

HILAR (Liber XI 33; XII 13) (Cl 8.5) probabilmente «proprio, privato-a, personale» (contrario di SPURANA «cittadino, civico, pubblico»), derivato da HIL.

Iscrizione 37
(AS 1.266; CIE 312; TETC, TLE 442)

MI HUPNINA LARΘ / ACRNIŚ LARΘIAL FELŚ/NAL

io (sono l') ossario di Lart / Agrinio (figlio) di Lartia Felsi/nia

Iscrizione scolpita su un ossario di epoca recente, rinvenuto a San Quirico d'Orcia (*SI*).- HUPNINA diminutivo di HUPNI = lat. *dormitorium* «sepolcro, tomba», letteralmente «luogo del sonno o riposo (eterno)», è da confrontare col greco *hýpnos* «sonno»; vedi *TLE* 451, 630, cfr. 53.- LARΘ per la "declinazione di gruppo" è privo della desinenza del genitivo in quanto questa è presente nel gentilizio; cosa che non avviene per ovvie esigenze di chiarezza per il successivo LARΘIAL.- Il gentilizio masch. ACRNI-Ś (in genitivo) corrisponde a quello lat. *Agrinius*. Il nome del padre è implicito nel patronimico ACRNI (*TLE* 415, 448, 466, 674).- FELŚNAL gentilizio matronimico (in genitivo) da confrontare con quello lat. *Felsinius*, nonché con *Felsina*, antico nome di Bologna (*TLE* 445, 890).

Iscrizione 38

(AS 1.270 - rec; su ossario; CIE 316; TLE 443)

[LARΘ]I LEΘI VENZL/E/Ś / [LAR]Θ VELNΘEŚ LATNI

Lartia serva di Vensilio / Lart domestico di Vensilio

Iscrizione di lettura incerta.- Per LEΘI «serva» cfr. iscrizione 881.- Siccome si intravede che i due defunti erano moglie e marito, serva e domestico del medesimo padrone, VENZLEŚ E VELNΘEŚ sono due differenti trascrizioni del medesimo gentilizio.

Iscrizione 39
(AS 1.272 - rec; CIE 202; TETC, TLE 415)

AULE CEISU VIPINAL / FULU

Aulo Caesone (figlio) di Uipinia / follone

Iscrizione scolpita su un ossario di epoca recente, rinvenuto a San Quirico in Osenna (Poggibonsi, *SI*).- CEISU gentilizio masch. da confrontare col *cognomen* lat. *Caeso,-onis*.- VIPINA-L gentilizio della madre (in genitivo); il gentilizio del padre corrisponde a quello del figlio, cioè CEISU (*TLE* 442, 448).- FULU qui è appellativo che indica il mestiere del defunto e corrisponde al lat. *fullo,-onis* «follone, lavandaio, tintore» (A. Ernout, *Éléments, 42; LELN* 146); altre volte è *cognomen* oppure gentilizio (*TLE* 13, 389, 536, 638).

Iscrizione 40

(AS 1.280 - rec; su ossario; NRIE 216; TLE 445)

LARΘI FELZNEI / L PETRUŚ L PETRU / VIPINAL / ŚUZA

Lartia Felsinia (moglie) di L(aris) Petrone

(e) L(art) Petrone (figlio) di Uipinia / il marito (?)

Iscrizione di epoca recente su urnetta bisoma di calcare, rinvenuta a San Quirico d'Orcia (*SI*). È stato A. I. Charsekin, *Zur Deutung Etruskischer Sprachdenkmäler*, Frankfurt am Main 1963, V. Klostermann, a supporre ŚUZA = «marito».

Iscrizione 41
(AS 1.298; CIE 181; TETC, TLE 418)

LARΘ VETE ARN/ΘALISA ΘUI LAR/Θ VETE LINE

Lart Uetio quello (figlio) di Arunte (c'è) qui

Lar/t Uetio ha predisposto (l'ossario)

Iscrizione scolpita su un ossario di epoca recente, rinvenuto nella tomba della *familia Vetia* di San Quirico in Osenna (Poggibonsi *SI*); vedi *TLE* 416, 417.- ARNΘALISA letteralmente «quello di Arunte», patronimico pronominale; cfr. *TLE* 417 LARISALISA e 51.- VEL VETE della iscrizione precedente e LARΘ VETE di questa saranno stati due cugini, figli dei due fratelli LARIS e ARNΘ VETE. L'altro LARΘ VETE che predispose i due ossuari sarà stato il fratello di uno dei due cugini.

Iscrizione 42

(AS 1.307 - rec; TETC, TLE 417)

VEL VETE LARISALISA LA/RΘ VETE LINE

Uel Uetio quello (figlio) di Laris; La/rt Uetio ha predisposto (l'ossario)

Iscrizione scolpita su un ossario di epoca recente, rinvenuto nella tomba della *familia Vetia* di San Quirico in Osenna (Poggibonsi, *SI*); vedi *TLE* 416.- LARISALISA letteralmente «quello di Laris», patronimico pronominale; vedi *TLE* 51.- LINE (anche AS 1.298, 314) significato compatibile «predispose, ha predisposto», 3ª pers. sing. del preterito forte (*LEGL* § 95).

Iscrizione 43
(AS 1.309 - rec; CIE 193; TETC, TLE 416)

LARIS VETE ΘUI

Laris Uetio (c'è) qui

Iscrizione scolpita su un ossario di epoca recente, rinvenuto a San Quirico in Osenna (Poggibonsi *SI*). Questa iscrizione e le seguenti 417/420 sono state trovate tutte in una tomba della *familia Vetia*.

Iscrizione 44

(AS 1.311 - rec; TETC, TLE 420)

MI MURS ARNΘAL VETEŚ / NUFREŚ LARIS VETE MULUNE

/ LA(R)ΘIA PETRUNI MULUNE

io (sono l') ossario di Arunte Uetio / *Nufrio;

Laris Uetio (lo) ha donato / Lartia Petronia (lo) ha donato

Iscrizione scolpita su un ossario di epoca recente, rinvenuto nella tomba della *familia Vetia* di San Quirico in Osenna (Poggibonsi *SI*); vedi *TLE* 416.- Per MURS «ossario, urna cineraria, sarcofago» vedi *TLE* 135.- NUFRE-Ś è il *cognomen* (in genitivo), da confrontare probabilmente col lat. *mufrius* «pecorone, selvaticone» (*LELN* 197).- MULUNE «donò, ha donato» preterito forte 3ª pers. sing. (*LEGL* § 95).- LAΘIA sta per LARΘIA, come LAΘIAL di *TLE* 350 sta per LARΘIAL.- PETRUNI gentilizio femm. da confrontare con quello lat. *Petronius* (*LELN* 212).- I donatori dell'ossario saranno stati coniugi.

Iscrizione 45

(AS 1.314 - rec; CIE 198; TETC, TLE 419)

LARΘIA ŚRUTZNEI / NATISAL PUIA / ΘAURA CLAN LINE

Lartia *Srusnia / moglie di Nattio; il figlio ha disposto il letto funebre

Iscrizione bustrofedica scolpita sul coperchio di un ossario di epoca recente, rinvenuto nella tomba della *familia Vetia* di San Quirico in Osenna (Poggibonsi *SI*); vedi *TLE* 416, 417.- NATISAL genitivo di NATIS, gentilizio masch. corrispondente a quello lat. *Nattius* (*RNG*) e inoltre all'idronimo friulano *Natisone*; ha il genitivo in -AL perché il nominativo NATIS termina in -S (Pfiffig, *DES* § 50 b).- L'appellativo ΘAURA «giaciglio, letto funebre, sepolcro, tomba» (*TLE* 619) è da confrontare coi lat. *torus* «giaciglio, letto, letto funebre, bara» (finora privo di etimologia e quindi di probabile origine etrusca) e *Taurii ludi*, che si celebravano in onore degli dèi inferi (vedi *TLE* 194 TARILS).

Iscrizione 46
(AS 1.320 – 2: su ossario)

ΘANA LECNE AMΘNIAL RENINE

contiene (?) Tana Lecinia (figlia) di Antinia

RENINE forse «contiene», 3ª pers. sing. dell'indicativo presente (*LEGL* 114) (*LLE* 153).

Iscrizione 47

(AS 1.382 - rec; TETC, TLE 511)

ARNΘ CAEŚ ANEŚ CA[INAL] / CLAN PUIAC

Arunte (figlio) di Caio Annio (e) di Caenia / il figlio e la moglie (posero l'ossario?)

Iscrizione scolpita sul coperchio di un ossario di epoca recente, rinvenuto nella tomba della *familia Annia* di Pienza (*SI*); vedi *TLE* 509.- Per il gentilizio femm. *Cain(-al)* (in genitivo) cfr. commento *TLE* 276.

Iscrizione 48
(AS 1.386 - rec; TETC, TLE 512)

AULEŚ | AULNIŚ | ARNΘALISA / ATINAL | PRUMAΘNE

(ossario) di Aulo Aulinio quello (figlio) di Arunte / pronipote di Attina

Iscrizione scolpita sul coperchio di un ossario di epoca recente, rinvenuto nella tomba della *familia Annia* di Pienza (*SI*); vedi *TLE* 509.- AULNI(-Ś) gentilizio masch. (in genitivo) corrispondente a quello lat. *Aulinius* (*RNG*).- ARNΘALISA letteralmente «di quello di Arunte», patronimico pronominale; ci saremmo aspettati ARNΘALISLA in genititivo concordato con quello del binomio antroponomastico; la mancata concordanza può essere effetto della rottura grafica dell'iscrizione agli angoli del coperchio dell'ossario.- ATINA(-L) antroponimo femm. (in genitivo) corrispondente al *cognomen* lat. *Attinus* (*RNG*).- PRUMAΘNE «pronipote», da confrontare col lat. *pronepos,-otis*. Vedi PRUMAΘŚ.

Iscrizione 49

(AS 1.388 – rec; su ossario)

VELIA SAΘREI ΘUI VELXURAL TETALS \ U

qui (c'è) Velia Satria nipote di *Velcuria \ .?.

ΘUI «qui, qua», da confrontare col greco *tyi* «qua, qui» (*DETR*).

Iscrizione 50
(AS 1.393 – rec; su ossario)

LAR[IS ANEINI Θ]UI CESU PUIAX

Laris Anaenio (è) qui deposto e la moglie

PUIAX (PUIA-X) «e la moglie».

Iscrizione 51
(AS 1.440 – rec)

VIPIA ATINANA ANFAREŚ

Vibia nonna di Anfiarao

Su ossario di tufo rinvenuto a Montepulciano (*SI*).- TINANA «nonna», probabilmente variante di ATI NACNA.- ANFAREŚ «di Anfiarao», nome individuale in genitivo.

Iscrizione 52
(AS 1.454 - rec)

VEL TETINA TITIAL / LAUTN ETERI

Uel Tetina (figlio) di Titia / amico di famiglia

Su ossario rinvenuto a Montepulciano.- LAUTN ETERI «cliente o amico di famiglia».

Iscrizione 53

(AS 1.459 - rec; TETC, TLE 544)

LARISAL KALISNIŚ AVIATI

Aviatia (moglie) del defunto Laris

Iscrizione scolpita su un sarcofago di epoca recente e di rinvenimento incerto.- KALISNI-Ś «del defunto». Vedi CALISNAŚ.- AVIATI gentilizio femm. da confrontare con quello lat. *Aviatius* (*RNG*).

Iscrizione 54
(AS 3.3; CIE 301; NRIE 1158; TLE 739)

LARCE LECNI TURCE FLEREŚ UΘUR ZANU EIΘI

Larce Lecinio ha donato la statuina votiva a questa acqua salutare (?)

Iscrizione incisa su una statuetta bronzea di donna del III sec. a. C.- UΘUR probabilmente è da confrontare con l'umbro *utur* «acqua» (Tav. Eug. II 6, 15) e col greco *hýdōr* «acqua» ("declinazione di gruppo"; *LEGL* 78).- ZANU forse «sano-a, salutare», da confrontare col lat. *sanus*.

Iscrizione 55
(AS 3.4, 6.1, X.1; NRIE 194 a; TETC, TLE 447)

ΘA CENCNEI / ΘUPLΘAŚ \ L CALZNIS / ŚUVLUŚI ZANA MENAXE

Tana Cingenia / a Tupulta \ L(art) *Calsinio al(la dea) salutare Sole ha donato

Due iscrizioni incise su una statuetta bronzea di figura femm. diademata, probabilmente la dea Sole o CAΘA, della metà del II sec. a. C., rinvenuta in località Casello di Sant'Angelo in Colle (*SI*). Siccome si nota anche il cambio di mano, le due iscrizioni sono state fatte da due diversi offerenti, in un tempo successivo.- CENCNEI gentilizio femm. corrispondente a quello lat. *Cingenius*.- Per il dio o dea (?) infernale ΘUPLΘAŚ vedi *TLE* 149; è in genitivo "di donazione".- CALZNIS gentilizio masch. che corrisponde in parte a quello lat. *Calsidius* (*RNG*); la -S è quella dell'originario genitivo patronimico ormai fossilizzata (*TLE* 35).- ŚUVLUŚI «al(la dea) Sole» in dativo sigmatico. Vedi SUL.- ZANA se si dovesse leggere KANA si dovrebbe intendere «opera, statua» (Vt 1.57).- MENAXE «ha dato, donato» (*TLE* 282, 652) (cfr. MENECE di *TLE* 370); (*TLE* 278).- Da vedere il mio testo di *TETC*.

Iscrizione 56
(AS 4.2; NRIE 1072; TETC, TLE 742)

TEMREŚ / ALPAN / TINAŚ

dono votivo / a Tanr / (e) a Tinia

Iscrizione incisa su una statuetta plumbea forse di sacerdote, del IV sec. a. C. e di rinvenimento incerto.

TEMREŚ probabilmente variante di ΘAMRIES «di/a Tanr» dea forse della nascita e della morte e propiziatrice del parto (in genitivo di dedicazione) (alternanza A/E; *DICLE* 13).- Per ALPAN «dono, dono votivo» vedi *TLE* 640.- TINAŚ «di/a Tinia», in genitivo di dedicazione (*TLE* 772); TINA o TINIA è il dio etrusco corrispondente al lat. *Iupiter* «Giove» e al greco *Zéus*.

Iscrizione 57

(AS 5.1; CIE 1118, 1119; TETC, TLE 509, 510)

ANE CAE VETUS ACNAICE

Caio Anio, morì da vecchio (?)

ANEŚ CAEŚ PUIL HUP/NI EI ITRUTA

urna della moglie di Caio Anio / non toccare!

Iscrizione scolpita sul coperchio di un ossario di epoca recente, rinvenuto in una tomba della *familia Annia* di Pienza (*SI*). Le iscrizione *TLE* 509, 510, 511, 512 sono state trovate tutte in questa tomba.

Per il gentilizio ANE = lat. *Annius* vedi commento *TLE* 494.- VETUS forse «da vecchio» (?).- ACNAICE «lasciò, ha lasciato; morì, è morto».- PUIL «della moglie», genitivo di PUIA.- EI è la particella negativa.- EI ITRUTA «non toccare!»; oppure «non riusato», da distinguere in ITRU-TA, col dimostrativo enclitico; dal contesto e dalla probabile omoradicalità col lat. *iterum* potrebbe significare «riusato, usato» (anche in OA 3.9).

Iscrizione 58
(AS 7.1 - 4/3;TLE 730)

MENA ME CANA CLIVINIA TRECTE VELUŚ
LARΘU/RNIŚ LEPRNAL MLACAŚ MANI

*Clivinia dona me statua in favore di Uel *Larturnio

(figlio) di Leporinia votando(la) al (suo) Mane

Su base di statua. Separo MENAME in MENA ME.- Interpreto TRECTE «in/a favore», in locativo figurato (TREC-TE). Vedi TRECŚ (Vt 8.1).- LEPRNAL qui è gentilizio femm. (in genitivo), corrispondente al *cognomen* lat. *Leporinus* (*RNG*); cfr. invece *TLE* 131.- MLACAŚ «donando in voto, votando».- MANI «al Mane, all'anima» di Uel Larturnio (in dativo).

Iscrizione 59
(AT 1.1; CIE 5683; TLE 195)

[------]S ARNΘ LARISAL CLAN ΘANXVILUSC PEŚLIAL MA[RUNUX PAXA]ΘURAC TENΘASA

/ EISNEVC EPRΘNEVC MACSTREVC TEN[--T]EZNXVALC TAMERA ZELARVENAS

ΘUI ZIVAS AVILS XXXVI LUPU

[------] *Arunte figlio di Laris e di Tanaquile *Peslia avendo tenuto il maronato e il sodalizio bacchico*

e avendo tenuto [le cariche] sacerdotale e pretoriale e magistratuale e delle leggi,

la cappella ampliando qui da vivo, morto a 36 anni

Iscrizione incisa su un sarcofago di epoca recente, rinvenuto in Tuscania (VT).- TENΘASA significato quasi certo «avendo tenuto, esercitato, svolto, essendo stato» (gerundio passato).- EISNEVC (EISNEV-C) «e divino-a».- EPRΘNEVC (EPRΘNEV-C) «e pretoriale», vedi *TLE* 171, 233.- MACSTREVC (MACSTREV-C) «e magistratuale».- TAMERA ZELARVENAS «la cappella (sepolcrale) ampliando».- Per TEZNXVALC (TEZN-XVAL-C) probabilmente «e delle leggi» (al plur.); cfr. TESNE, TESNŚTEIŚ del *Cippus*.- ΘUI «qui», probabilmente "in Tuscania".- ZIVAS «vivente, vivendo, da vivo-a» (in gerundio pres.).

Iscrizione 60

(AT 1.14; CIE 5696 b; TETC, TLE 182)

VIPINANAS VELΘUR VELΘURUS XI ZILAX[N]CE

Ueltur Uibinna (figlio) di Ueltur fu consigliere 11 (volte)

Iscrizioni scolpita su un sarcofago maschile di epoca recente, rinvenuto nella tomba della *familia Uibinna* di Tuscania (*VT*). Vedi *TLE* 179.

Iscrizione 61
(AT 1.20; CIE 5702; TETC, TLE 180)

VIPINAN[A]S SEΘRE VELΘURS MECLASIAL
ΘANXVILU[S]

AVILS CIS CEALXS

Setre Uibinna (figlio) di Ueltur (e) di Tanaquile Meclasia di anni trentatré

Iscrizione scolpita su un sarcofago maschile di epoca recente, rinvenuto nella tomba della *familia Uibinna* di Tuscania (*VT*). Vedi *TLE* 179.- Per VIPINANAS vedi *TLE* 179; qui però la -S del genitivo risulta fossilizzata (*TLE* 35).- MECLASIAL genitivo di un gentilizio femm., che corrisponde a quello lat. *Meclasius*.

Iscrizione 62
(AT 1.21; CIE 5703; TETC, TLE 179)

ECA MUTNA ARNΘAL VIPINANAS ŚEΘREŚLA

questo sarcofago (è) di Arunte Uibinna quello (figlio) di Setre

Iscrizione scolpita su un sarcofago rinvenuto a Tuscania (*VT*), del III sec. a. C. Le iscrizioni 179-182 sono state trovate tutte nella tomba della *familia Uibinna*.- Per MUTNA vedi *TLE* 115.- Il gentilizio masch. VIPINANA è una variante dell'altro VIPINA ed è da confrontare con quello lat. *Vibin(n)a*; in conseguenza di ciò si intravede che il suo accento sarà stato UIPÍNANA.- ŚEΘREŚLA letteralmente «di quello di Uibinna», è il patronimico pronominale in genitivo, concordato coi genitivi ARNΘAL VIPINANAS.- Questa iscrizione è da confrontare con la *TLE* 177.

Iscrizione 63

(AT 1.22; CIE 5704; TETC, TLE 181)

VIPINANAS VEL CLA/NTE ULTNAS LA[R]ΘAL CLAN

/ AVILS XX TIVRS ŚAS

Uel Uibinna figliastro di Ultenia, figlio di Lart / di anni 20 (e) mesi sei

Iscrizione scolpita sul coperchio di un ossario di epoca recente, rinvenuto nella tomba della *familia Uibinna* di Tuscania (VT). Vedi *TLE* 179.- Da questa iscrizione e dalla Cl 1.1889 risulta che CLANTE/I significava «figliastro» e «figlio adottivo», che deriva da CLAN «figlio» (*LLE* 55; corrige *DETR*). Con l'alta mortalità dei tempi antichi, il fenomeno di un secondo matrimonio sarà stato molto frequente, con l'ovvia presenza di patrigni, matrigne e figliastri.- ULTNAS genitivo di un gentilizio femm., che corrisponde a quello lat. *Ultena, Ult(e)nia* (*RNG*).- Evidentemente il gentilizio di LARΘAL è VIPINANAS.- TIVRS (TIVR-S) «di mesi», genitivo di TIVR, TIUR «luna» e «mese» (*TLE* 359, 718, 719, 748, 875); è in genitivo sing. e non plur. perché seguito da un numerale.- ŚAS (ŚA-S) «di sei» (in genitivo) è da confrontare col lat. *sex*.- AVILS XX TIVRS ŚAS «di anni 20 (e) di mesi sei»; si osservi che sia AVILS sia TIVRS sono in genitivo sing. per la "declinazione di gruppo".

Iscrizione 64

(AT 1.30; CIE 5718; TETC, TLE 198)

ECA ŚUΘI NEVTNAS ARNΘAL NEŚ

*questa tomba (è) del fu Arunte *Neutinio*

Iscrizione scolpita sulla base di un leone di pietra rinvenuto a Valle Vidone, in territorio tarquinese, del IV/III sec. a. C.- Per NEŚ vedi *TLE* 167, 173, 353. È privo della desinenza del genitivo per la "declinazione di gruppo", per cui non è necessario ricostruire NEŚL.

Iscrizione 65

(AT 1.31; CIE 5719; TETC, TLE 192)

ZILTNAL / RAMΘA / AVILS ΘU/NEM ZA/ΘRUMS / ARNΘAL

*(sarcofago) di Ramta *Siltinia di anni diciannove*

(figlia) di Arunte

Iscrizione scolpita su un sarcofago femm. rinvenuto nella tomba della *familia Statiliana* di Tuscania (*VT*), del II sec. a. C. Vedi *TLE* 183.- RAMΘA è privo della desinenza del genitivo per la "declinazione di gruppo".- Per ΘUNEM «meno uno» vedi *TLE* 136.- ZAΘRUMS «di venti» numerale in genitivo di età (*TLE* 93).- ΘUNEM ZAΘRUM(-S) «diciannove», letteralmente «uno da venti» e corrisponde al lat. *undeviginti* (cfr. *TLE* 279).

Iscrizione 66

(AT 1.32; CIE 5720; TETC, TLE 190)

STATLANES LARΘ VELUS LUPU AVILS XXXVI MARU
PAXAΘURAS CAΘSC LUPU

Lart Statiliano (figlio) di Uel morto a 36 anni

morto (quando era) marone del sodalizio di Bacco e di Cata

Iscrizione scolpita su un sarcofago masch. rinvenuto nella tomba della *familia Statiliana* di Tuscania (VT), del II sec. a. C. Vedi *TLE* 183.- STATLANES la -S è quella dell'originario genitivo patronimico ormai fossilizzata (*TLE* 35).- Per MARU vedi *TLE* 134.- PAXAΘURAS (PAXA-ΘUR-AS) «del sodalizio di Bacco» (in genitivo). Per il suffisso -ΘUR vedi *TLE* 176.- CAΘSC (CAΘS-C) «e di Catha» corrisponde a CAΘAS di *TLE* 131. La connessione del dio Bacco con la dea Sole (*TLE* 622) - connessione documentata anche in *TLE* 131 - è probabilmente motivata dal fatto che in origine anche Bacco veniva considerato una divinità solare (cfr. Servio, *Georg.* I, 5).

Iscrizione 67

(AT 1.33; CIE 5721; TETC, TLE 189)

RAMΘA NUIXLNEI / CI AVIL PUIA / STA[T]LANES VELUS

Ramta Nuclia / per tre anni moglie / di Uel Statiliano

Iscrizione scolpita sul coperchio di un sarcofago rinvenuto nella tomba della *familia Statiliana* di Tuscania (VT), del II sec. a. C. Vedi *TLE* 183.- Forse il gentilizio femm. NUIXLNEI corrisponde a quello lat. *Nuclius*.

Iscrizione 68
(AT 1.34; CIE 5722; TETC, TLE 183)

ECA MUTNA VELΘURUS STA[T]LANES / LARISALIŚLA

questo sarcofago (è) di Ueltur Statiliano / quello (figlio) di Laris

Iscrizione scolpita su un sarcofago rinvenuto nella tomba della *familia Statiliana* di Tuscania (VT), del II sec. a. C. Le iscrizioni *TLE* 183/192 sono state trovate tutte in quella tomba.- Per MUTNA vedi *TLE* 115. Il gentilizio STA[T]LANE, da confrontare col *cognomen* lat. *Statilianus*, è ricostruito in base alle iscrizione *TLE* 185, 187, 190.- LARISALIŚLA letteralmente «di quello di Laris», è il patronimico pronominale in genitivo, concordato coi precedenti genitivi VELΘURUS STA[T]LANES.

Iscrizione 69
(AT 1.35; CIE 5723; TETC, TLE 185)

ECA MUTNA VELUS / STATLANES LARI/SAL

questo sarcofago (è) di Uel Statiliano (figlio) di Laris

Iscrizione scolpita su un sarcofago rinvenuto nella tomba della *familia Statiliana* di Tuscania (VT), del II sec. a. C. Vedi *TLE* 183.

Iscrizione 70
(AT 1.36; CIE 5724; TETC, TLE 184)

ECA MUTNA RAMΘAS MANIA

questo sarcofago (è) di Ramta Mania

Iscrizione scolpita su un sarcofago femm. rinvenuto nella tomba della *familia Statiliana* di Tuscania (VT), del II sec. a. C. Vedi *TLE* 183.- Il gentilizio femm. MANIA corrisponde a quello lat. *Manius* ed è privo della desinenza del genitivo ai sensi della "declinazione di gruppo".

Iscrizione 71
(AT 1.40; CIE 5728; TETC, TLE 191)

LARISAL LARI/SALIŚLA / ΘANXVILUS / CALISNIAL

/ CLAN AVILS / HUΘZARS

(sarcofago) di Laris, quello (figlio) di Laris, (e) della defunta Tanaquile

figlio di anni quattordici

Iscrizione scolpita su un sarcofago masch. rinvenuto nella tomba della *familia Statiliana* di Tuscania (VT), del II sec. a. C. Vedi *TLE* 183.- Nell'iscrizione è sottinteso il gentilizio STATLANE, che era quello della famiglia proprietaria della tomba.- LARISALIŚLA «di quello (figlio) di Laris», patronimico pronominale al genitivo.- Si noti la differente resa del patronimico e del matronimico: il primo col patronimico pronominale, il secondo col semplice genitivo (*TLE* 428).- HUΘZARS «di quattordici» (in genitivo); HUΘ «quattro» + ZAR «dieci».

Iscrizione 72
(AT 1.41; CIE 5731, 5730, 5729; TLE 188)

STATLANE VEL SEΘAL ACILC LV CELC CEANUΘ AVILS \

Ś[EA]LXLS C[I]S E[M]UL ACIL ŚUΘU PUΘCE \ VISNUM CASTCE

Uel Statiliano (figlio) di Setia; e il monumento familiare (?) dal trentatreesimo anno

\ alla fine dei sessantatrè il monumento iniziato terminò \ e debitamente (?) purificò

Tre parti di iscrizione incise su un sarcofago e sul suo coperchio, rinvenuto nella tomba della *familia Statiliana* di Tuscania (VT), del II sec. a. C. Vedi *TLE* 183.- Uel Statiliano è dunque il costruttore del monumento sepolcrale della famiglia, nel quale sono state trovate le iscrizioni *TLE* 183-192.- ACIL «fatto, cosa fatta, oggetto, monumento sepolcrale, atto, azione, opera, operazione».- LV probabilmente abbreviazione di LAVTUN «*gens*, famiglia».- CELC CEANUΘ sono separati da un punto, ma probabilmente andrebbero scritti CELCCEANUΘ «nel trentatreesimo (anno)» (vedi CELXLS).- CEANUΘ (CEANU-Θ) probabilmente «nel terzo», aggettivo ordinale di CI «tre» (in locativo temporale).- Ś[EA]ALXLS «di sessanta» (in genitivo).- C[I]S «di tre» (in genitivo); ma questa mia ricostruzione non è sicura.- E[M]UL «in fondo, alla fine». Vedi EMULM (EMUL-M) (*Cippus* 7) significato compatibile «e in profondità».- ŚUΘU probabilmente «posto, iniziato-a», participio passivo.- PUΘCE significato compatibile «terminò, ha terminato» (preterito debole), forse da confrontare col lat. *putare* «potare, tagliare le cime».- VISNUM (VISNU-M oppure VISN-UM) forse «e debitamente», cioè "secondo il rito".- CASTCE significato compatibile «consacrò, ha consacrato» (preterito debole), da confrontare col lat. *castus* «casto, puro, sacro, consacrato» (*DETR*).

Iscrizione 73
(AT 1.42; CIE 5732; TETC, TLE 187.)

LARΘAL STATLANES VELUŚLA

(sarcofago) di Lart Statiliano quello (figlio) di Uel

Iscrizione dipinta su un sarcofago rinvenuto nella tomba della *familia Statiliana* di Tuscania (*VT*), del II sec. a. C. Vedi *TLE* 183.- VELUŚLA letteralmente «di quello di Uel», è il patronimico pronominale in genitivo, concordato coi genitivi LARQAL STATLANES.

Iscrizione 74
(AT 1.43 – 2: CIE 5733; TLE 186)

CA MUTA/NA ΘANX[VILUS -?-]

questo sarcofago (è) di Tanaquile (...)

MUTANA «tomba, sarcofago, arca, urna, ossario». Vedi MUTNA.

Iscrizione 75

(AT 1.45 – rec; su ossario)

LARISAL PELIES ARNΘALISALA

(ossario) di Laris Pellio, di quello (figlio) di Arunte

ARNΘALISALA «di quello-a (figlio-a) di Arunte», patronimico pronominale del prenome ARNΘ, in genitivo (*LEGL* 108-109).

Iscrizione 76

(AT 1.55 - rec; CIE 5751; TETC, TLE 177)

ECA MUTNA ARNΘAL ΘVEΘLIES / VELΘURUŚLA

questo sepolcro (è) di Arunte Dueldio / di quello (figlio) di Ueltur

Iscrizione scolpita sul frontone di un sepolcro di epoca recente, rinvenuto a Collina d'Arcione, in territorio tarquinese.- Per MUTNA, qui = «sepolcro», variante recente di MUTANA, vedi *TLE* 115.- ΘVEΘLIES gentilizio masch. (in genitivo) corrispondente a quello lat. *Dueldius* (*RNG*).- VELΘURUŚLA, «di quello di Uelthur», è il patronimico pronominale in genitivo, concordato coi genitivi ARNΘAL ΘVEΘLIES (cfr. *TLE* 144, 179).

Iscrizione 77

(AT 1.61; CIE 5755; TETC, TLE 194)

ATNAS VEL LARΘAL CLAN SVALCE AVIL LXIII
ZI[L]AΘ MARU[NU]XVA

TARILS CEPTA FEXUCU

Uel Atinas figlio di Lart, visse 63 anni; pretore maronico

fatto pontefice dei (ludi) Taurili

Iscrizione scolpita su un sarcofago masch. rinvenuto a Tuscania (*VT*), del III/II sec. a. C.-Il gentilizio ATNAS è una variante dell'altro ATINAS (*ThLE I, Suppl.* 22), che si ritrova tale e quale in iscrizioni latine (*RNG 25*); la -S è quella dell'originario patronimico in genitivo ormai fossilizzata (*TLE* 35).- MARUXVA molto probabilmente è errato al posto di MARU[NU]XVA di *TLE* 170 (vedi *TLE* 146).- TARIL(-S) forse c'è da sottintendere LUQ «ludo» (*TLE* 131) «dei ludi Taurili». A Roma i *Taurii ludi* o *Taurilia* si celebravano in onore degli dèi inferi (Livio, 39, 22, 1) ed erano di origine etrusca, traendo la loro denominazione dall'etr. ΘAURA «giaciglio o letto funebre, sepolcro, tomba» (*DELL*) (per l'alternanza A/AU vedi *DICLE* 13) (*TLE* 419, 619).- CEPTA probabilmente «pontefice, primo sacerdote», da connettere con CEPEN «sacerdote».- FEXUCU probabilmente «fatto, nominato», participio passivo, da collegare forse col lat. *factus*.

Iscrizione 78
(AT 1.67; CIE 5760; TETC, TLE 193)

LARΘI CEISI CEISES VELUS VELISNAL RAVNΘUS SEX

/ AVILS ŚAS AMCE UPLES

Lartia Caesia figlia di Uel Caesio (e) di Ramtina Velesinia

/ per sei anni fu (moglie) di Uppilio

Iscrizione scolpita su un ossario di epoca recente, rinvenuto a Tuscania (*VT*).- Il gentilizio masch. CEISE è una variante dell'altro CAISE (*TLE* 16, 344, 521) ed è da confrontare con quello lat. *Caesius*, nonché con l'aggettivo *caesius* «cesio, grigio verde» (attribuito a un uomo per il colore dei suoi occhi), finora privo di etimologia, ma già indiziato come di origine etrusca (*DELL, DEI, AEI*).- VELISN(-AL) gentilizio femm. in genitivo che corrisponde a quello lat. *Velesinius*.- Per ŚAS «di sei» vedi *TLE* 181.- Per RAVNΘU vedi *TLE* 130.- AMCE UPLES «fu (moglie) di Uppilio» probabilmente questa formula indica che il marito era morto prima di lei.- UPLE(-S) gentilizio masch. che probabilmente corrisponde a quello lat. *Uppilius*.- Il Torp, *Lemnos* 21, ha interpretato AVILS ŚAS AMCE UPLES «fu di soli sei anni».

Iscrizione 79
(AT 1.70; CIE 5764; TLE 178)

ECA ŚUΘI NEŚL PAN[

questo sepolcro è del defunto Pan[

Iscrizione incisa su una lapide rinvenuta a Tuscania (*VT*), di epoca recente.

Iscrizione 80
(AT 1.72; TETC, TLE 731)

ECA MUTNA VELISINAS ARNΘAL MARCEŚLA

questo sarcofago (è) di Arunte Volusinio di quello (figlio) di Marco

Iscrizione scolpita su un sarcofago rinvenuto nell'Etruria meridionale, del III/II sec. a. C.- Per MUTNA «sarcofago, ossario» vedi *TLE* 115, 177 ecc.- VELISINAS gentilizio masch. (in genitivo) corrispondente a quello lat. *Volusinius*.- MARCEŚLA «di quello di Marco», patronimico pronominale in genitivo, fatto sul prenome masch. MARCE.

Iscrizione 81

(AT 1.96; CIE 5807; TETC, TLE 170)

ARNΘ ALEΘN/AS AR CLAN RIL / XXXVIII EITVA TA/MERA ŚARVENAS

/ CLENAR ZAL ARCE / ACNANASA ZILC MAR/UNUXVA TENΘAS EΘL

/ MATU MANIMERI

Arunte Aletino figlio di Ar(unte), a 38 anni curando queste cappelle,

se ne andò avendo lasciato due figli, essendo pretore maronico,

di lui (è questo) edificio per i Mani (dei parenti)

Iscrizione scolpita sul coperchio di un sarcofago maschile di epoca recente, rinvenuto nella tomba della *familia Alethina* di Musarna, in territorio tarquinese; vedi *TLE* 169. Il sarcofago è andato distrutto in un bombardamento di Viterbo nella 2ª guerra mondiale, per cui non è più possibile ricontrollare il testo dell'iscrizione. Il quale peraltro, come è riportato dal *CIE* 5807, dai *TLE* e dagli *ET,* appare chiaramente corrotto. Pertanto accetto in buona parte e trascrivo la proposta di correzione che ne ha fatto A. J. Pfiffig, *Etr. Bauinschr*, pgg. 37-40.- EITVA «con questo corrente», letteralmente «questi-e», plur. EIΘ. Vedi EΘVIŚ.- TAMERA «camera, cappella sepolcrale»: è privo della desinenza del plur. in virtù della "flessione di gruppo".- ŚARVENAS probabilmente «curando», da riportare all'etr.-lat. *servire*.- CLENAR «figli», plur. di CLEN.- ZAL «due».- Per ACNANASA vedi *TLE* 169.- ZILC MARUNUXVA TENΘAS «essendo consigliere maronico» (*TLE* 194).- TENΘAS «tenendo, essendo», gerundio pres.-

EΘL è il genitivo del dimostrativo EΘ «questo-a», col probabile significato di «di lui, di costui».- MATU significato compatibile «costruzione», forse da connettere con l'ital. *mattone,* che essendo privo di etimologia potrebbe derivare proprio da questo appellativo etrusco (*DICLE* 113).- MANIMERI (MANIM-ER-I) «ai/per i Mani», in dativo plur.

Iscrizione 82
(AT 1.100; CIE 5811; TETC, TLE 174)

[AL]EΘNAS ARNΘ LARISAL ZILAΘ TARXNALΘI AMCE

Arunte Aletio (figlio) di Laris fu pretore in Tarquinia

Iscrizione scolpita su un sarcofago di epoca recente, rinvenuto nella tomba della *familia Alethina* di Musarna, in territorio tarquinese (cfr. *TLE* 169).- [AL]EΘNAS gentilizio masch. corrispondente a quello lat. *Aletius* (*RNG*).- TARXNALΘI (TARXNAL-ΘI) «in Tarquinia», in locativo. Vedi TARXNALΘ di *TLE* 131.

Iscrizione 83

(AT 1.105; CIE 5816; TETC, TLE 169)

ALEΘNAS V V ΘELU ZILAΘ PARXIS / ZILAΘ ETERAV CLENAR

CI ACNANASA / ELSŚI ZILAXNU ΘELUŚA RIL XXXVIIII

/ PAPALSER ACNANASA VI MANIM ARCE / RIL LXVI

Uel Aletino (figlio) di Uel divenuto pretore dell'economia, pretore clientelare

avendo lasciato tre figli per la seconda volta essendo diventato pretore all'età di 39 anni

/ avendo lasciato 6 nipoti se ne andò al Mane (del capostipite) all'età di 66

Iscrizione scolpita sul coperchio di un sarcofago maschile di epoca recente, rinvenuto nella tomba della *familia Alethina* di Musarna, che è in territorio tarquinese. Le iscrizioni 169-175 sono state trovate in due tombe confinanti, appartenenti alla medesima famiglia.- Per il gentilizio ALEΘNAS vedi *TLE* 138; la -S è quella dell'originario genitivo patronimico ormai fossilizzata (*TLE* 35).- ΘELU è un participio passato medio di un verbo che probabilmente significava «diventare, divenire». Il successivo ΘELUŚA invece è un gerundio passato.- Per PARXIS vedi *TLE* 165.- Per ZILAΘ ETERAV «consigliere della clientela» vedi *TLE* 122, 145, 255, 907.- CLENAR plur. di CLEN «figlio».- ACNANASA «avendo lasciato» (gerundio passato) (*TLE* 170, 887, 888, 889, 891); vedi ACNAICE (corrige *DETR*).- ELSŚI probabilmente è errato al posto di *ESLŚI «per la seconda volta»; cfr. ESLZ.- Per ZILAXNU «fatto pretore o consigliere» vedi *TLE* 133. Si deve anche qui precisare che la interpretazione di tutte le magistrature che compaiono in questa iscrizione è semplicemente ipotetica.- I *TLE* e gli *ET* riportano la cifra sbagliata di XXVIIII (29) al posto di quella esatta di XXXVIIII (39).- PAPALSER plur. di PAPALS «nipote» rispetto al PAPA «nonno» (*TLE* 52, 131).- MANIM «al Mane» (del capostipite) (*DETR* 268).- ARCE «se ne andò, morì» (preterito debole) (vedi *TLE* 887, 891 e 170).

Iscrizione 84
(AT 1.107; CIE 5818; TETC, TLE 172)

LARQ ALEΘNAS ARNΘAL RUVFIALC CLAN / AVILS LX LUPUCE

MUNISVLEΘ CALUSURASI \ TAMERA ZELARVENAS LURI MLACE

Lart Aletino figlio di Arunte e di Rufia / è morto a 60 anni

(è) nell'avello per i Morti \ ampliando la cappella (le) diede lustro

Due iscrizioni scolpite su un sarcofago maschile di epoca recente, rinvenuto nella tomba della *familia Alethina* di Musarna, in territorio tarquinese (*TLE* 169): la prima è sul sarcofago, la seconda è sul suo coperchio.- LUPUCE «morì, è morto», preterito debole, al quale corrisponde il participio passato LUPU «morto» (*TLE* 99).- MUNISVLE-Θ «nell'avello», diminutivo di MUNI «monumento» in locativo; cfr. MUNSLE di *TLE* 84.- CALUSURASI (CALUS-UR-ASI) «per i Morti» o «per gli Inferi» (dativo di comodo al plur.), letteralmente «per quelli di CALUS» (*TLE* 99).- Per TAMERA vedi *TLE* 170.- ZELARVENAS «duplicando, ampliando», da riportare a ZAL «due».- LURI (anche *Liber* V 22) significato compatibile «alloro», da confrontare col lat. *laurus, lorus* «alloro», fitonimo di origine mediterranea (*DELL, NPRA*).- LURI MLACE «diede lustro» alla carica e/o alla famiglia.

Iscrizione 85
(AT 1.108; CIE 5819; TETC, TLE 171)

AVL[E AL]EΘNAS [A]RNΘAL CLA[N] ΘANXVILUSC RUVFIAL

ZILAXN[UCE] / SPUREΘI APASI SVALAS MARUNUXVA CEPEN

TENU EPRΘNEVC ESLZ TE[NU] / EPRΘIEVA ESLZ

Aulo Aletio figlio di Arunte e di Tanaquile Rufia, fu pretore / nella città vivendo il padre

stato sacerdote maronico e stato due volte vicecomandante, due volte comandante

Iscrizione scolpita su un sarcofago maschile di epoca recente, rinvenuto nella tomba della *familia Alethina* di Musarna, in territorio tarquinese; vedi *TLE* 169.- RUVFIAL gentilizio femm. in genitivo, variante dell'altro RUFI/E, da confrontare con quello lat. *Rufius* e con l'aggettivo *rufus* «rosso, rossiccio»./ ZILAXN[...] si può ricostruire facilmente ZILAXN[UCE] = «fu pretore o consigliere» in base all'iscrizione *TLE* 173, molto simile a questa; è un preterito debole del verbo indicato in *TLE* 92.- SPUREΘI (SPURE-ΘI) «nella città»; corrisponde a SPURAΘE di *TLE* 27.- APASI probabilmente dativo temporale di APA «padre».- SVALAS «vivo, vivente» (cfr. SVAL di Cr 5.2), da collegare ai verbi SVALCE «visse» di *TLE* 94 e SVALΘAS «vivente, che vive» di *TLE* 126; APASI SVALAS «vivente il padre», in dativo temporale e con la "declinazione di gruppo". Per la formula MARUNUXVA CEPEN TENU «(che è) stato sacerdote maronico» vedi *TLE* 133.- EPRΘNEV(-C)... EPRΘIEVA sono due aggettivi sostantivati, che derivano da EPRΘNE «pretore» (*TLE* 233); probabilmente indicavano due magistrature affini, magari una successiva all'altra, come avveniva a Roma per il *praetor* «pretore» e il *praetorius* «ex-pretore».- Per ESLZ «due volte, per la seconda volta» vedi *TLE* 136.

Iscrizione 86
(AT 1.109; CIE 5820; TETC, TLE 173)

A ALEΘNAS SEΘREŚA NEŚS SACN[IU ΘUI] CLENSI MULEΘ SVALASI

ZILAXNUCE LUPUCE MUNISULEΘ CALU(SURASI) \ AVILS LXX LUPU

A(ulo) *Aletio quello (figlio) di Setre, defunto consacrato [qui] nel mausoleo dal figlio vivente*

morì mentre era pretore (è) nell'avello per i Morti \ morto a 70 anni

Iscrizione scolpita su un sarcofago maschile di epoca recente, rinvenuto nella tomba della *familia Aletina* di Musarna, in territorio tarquinese (*TLE* 169). La prima parte dell'iscrizione è sul sarcofago, la seconda è sul suo coperchio.- ŚEΘREŚA «quello di Setre», patronimico pronominale fatto sul prenome ŚEΘRE.- NEŚS «morto, defunto-a, il/la fu» (vedi NEŚ di *TLE* 353).- NEŚS SACN[IU ----] CLENSI MULEΘ SVALASI probabilmente «defunto consacrato (....) nel mausoleo dal figlio vivente», cioè "dichiarato come entrato fra i Mani", ossia fra gli avi divinizzati, oppure "ricevette la tumulazione rituale".- SACN[IU] ricostruzione mia (cfr. *TLE* 313, 319, 912).- CLENSI probabilmente dativo di agente di CLEN «figlio».- MULEΘ «nella mole, nel mausoleo», in locativo; connetto MULE col lat. *moles* «mole», finora di etimologia incerta (*DELL*) e quindi di probabile origine etrusca.- SVALASI «vivo, vivente» (cfr. SVAL dell'iscrizione Cr 5.2) in dativo concordato con CLENSI.- ZILAXNUCE «fu consigliere», variante di ZILAXNCE di *TLE* 99.- ZILAXNUCE LUPUCE «fu consigliere morì», endiadi che traduco «morì mentre era consigliere».- Per MUNISULEQ «nell'avello» (in locativo) vedi *TLE* 172.- CALU seguo H. Rix nel ritenere che sia l'abbreviazione di CALUSURASI di *TLE* 172.

Iscrizione 87
(AT 1.121; CIE 5832; TLE 175)

[A]LEΘNAS A V ZILX MARUNUXVA TE[NU H]UΘZ ZIACE [-18/22-]

A(ulo) Aletino (figlio di) U(el) stato pretore maronico quattro volte visse (.....)

Iscrizione scolpita su un sarcofago maschile di epoca recente, rinvenuto nella tomba della *familia Alethina* di Musarna, in territorio tarquinese (*TLE* 169).- ZILX MARUNUXVA TE[NU H]UΘZ «(che è) stato consigliere maronico quattro volte» (è errato ricostruire TEN[ΘAS]).- HUΘZ «quattro volte, per la quarta volta», con suffisso iterativo –Z.- ZIACE (*ThLE²*) «visse».

Iscrizione 88
(AT 1.125; CIE 5836; TETC, TLE 176)

NERINAI RAVNΘU AVILS RIL LIIX ATI CRAVZAΘURAS

/ VELΘURS LRΘALC

Ramtina *Nerinia in età di 58 anni, madre di Ueltur

e di Lart della famiglia dei Crassi

Iscrizione scolpita su un sarcofago rinvenuto a Musarna, in territorio tarquinese, del III/II sec. a. C.- Per RAVNΘU vedi *TLE* 130.- CRAVZAΘURAS (CRAVZA-ΘUR-AS) «(della) famiglia dei Crassi»; il suffisso collettivo -ΘUR implica un riferimento a «famiglia, gente, associazione, sodalizio, ordine» (*TLE* 131, 635). La connessione del gentilizio CRAVZA con quello lat. *Crassius* è soltanto probabile.

Iscrizione 89

(AT 1.140; CIE 5849; TETC, TLE 167)

ECA ŚUΘI NEŚL TETNIE (---)

questo sepolcro (è) del defunto (...) Tetenio

Iscrizione scolpita sul frontone di un sepolcro di Castel d'Asso (VT), di epoca recente. È da confrontare con le iscrizioni *TLE* 168, 178, 351.- Il gentilizio TETNIE, corrispondente a quello lat. *Tetenius*, è privo della desinenza del genitivo perché questa compare in NEŚL «del defunto, del fu» ("declinazione di gruppo"); per NEŚ-L vedi *TLE* 168, 173, 353.- Il prenome del defunto è scomparso.

Iscrizione 90
(AT 1.157 – rec)

LARΘ ARINAS LARΘAL PAPALS LARΘAL CLAN

/ ΘANXV[I]LUS APUNAL LUPU AVILS CALXLS

Lart Arinio (figlio) di Lart, nipote di Lart, figlio

/ di Tanaquile Aponia, morto a trent'anni

Iscrizione su sarcofago di tufo, di epoca recente, rinvenuto a Sorrina / Viterbo.

Iscrizione 91
(AT 1.159; CIE 5862*; TLE 164)

ECA ŚUΘI / VELΘURUS / CAC[NIES] / AVLES / VE[LΘUR]U[Ś]LA

questo sepolcro (è) di Ueltur Cacino / (e) di Aulo quello (figlio) di Ueltur

Iscrizione sul frontone di un sepolcro di Norchia, di epoca recente.- VELΘURUŚLA letteralmente «di quello (figlio) di Ueltur», patronimico in genitivo. Ricostruendo VELUŚLA il Rix (*ET*) rende il testo incomprensibile.

Iscrizione 92

(AT 1.171; CIE 5874*; TETC, TLE 165)

ARNΘ XURCLES LARΘAL CLAN RAMΘAS NEVTNIAL ZILC PARXIS AMCE

/ MARUNUX SPURANA CEPEN TENU AVILS MAXS SEMFALXLS LUPU

Arunte Corculo figlio di Lart (e) di Ramta Netonia fu pretore dell'economia /

stato civico sacerdote maronico morto a settantacinque anni

Iscrizione scolpita su un sarcofago maschile rinvenuto a Norchia, in territorio tarquinese, del III sec. a. C. Vedi *TLE* 166.- XURCLES gentilizio masch. corrispondente a quello lat. *Corculus*; la -S è quella dell'originario genitivo patronimico ormai fossilizzata (*TLE* 35).- NEVTNIAL gentilizio femm. in genitivo, forse corrispondente a quello lat. *Netonius*.- PARXIS probabilmente «economia, amministrazione economica» (dello stato), da confrontare col lat. *parcere* «risparmiare, fare economia», finora privo di etimologia (*DELL, AEI, DELI*) e quindi di probabile origine etrusca.- Per la frase MARUNUX ... CEPEN TENU vedi l'altra MARUNUXVA CEPEN TENU di *TLE* 133, 171 (vedi *TLE* 233).- SPURANA «civico, urbano, pubblico», aggettivo derivato da SPURE «città» (*TLE* 27, 131, 171).- MAXS genitivo di MAX «cinque» (*TLE* 94).- SEMFALXLS «settanta» (numerale) in genitivo di età, da riportare all'altro SEMFS «sette» di *TLE* 232.

Iscrizione 93

(AT 1.172; CIE 5875; TETC, TLE 166)

LARΘ XURXLES ARNΘAL XURXLES ΘANXVILUSC CRACIAL

/ CLAN AVILS CIEMZAΘRMS LUPU

Lart Corculo figlio di Arunte Corculo e di Tanaquile Gracia

/ morto a diciassette anni

Iscrizione scolpita sul coperchio di un sarcofago maschile del III sec. a. C., rinvenuto a Norchia, evidentemente nella medesima tomba dell'iscrizione *TLE* 165. Probabilmente si tratta del figlio del defunto ricordato in quella iscrizione.- XURXLES è una variante fonetica del gentilizio XURCLES di *TLE* 165.- CRACIAL genitivo di un gentilizio femm. corrispondente a quello lat. *Gracius* (*RNG*).- CIEMZAΘRMS (CIEMZAΘRM-S) «diciassette» (in genitivo di età), letteralmente «tre da venti», alla maniera dei lat. *duodeviginti, undeviginti* «diciotto, diciannove», letteralmente «due da venti, uno da venti»; vedi ΘUNEM MUVALXLS e ΘUENZA di *TLE* 136 e 891 e ZAΘRMIS(-C) di *TLE* 93. Non va separato in CIEM ZAΘRMS perché mancano i due punti, che invece sono presenti fra tutti gli altri vocaboli dell'iscrizione.

Iscrizione 94

(AT 1.185 - 2:s; su sarcofago; ThLE²)

ECA MUTNA VEL V[E]LISINAS / AN ZILXN[E] CIENCE

questo sarcofago (è) di Uel Velesinio / ed egli fu pretore tre volte (?)

CIENCE probabilmente da interpretare CIEM-CE «e tre».

Iscrizione 95

(AT 1.188 - rec; CIE 5877; TETC, TLE 162)

ECA ŚUΘI NEŚ / ARNΘIAL CAVENAS

questo sepolcro (è) del defunto / Arunte Cavenio

Iscrizione scolpita sul frontone di un sepolcro di Blera (*VT*), di epoca recente.- NEŚ «morto, defunto-a, il/la fu». In virtù della "declinazione di gruppo" non è necessario ricostruire NEŚL.- Il gentilizio CAVENA corrisponde a quello lat. *Caven(i)us* (*RNG*).

Iscrizione 96

(AT 1.190 - 3: su sarcofago)

TA MUTNA MARCES SPURINAS

questo sarcofago (è) di Marco Spurina

Iscrizione su sarcofago di tufo rinvenuto a Blera (*VT*).- MUTNA «urna, sarcofago, ossario», variante recente di MUTANA.- Il gentilizio masch. SPURINA(-S) corrisponde a quello lat. Spurina, Spurinna, Spurennio (RNG).

Iscrizione 97

(AT 1.192; CIE 5880; TETC, TLE 158)

TA ŚUΘI / AVLES ΘAN/SINAS

questo sepolcro (è) di Aulo Tansio

Iscrizione scolpita sul frontone di un sepolcro di San Giuliano, nel territorio di Tarquinia, del IV/III sec. a. C. Vedi *TLE* 159.- TA «questo-a»; vedi TLE 5, 8, 9, ecc.- ΘANSINAS gentilizio masch. (in genitivo) corrispondente a quello lat. *Thansius*, il quale deriva da ΘANSE, nome individuale di schiavi o di liberti (*TLE* 215, 354).

Iscrizione 98
(AT 1.193; CIE 5881; TETC, TLE 159)

ELNEI RAMΘA CLΘ ŚUΘIΘ / SACNIŚA ΘUI PUTS TETA

/ AVLES VELUS ΘANSINAS / ATI ΘUTA

Ramta Ellenia (è) in questo sepolcro avendo consacrato qui

il sarcofago; nonna di Aulo Uel Tansio / madre protettrice

Iscrizione dipinta su una parete del medesimo sepolcro di San Giuliano, di cui a *TLE* 158.- ELNEI gentilizio femm., che probabilmente corrisponde a quello lat. *Ellenius* (*RNG*).- CLΘ ŚUΘIΘ «in questo sepolcro» (dimostrativo e sostantivo in locativo).- SACNIŚA «avendo consacrato» (gerundio passato) (*TLE* 159, 303).- ΘUI «qui».- PUTS «bacile, vaso, urna, sarcofago», da confrontare col greco *boũttis* «vaso di forma tronco-conica» (finora di origine ignota; *DELG*), dal quale è derivato il lat. *buttis* «piccolo vaso» (*DETR* 338).- TETA probabilmente «nonna», in base al significato di TETALŚ «nipote» (di nonna) (cfr. *TLE* 585).- ΘUTA (*Pyrgi* I) (Ta 5.4) «tutore, protettore-trice, patrono-a»; ATI ΘUTA «madre protettrice»; è da confrontare col lat. *tutor, tutrix,* che è di origine ignota (*DELL* s. v. *tueor*) e che pertanto potrebbe derivare proprio dall'etrusco (*DETR* 220).

Iscrizione 99
(AT 2.3, 5; CIE 10448*, 10489*; TETC, TLE 161)

MI ATIIA

io (sono di) mamma

Iscrizione graffita su un cantaro di bucchero rinvenuto a San Giuliano, in territorio di Tarquinia; risulta anche in una patera di bucchero rinvenuta a San Giovenale, nel medesimo territorio, del VI sec. a. C.- ATIIA «mamma», in tono affettivo e in genitivo arcaico. Probabilmente la doppia I indicava che vi cadeva l'accento tonico, cioè si pronunziava *atíal*. Vedi MI ATIIAL (Cr 2.59).

Iscrizione 100

(AT 3.1; CIE 10162; TETC TLE 153)

MI MULU KAVIIEŚI

io (sono stato) donato da Cavio

oppure in subordine

io (sono stato) donato a Cavio

Iscrizione graffita su un *askos* di bucchero fatto a forma di galletto, della fine del VII sec. a. C. È da confrontare con le iscrizione *TLE* 759, 769, 866, 867, 940.- MULU «donato, regalato, offerto» participio passivo (vedi commento *TLE* 27).- KAVIIESI (KAVIIE-SI) è una variante del gentilizio CAVIE ed è da confrontare con quello lat. *Cavius*. È in dativo o di agente o di attribuzione: a me sembra più probabile che sia in dativo di agente, perché dappertutto e quasi sempre è il donatore quello che pone la sua firma su un oggetto donato e non il donatario; a questo infatti resta in proprietà il dono, mentre a quello resta la soddisfazione della presenza della propria firma sul dono stesso come segno di cordialità nei confronti del donatario.

Iscrizione 101

(AT 3.2 – 7:f; su letto funebre)

MI HANFINASI AVHIRICINASI MULUVANA

io (sono una) donazione (d)a Campinio Africio

HANFINASI AVHIRICINASI gentilizio e *cognomen* in dativo di donazione o in dativo di agente.

Iscrizione 102

(AT 4.1 – 4/3; CIE 10498*)

SAVCNES ŚURIS

(è) del santo Suri

Iscrizione su lamina bronzea di sortilegio.- ŚURI(-)S dio del mondo dei morti e della divinazione.

Iscrizione 103

(AT 0.13 – rec)

VΘ / ATINAS CAISRS LARZL I

Ue(ltur) Atinio di Caere unico/primo (figlio) di Lartillo

Iscrizione di epoca recente su lapide di arenaria rinvenuta nel territorio di Tarquinia.- I può essere il numero 1, indicando l'unico oppure il primo figlio.

Iscrizione 104

(AT 0.14, 15; TETC, TLE 197)

/ ΘU / ZAL / CI / HUΘ / MAX / ŚA /

/ uno / due / tre / quattro / cinque / sei /

Indicazioni numeriche incise sui cosiddetti due "dadi d'avorio di Tuscania", ma in realtà provenienti da Vulci.

È questo il primo e più importante reperto archeologico che ha messo gli studiosi nelle condizioni di decifrare i significati relativi ai primi sei numeri, sia pure con qualche difficoltà rispetto a HUΘ ed a SA, per i quali è stato a lungo in dubbio il rispettivo valore di «quattro» e «sei». Le indicazioni sono segnate nei lati opposti nel seguente modo: MAX/ZAL, HUΘ/ΘU, ŚA/CI. La somma rispettiva di queste coppie di numeri non è significativa, mentre è significativa la loro differenza, che dà sempre 3 (5-2=3; 4-1=3; 6-3=3) (*TCL* capo 5).

Iscrizione 105

(AT S.11; su specchio di Tuscania)

PAVA TARXIES

regolamento o disciplina di Tarconte

PAVA probabilmente «conguaglio, compensazione, regolamento, disciplina», da confrontare col lat. *pavire* «livellare», di origine oscura *(DELL; DELI* s. v. *pavé)*.

Iscrizione 106
(AV 1.4; CIE 5220; TETC, TLE 352)

ΘESTIA VELΘURNAS / NESNA

Testia (moglie) di Uolturnio / defunta

Iscrizione scolpita sul frontone di una tomba di epoca recente di *Suana* (Sovana, *GR*).- ΘESTIA gentilizio femm. da confrontare con quello lat. *Testius,* nonché con l'appellativo *testa* «conchiglia; guscio di tartaruga; anfora; cranio, testa», finora privo di etimologia (*AEI*) e quindi di probabile origine etrusca; cfr. gentilizio ΘESΘU = lat. *Testo,-onis* di *TLE* 329.- VELΘURNA(-S) gentilizio masch. in genitivo, da confrontare con quello lat. *Volturnius*, col toponimo *Volturnum*, altro nome di Capua, nome del suo fiume, vento «scirocco» e dio *Volturnus* (*LISNE* 275, *TIOE* 77).- NESNA si connette chiaramente con NES «morto, defunto» e probabilmente è la sua forma femm.

Iscrizione 107

(AV 1.5 - rec; CIE 5221; TETC, TLE 350)

ECA ŚUΘI LAΘI/AL CILNIA

questo sepolcro (è) di Lartia Cilnia

Iscrizione scolpita sul frontone di una tomba di epoca recente, di *Suana* (Sovana, *GR*).- LAΘIAL sta per LARΘIAL; cfr. *TLE* 420 LAΘIA per LARΘIA.- La *gens Cilnia* era una potente famiglia di Arezzo, che era stata cacciata dagli Aretini nel 301 a. C., ma vi era ritornata con l'aiuto dei Romani; da questa famiglia discendeva il famoso Mecenate . Qui il gentilizio è privo della desinenza del genitivo perché questa compare nel prenome a norna della "declinazione di gruppo".- È molto difficile che questo sia un epitafio della *Lartia Cilnia* delle seguenti iscrizioni 240, 599), bensì c'è da ritenere che sia quello di un'altra *Lartia Cilnia,* sia pure appartenente alla medesima *gens.* Tra gli Etruschi, proprio come tra i Romani, i prenomi o nomi individuali erano poco più di una ventina (*LEGL* § 39), per cui essi nelle medesime famiglie si ripetevano in maniera esasperante.

Iscrizione 108

(AV 1.13 – 3: CIE 5230; TETC, TLE 353)

CEISE VEL NEŚ

il defunto Uel Caesio

Iscrizione scolpita sul frontone di una tomba di *Suana* (Sovana, GR), del III sec. a. C.

Iscrizione 109
(AV 1.21 - rec; su sepolcro; NRIE 664; TLE 351)

SUTI NESL (...)

sepolcro del defunto (...)

NESL «del/di defunto, del fu», genitivo di NEŚ.

Iscrizione 110
(AV 2.3 - 7: su vaso)

MI MALAK VANΘ[L]

io (sono) un ex voto a Vant

Dea VANΘ = Moira, Fato, Destino.

Iscrizione 111

(AV 2.5; CII 296; TETC, TLE 341)

MI LARECEŚ ŚUPELNAŚ ΘAFNA

io (sono la) coppa di Larce Subulnio

Iscrizione graffita su una patera del VI/V sec. a. C., rinvenuta ad Orbetello-Cosa (*GR*).- LARECE-Ś è una forma arcaica del prenome masch. LARCE (*TLE* 247).- ŚUPELNA(-Ś) gentilizio masch. (in genitivo) da confrontare con quello lat. *Subulnius*; la -S risulta scritta con un quadratino che ha al centro una croce.- ΘAFNA «patera, ciotola, coppa» si presenta anche con le varianti ΘAHVNA, ΘAPNA, TAFINA (*TLE* 30, 64, 375, 488).

Iscrizione 112
(AV 2.12; TETC, TLE 361)

MI LARTLIZI

io (appartengo) a Lartillo

Iscrizione incisa su una cannuccia d'osso, forse del V/IV sec. a. C., rinvenuta a Talamone (*GR*).- LARTLIZI probabilmente «a Lartillo», diminutivo del prenome masch. LART, in dativo di appartenenza o possesso. La desinenza -ZI del dativo ricorre più frequentemente come -SI. Esisteva il *cognomen* lat. *Lartilla*.- Per la formula di appartenenza cfr. *TLE* 452, 473.

Iscrizione 113
(AV 3.1 – rec; su statuina)

[CA]VINAS ALU

dono di Cavinio

ALU probabilmente «dono». Vedi ALE, ALCE.

Iscrizione 114

(AV 4.1 5:m; Lamina di Magliano; CIE 5237; TLE 359)

(A)

CAUΘAS TUΘIU AVILS LXXX EZ XIMΘM CASΘIALΘ LACΘ HEVN AVIL

NEŚL MAN MURINAŚIE FALZAΘI AISERAS IN ECS MENE MLAΘCE MARNI

TUΘI TIU XIMΘM CASΘIALΘ LACΘ MARIŚL MENITLA AFRS CIALAΘ XIMΘM

AVILSX ECA CEPEN TUΘIU ΘUX IXU TEVR HEŚNI MULVENI EΘ ZUCI AM AR

(Sia) protezione di Cautha all'80enne nobiluomo (deposto) nell'anno nella fossa purificata in tutto

il Mane del compianto (?) defunto (sia) nella torre degli dèi; da me stessa ho affidato al Marone

per protezione il caro fratello, nella fossa purificata in tutto da Maris il Donatore.

Nel trigesimo dei parenti ogni anno o quel sacerdote porta protezione.

Equo giudizio finale si dia (sui miei defunti). Fa' che (tutto) questo insieme sia!

(B)

MLAX ΘANRA / CALUSC ECNIA \ IV \ AVIL MI
MENICAC MARCA LURCAC

EΘ TUΘIU NESL MAN RIVAX LEŚCEM TNUCASI ŚURIS
EIS TEIS EVITIURAS

MULSLE MLAX ILAXE TINS LURSΘ TEV \ HUVI ΘUN \
LURSΘ SAL \ AFRS NACES

Ed io ho fatto il voto di donare a Tanr e a Calus l'Infuocato per 4 anni merce e cibo

per la protezione del defunto Mane e per la casa in lungo e in largo (protezione) dal dio Suri

per il tempo di un mese offro il voto di idromele nella festività di Tinia Glorioso

Aggiudica un obolo nella festività del Glorioso, due per la (cura della) fossa dei (miei) parenti.

Per il commento rimando al mio *GTLE* (*Capo 13*), rispetto al quale l'unica novità consiste nella nuova interpretazione e traduzione di HEVN come «nobiluomo», da HEVA «nobile, nobiluomo». La cosiddetta *Lamina plumbea di Magliano* (antica Heba, in provincia di Grosseto) (di cm 8 x 7) ha una forma lenticolare, somigliante a un "cuore", e porta incisa sulle due facce, con un andamento a spirale dall'esterno verso l'interno, una lunga iscrizione di almeno 70 vocaboli. Soprattutto alla fine della seconda spirale la lettura delle lettere è alquanto difficile e anche dubbia. Il documento risale probabilmente alla metà del V sec. a. C.- A parere dello scrivente la lamina era custodita in una piccola borsa di cuoio oppure di panno, che era appesa al collo di una donna a modo di scapolare e quindi vicina al suo "cuore". La lamina contiene una specie di "giaculatoria" che la donna ripeteva, forse ogni giorno, a suffragio del Mane o dell'anima del suo caro e nobile padrone, morto a 80 anni e anche dei suoi parenti defunti in generale. Nella faccia B della lamina in particolare sono indicati gli obblighi religiosi e rituali ai quali la donna si era impegnata. Ovviamente c'è da ritenere che una simile pratica magico-religiosa fosse molto più consentanea a una donna che a un uomo.- Nella Sardegna agro-pastorale fino a 50 anni fa si usava il *bréu* «breve, amuleto, scapolare», costituito da un astuccio d'oro a forma di "cuore", che conteneva un foglietto con una preghiera propiziatoria e che si portava appeso al collo.D'altronde dappertutto, a livello popolare, è molto diffusa l'usanza delle vedove di portare appeso al collo un pendaglio a forma di cuore con la fotografia in miniatura del marito morto.- Ovviamente la mia traduzione implica non pochi punti dubbi.

Iscrizione 115
(AV 0.22; TETC, TLE 360)

AISIU HIMIU

elmo consacrato

Iscrizione incisa su un elmo bronzeo di epoca recente, rinvenuto a Talamone (*GR*). Evidentemente si tratta di un offerta votiva fatta al nume di qualche santuario.- AISIU probabilmente «consacrato», cioè "offerto al dio", aggettivo o participio da riportare ad AIS «dio, nume».- HIMIU probabilmente «elmo, casco», che richiamerebbe il gotico *hilms*, dal quale è derivato l'ital. *elmo*.

Iscrizione 116
(AV S.6; TET, TETC 340)

CA ΘESAN

questa (è) Aurora

Iscrizione incisa su uno specchio bronzeo, rinvenuto ad Orbetello (*GR*), accanto alla figura di un carro tirato da tre cavalli alati e guidati da un auriga, del III sec. a. C.- Siccome ΘESAN «Aurora» era una divinità femminile, la presenza di un auriga maschio o è un errore di esecuzione grafica dell'incisore oppure è effetto della scarsa conoscenza che egli aveva del mito relativo ad Aurora.

Iscrizione 117

(Cl 1.83 - 2:s; TETC, TLE 469)

LARΘI PETRUI LARΘIAL SENTINATEŚ PUIA AME

è *Lartia Petronia moglie di Lart Sentinate*

Iscrizione scolpita su un ossario di marmo con figura femm., di epoca recente, rinvenuto a Chiusi, del II sec. a. C. È da confrontare con l'iscrizione *TLE* 924, pur'essa rinvenuta a Chiusi.- Il gentilizio PETRU corrisponde al *cognomen* lat. *Petro,-onis* e al gentilizio *Petronius-a* (*TLE* 445).- LARΘIAL «di Lart»; qui è masch. come in *TLE* 232, 234.- Il gentilizio SENTINATE(-Ś) corrisponde a quello lat. *Sentinas,-atis*; in origine era un *cognomen* che significava «nativo di *Sentinum*», città umbra (*LELN* 232).- *TLE* 924.

Iscrizione 118

(Cl 1.113; su urna e sul coperchio; TLE 465)

LΘ VELU LΘ TLESNAL CICUNIAS \ CLAN PURΘNE

*La(rt) Velonio (figlio) di La(rt) (e) di Telesinia *Ciconia*

\ il figlio dipone (l'urna)

PURΘNE probabilmente «dispone» (l'urna), da confrontare col greco *prýtanis* «signore, capo, comandante», finora di origine ignota. Vedi FURΘCE.

Iscrizione 119

(Cl 1.130, 131 – rec; su tegola e su ossario; CIE 1299)

FASTI / HERMNEI / TIUŚA / VETUSAL

Fausta Erminia padro(nci)na di Uetossio

TIUŚA probabilmente «padroncino-a», diminutivo di TIU «padrone».

Iscrizione 120

(Cl 1.135 – 2:s; CIE 1304; TLE 460)

TIUZA TIUS VETUSAL / CLAN ΘANAS / TLESNAL / AVILS XIII

il padroncino figlio del padrone Uetossio

(e) di Tana Telesinia di anni 13

Iscrizione dipinta su un'olla fittile e su una parete di un sepolcro di Chiusi accanto alla figura di un ragazzo, del II sec. a. C.- TIUŚA, TIUZA probabilmente «padroncino-a», diminutivo di TIU «padrone».

Iscrizione 121

(Cl 1.163 – rec; su ossario)

ΘANIA LARCI / FRAUCNISA /CA

costei è Tania Larcia quella (figlia) di Fraucio

FRAUCNISA «quello-a (figlio-a) di Fraucio», patronimico pronominale del gentilizio Fraucni (*LEGL* 108-109).

Iscrizione 122

(Cl 1.166 – rec; su ossario; CIE 1192; TLE 467)

ARNΘ REMZNA ARNΘAL ZILAT ŚCUNTNUEŚ

Arunte Remnio (figlio) di Arunte consigliere di concessione (?)

ŚCUNTNUE(-Ś) (in genitivo) forse «di concessione, consegna»(?). Vedi SCUNA, SCUNUS? Però i TLE leggono ŚCUPITNUEŚ.

Iscrizione 123

(Cl 1.181 – rec ; su sarcofago)

VEL VELSIS LARΘIALISA LESTI

Uel Velsio Lesto quello (figlio) di Lart

Iscrizione su coperchio sarcofago di marmo, rinvenuto a Colle di Chiusi.- LESTI «Lesto», *cognomen* masch., dal quale probabilmente è derivato l'aggettivo tosc. *lesto*, finora privo di origine ignota (*DELI*).

Iscrizione 124

(Cl 1.198 – rec; su tegola)

VEL FULU UCRŚ LAUTNI

Uel Ful(l)one domestico di Ocrio

LAUTNI «servo di casa, famiglio, domestico», che deriva chiaramente da LAUTN = lat. *familia, gens*.

Iscrizione 125

(Cl 1.318, 319; su tegola e ossario)

VL ZIXU VL MUTUAL

Uel Siconio» (figlio di) Uel (e) di Muttonia

ZIXU «scriba, scrivano», appellativo; ZIXU² «Sic(c)onio», gentilizio variante di ZICU. Vedi l'iscrizione bilinge seguente 126.

Iscrizione 126

(Cl 1.320; TETC, TLE 472)

Q SCRIBONIUS C F \ VL ZICU

Quinto Scribonio figlio di Caio \ Uel Siconio

Iscrizione bilingue scolpita su un ossario di epoca recente, rinvenuto a Chiusi.- La corrispondenza del prenome lat. *Quintus* con quello etr. VEL è tutta da spiegare (commento *TLE* 455).- Il gentilizio ZICU (*TLE* 69) corrisponde all'appellativo ZICU «scriba, scrivano» (*TLE* 601) ed è corradicale del verbo ZIXUXE «è stato segnato o scritto» (*TLE* 27, 278); in termini comparativi probabilmente corrisponde al gentilizio lat. *Siconius*, ma nella parte latina dell'iscrizione, in virtù del suo significato originario, risulta "tradotto" in *Scribonius*.

Iscrizione 127
(Cl 1.332; CIE 1430; TETC, TLE 466)

AΘ CUMERE FRAUCNAL / CLANTI

Arunte Cumerio figliastro di Fraucia

Iscrizione scolpita su un ossario di epoca recente, rinvenuto a Chiusi.- AΘ è una delle abbreviazioni del prenome masch. ARNΘ.- Il gentilizio masch. CUMERE trova riscontro non in un gentilizio latino, bensì nell'appellativo lat. *cumera,-um* «paniere rituale e anche per il grano», già indiziato come di origine etrusca (*DELL*; Ernout, *Éléments 48/49)*.- FRAUCNAL gentilizio femm. (in genitivo) corrispondente a quello lat. *Fraucius-a* (*LEN* 85, 595).- In questa, come in tante altre iscrizioni etrusche, la mancanza della denominazione del padre è soltanto apparente, perché essa è implicita nel gentilizio del defunto (*TLE* 415, 442, 448, 484).- Per CLANTI «figliastro» vedi *Iscrizione* 63 (*TLE* 181).

Iscrizione 128

(Cl 1.338; CIE 1518; TETC, TLE 501)

VL VILIA VL MAR PUR/Θ

Uel Uilio (figlio) di Uel (fu) mar(one) in onestà

Iscrizione scolpita su un ossario di epoca recente, rinvenuto a Sarteano (*SI*).- Il gentilizo masch. VILIA corrisponde a quello lat. *Vilius*.- La seconda abbreviazione VL va interpretata VELUS «di Uel».- MAR forse abbreviazione di MARUNUXVA «maronico».- PURΘ forse «in purezza, in onestà» (in locativo figurato).

Iscrizione 129
(Cl 1.355 - rec; CIE 1754)

VL ARNTNI CLANTI ARNTNAL

Uel Arruntinio figliastro di Arruntinia

CLANTE, CLANTI «figliastro, figlio adottivo», che deriva da CLAN «figlio» (*LLE;* corrige *DETR*).

Iscrizione 130

(Cl 1.381 – rec; su tegola)

LARΘIA SEPIA LUPUVAL

Lartia Seppia (è) dei morti

LUPUVAL sembra un genitivo plur. = «(è) dei morti», cioè "(è) tra i morti".

Iscrizione 131

(Cl 1.403 – rec; su coperchio di ossario)

HIA VIPI VENU VIPINAL CLAN

qui (c'è) Uibio Uenonio figlio di Uipinia

HIA (*Liber* VII 2, 3, 4, 5, 6) significato quasi certo «qui» (*LLE*).

Iscrizione 132

(Cl 1.562 – rec; su tegola; TLE 528)

ΘANICU AΘ CAEŚ LUTNIΘA

Tanina domestica di Arunte Caio

ΘANICU diminutivo del prenome femm. ΘANA, ΘANIA.

Iscrizione 133
(Cl 1.718 - rec; TETC, TLE 494)

VL ANE VEIZIAL VL APRINΘU

Uel Annio (figlio) di Uelia Ueisia cerimoniere

Iscrizione graffita su un'olla, probabilmente parte di un corredo funebre, di epoca recente e rinvenuta a Città della Pieve (PG). È da confrontare con l'iscrizione *TLE* 923 anche per la probabile parentela dei due personaggi ricordati.- Il gentilizio ANE è da confrontare con quello lat. *Annius* (*TLE* 117) e probabilmente è un nome teoforico in onore di *Anna Perenna*.- VEIZIAL gentilizio femm. (in genitivo) corrispondente a quello lat. *Veisius*.- APRINΘU probabilmente «apritore, usciere, promotore, cerimoniere». Cfr. APRINΘVALE (*TLE* 131).

Iscrizione 134

(Cl 1.768 – rec; su tegola; TETC, TLE 496)

FILA VERATR[U]SA / LAVTNITA PURNAL

Fila quella (figlia) di Veratrone / domestica di Purnia

Iscrizione graffita su una tegola sepolcrale di epoca recente, rinvenuta a Cetona (SI).- FILA è un nome individuale femm. che potrebbe derivare da quello greco dorico *Phíla*.- VERATR[U]SA è il patronimico pronominale fatto sul gentilizio masch. VERATRU, il quale corrisponde a quello lat. *Veratro,-onis* e all'appellativo lat. *veratrum* «veratro, elleboro bianco», finora privo di etimologia (*LELN* 247) e quindi di probabile origine etrusca (*DICLE*).- LAVTNITA è il femm. di LAVTNI «domestico»; più spesso è scritto LAUTNIΘA.- PURNAL gentilizio femm. corrispondente a quello lat. *Purnius*.

Iscrizione 135

(Cl 1.886 – rec; su coperchio di olla)

AR PETRU FULU

Ar(unte) Petrone follone

FULU (anche AS 1.272) qui appellativo che corrisponde al lat. *fullo,-onis* «follone, lavandaio, tintore» (*LELN* 146; *DICLE*). Altre volte è *cognomen* oppure gentilizio (Co 1.2). Vedi HULU.

Iscrizione 136
(Cl 1.904 2:2; TETC, TLE 923)

AULE ANE / APRINΘUŚ AΘ

Aulo Annio / (figlio) del cerimoniere Ar(unte)

Iscrizione scolpita su un'urna funeraria e precisamente in un volume tenuto aperto dal defunto sdraiato; di epoca recente, rinvenuto a Chiusi. È da confrontare con *TLE* 494 anche per la probabile parentela dei due personaggi ricordati.- Per APRINΘU-Ś (Cl 1.904) «(del) cerimoniere» vedi *TLE* 494 e APRINΘVALE di *TLE* 131.- AΘ è una delle abbreviazioni del prenome ARNΘ.

Iscrizione 137

(Cl 1.956 – rec; su coperchio di ossario)

AΘ MARCNI CLANTI VL PATACANAL

Ar(unte) Marcinio figliastro di Ve(lia) Pataecia

CLANTI vedi commento della iscrizione num. 63.

Iscrizione 138
(Cl 1.958 rec; su ossario)

[A MA]RCNI CLANTI AΘ [CU]MERUNIAŚ

*[Aulo Ma]rcinio figliastro di Ar(untia) *Cumeronia*

AΘ abbreviazione del prenome, masch. e femm., ARNΘ, ARNΘI.

Iscrizione 139

(Cl 1.1018 – rec; su ossario; TEL, TETC 525)

NEPVR PAPASLA / LAVT[N]I

Naepore domestico di quello (figlio) di Papio

Iscrizione scolpita su un ossario fittile di epoca recente, rinvenuto a San Savino (Chiusi).- NEPVR è un nome individuale servile, da confrontare con quello lat. *Naepor* (*LEN* 332).- PAPASLA letteralmente «di quello di Papio», è il patronimico pronominale in genitivo. Il gentilizio masch. PAPA corrisponde a quello lat. *Papius*.- Per LAVT[N]I «domestico» vedi *TLE* 135, 393, 450.

Iscrizione 140

(Cl 1.1036 - rec; CIE 978; TETC, TLE 524)

NAE CICU / PEΘNAL / NETSVIŚ

Nevio *Cicone / (figlio) di Petinia / aruspice

Iscrizione scolpita su un ossario di epoca recente, rinvenuto a Poggio al Moro.- NAE «Nevio» oppure sta per CNAE «Gneo».- CICU gentilizio masch.- PEΘNAL gentilizio femm. (in genitivo) da confrontare con quello lat. *Petinius-a*.- NETSVIŚ in base alla iscrizione bilingue 697 siamo certi che significava «aruspice»; è da confrontare col greco *nédyia* «visceri» (di origine ignota; *DELG*). Vedi NEΘŚRAC.

Iscrizione 141

(Cl 1.1079 – rec; su coperchio di ossario)

AU LATINI ARNΘAL / CEŚU

Au(lo) Latinio (figlio) di Arunte / (qui è) deposto

CEŚU, CESU«posto, deposto, depositato-a» , participio passivo.

Iscrizione 142
(Cl 1.1145 - rec; TLE 556)

FILUNICE LAUTNI HEUL ALFNIS

Filonico domestico del nobiluomo Alfinio

Iscrizione su un ossario fittile rinvenuto a Chiusi, di epoca recente.- HEUL = HEVL, genitivo lambdatico di HEVA «nobile, nobiluomo» (*DETR*).

Iscrizione 143

(Cl 1.1153 – rec; su olla fittile; TLE 560)

VELIA CAINE MUTENI TITE[S] LAUTNA

Velia Caenia Muttenia domestica *di Tito*

LAUTNA probabilmente abbreviazione di LAUTNITA «domestica».

Iscrizione 144

(Cl 1.1367 – rec; su ossario; TLE 924)

HASTIA CAINEI CLANTIS PUIA AME

è Fausta Caenia moglie di Clandio

AME qui è la copula all'indicativo di III pers. sing. «è», ma può essere anche plur. «(essi) sono» e infine anche di I pers. sing. «(io) sono» (*LLE* 24).

Iscrizione 145

(Cl 1.1486 – rec; su olla)

[C]EMUNIA ARNZ[A] LANEŚ ATINA

Cemonia mamma di Aruntillo Lanio

ATINA probabilmente «mamma, mammina», diminutivo affettivo di ATI «madre».

Iscrizione 146

(Cl 1.1592 - rec; TETC, TLE 536)

LARΘ VEIZA / VUISINAL HULU

Lart Veisio / (figlio) di Vossinia follone

Iscrizione graffita su una tegola sepolcrale di epoca recente e di rinvenimento incerto.- VEIZA gentilizio masch. corrispondente a quello lat. *Veisius*.- VUISINAL gentilizio femm. (in genitivo) corrispondente a quello lat. *Vossinius-a*.- Anche in virtù della comparazione di questa iscrizione con quella *TLE* 415, siamo autorizzati a interpretare HULU = FULU, da cui è derivato il lat. *fullo,-onis* «follone, lavandaio, tintore» (*LELN* 146); qui è più probabile che sia l'appellativo indicante il mestiere del defunto, mentre altre volte risulta già trasformato in *cognomen* e in gentilizio.

Iscrizione 147

(Cl 1.1704 – rec; su ossario fittile)

VL VETU MARCIAS AΘNU

Uel Vettonio (figlio) di Marcia, sacerdote

AΘNU probabilmente = «sacerdote».

Iscrizione 148

(Cl 1.1729 – rec; su tegola)

VEL VIPI VELU[S] AΘNU

Uel Vipio (figlio) di Uel sacerdote

VELU[S] questa ricostruzione è necessaria.

Iscrizione 149

(Cl 1.1760 – rec; su ossario; TLE 517)

VUISINI EIŚTA

costui (è) Vossinio

EIŚTA probabilmente «questo-a, costui», variante di ESTA «codesto, questo, quello-a», da confrontare col lat. *iste* «codesto-a, costui».

Iscrizione 150

(Cl 1.1889 – rec; su coperchio di ossario)

LARQ LATINI CLANTI LATINIAL LARΘAL SCIRES CLAN

*Lart Latinio figlio adottivo di Latinia, figlio di Lart *Scirio*

CLANTI dal contesto sembra che si debba interpretare «figlio adottivo», non «figliastro».

Iscrizione 151

(Cl 1.1913 – rec; su olla fittile)

FA[S]TI LECSTINEI UMRIAŚ ATINANA

Fausta Ligustinia nonna di Umbria

ATINANA probabilmente «nonna», variante di ATI NACNA.

Iscrizione 152

(Cl 1.1991 - rec; TETC, TLE 562)

ARNΘ MUSCLEN[A] / LARΘAL LAUTN ETE(RI)

Arunte Musculeio (figlio) di Lart, amico di famiglia

Iscrizione graffita sul coperchio di un'olla funeraria di epoca recente e di rinvenimento incerto.- Il gentilizio MUSCLEN[A] è da confrontare con quello lat. *Musculeius* e con l'appellativo *musculus* «topolino» oppure «arsella».- Per l'espressione LAUTN ETERI «amico di famiglia», cioè "cliente" vedi *TLE* 450, 519.- Per la formula generale vedi *TLE* 576.

Iscrizione 153

(Cl 1.2105 – rec; su olla)

AZ PETRU MANΘVATE CLANTI

Aruntillo Petrone figlio adottivo Mantovano

MANΘVATE «nativo di Mantova, Mantovano» è il *cognomen* o soprannome.

Iscrizione 154

(Cl 1.2137, 2138 - rec; CIE 808 a, b; TLE 150)

LARΘI LAUTNIΘA PREŚNTS \

 LARΘI LAUTNITA PRAESENTES

Lartia domestica di Praesentio

Iscrizione bilingue su tegola, rinvenuta a Chiusi, di epoca recente.- PREŚNTS gentilizio masch. (in genitivo), che corrisponde a quello lat. *Praesentius* (*RNG*).- Nel testo latino il lapicida ha scritto per errore *Praesentes* anziché *Praesentis*.

Iscrizione 155

(Cl 1.2232 – rec; su coperchio d'ossario)

LARΘI SEIANTI FRAUNISA ATIU PIUTES

*Lartia *Seiantia quella (figlia) di Franio mamma di *Piutio*

ATIU «mamma, mammina», diminutivo-vezzeggiativo di ATI «madre, mamma» (*LEGL* 88).

Iscrizione 156

(Cl 1.2234 – rec; su ossario)

ΘANA SEIA[N]TI UNIAL

*Tana *Seiantia (figlia) di Iunia*

UNIAL qui «figlia di Iunia», ma in altri testi significa «di Uni o Giunone».

Iscrizione 157
(Cl 1.2338; TETC, TLE 561)

VELIA LAVTNIT[A] RVS

Uelia domestica - ossario

Iscrizione graffita sul coperchio un'olla funeraria di epoca recente e di rinvenimento incerto.- LAVTNIT[A] ricostruita in base a LAVTNITA di *TLE* 496.- RVS forse «ossario, olla funeraria», variante grafica di RUTZS, RUZ.

Iscrizione 158

(Cl 1.2453 – rec; su tegola)

LΘ TITE AΘNU

Lart Titio sacerdote

AΘNU probabilmente significa «sacerdote».

Iscrizione 159

(Cl 1.2465 – rec; su ossario)

LΘ TITI CLANTI AΘ LESTINAL

Lart Titio figliastro di Ar(runtia) *Lestinia

CLANTI qui probabilmente significa «figliastro» (*LLE*).

Iscrizione 160

(Cl 1.2499 – rec; su ossario; TETC, TLE 639)

LƟ TITE LƟ / ALFNAL SAXU

Lart Titio (figlio) di Lart (e) di Alfinia, indovino

Iscrizione scolpita su un coperchio di ossario di epoca recente, rinvenuto a Chiusi.- TITE qui gentilizio masch. corrispondente a quello lat. *Titius*, altre volte prenome masch. corrispondente a quello lat. *Titus* (*TLE* 586).- Per il gentilizio femm. ALFNAL (in genitivo) vedi *TLE* 448.- SAXU probabilmente «indovino», da confrontare col lat. *sagus* «indovino, mago» (alternanza etr.-lat. *X/g*; *DICLE* 13; LLE). Vedi SACA «indovina, profetessa, maga».

Iscrizione 161
(Cl 1.2552; TETC, TLE 541)

AΘ TREPI ΘANASA

\ AR TREBI HISTRO

Arunte Trebio attore

Iscrizione bilingue graffita su una tegola sepolcrale di epoca recente e di rinvenimeto incerto.- Il gentilizio TREPI condiziona la forma seguente lat. *Trebi*, al posto di quella esatta *Trebius* (cfr. *TLE* 462, 471, 563).- Questa iscrizione bilingue ci assicura che ΘANASA, tradotto col lat. *histro*, significa «attore» (*TLE* 82, 83); però anche il lat. *histr(i)o,-onis* è di origine etrusca (*TLE* 837; *ThLE* I 416).

Iscrizione 162

(Cl 1.2686; TETC, TLE 548)

]AL ŚEX HARΘNA

figlia nubile di [...

Iscrizione mutila scolpita su un ossario di epoca recente e di rinvenimento incerto.- HARΘNA, che in *TLE* 583 e 887 compare come FARΘANA e FARΘNE e richiama il gentilizio PARΘANA (*CIE* 2509), è da connettere col greco *parthénos* «vergine, ragazza», finora di origine ignota (*LISNE* 230, *LELN* 208); pertanto ŚEX HARΘNA (o FARΘANA) è da confrontare col greco *thygáter parthénos* = «figlia nubile». Vedi *TLE* 321 FARΘNAXE.

Iscrizione 163
(Cl 2.3; CII 806; TETC, TLE 489)

MI ARAΘIA VEL AVEŚNAŚ ZAMAΘI

MAMURKE MULVENIKE TURSIKINA

io (sono un) gioiello di Aruntia (figlia) di Uel *Auesio

(mi) ha donato Mamerco *Tursicio

Iscrizione fatta a granuli su una fibula d'oro del VII sec. a. C., rinvenuta a Chiusi.- Per ARAΘIA = ARAΘIAL «di Aruntia», con la caduta della desinenza del genitivo per la "declinazione di gruppo" (*TLE* 243).- ZAMAQI probabilmente «oro» e «gioiello»; cfr. ZAMΘIC «aureo» (*Liber*).- MAMURKE variante del prenome masch. MAMERCE (*TLE* 4).- MULVENIKE «donò, ha donato»; recuperato da A. Maggiani (*StEtr* 40, 1972, 468 num. 89).- TURSIKINA «*Tursicio», gentilizio da confrontare con quello lat. *Tursidius* e con gli etnici *Etruscus, Tuscus*, umbro *Turskum* (*LELN* 125).- Per la interposizione del verbo fra il prenome e il gentilizio o *cognomen* vedi *TLE* 42, 482.

Iscrizione 164

(Cl 2.4; TETC, TLE 483)

[MI HE]KINAŚ KURTINAŚ EN MINIPI KAPI MII NUNA

[io (sono) di Fe]cinio Curtinio /

non mi prendere! io (sono un) regalo

Iscrizione graffita su un calice frammentario di impasto, del 625/600 a.C., rinvenuto nel territorio di Chiusi. L'iscrizione è stata corretta da M. Cristofani (*StEtr, 45, 1977, 194*) e da L. Agostiniani (*AGI* 69, 1984, 85 segg.). Per la formula è da confrontare con le iscrizione *TLE* 12, 13, 40, 45, nonché con quella pubblicata negli *StEtr,* 40, 1972, 406 num. 12.- Ho ricostruito HE]KINAŚ in base a *TLE* 384.- KURTINAŚ sembra il *cognomen* e corrisponde al lat. *Curtin(* (*CIL* V 1780).- KAPI «prendi!», imperativo. EN MINIPI KAPI «non mi prendere!». Vedi CAPI, ΘAPI.- Errata la lettura degli *ET*.

Iscrizione 165
(Cl 2.26; TETC, TLE 488)

TA ΘAFNA RAΘIU CLEUSINŚL \ ΘU

questa patera (è) di Ratio Chiusino \ uno/a

Iscrizione graffita su una patera a vernice nera del IV sec. a. C., rinvenuta a Chiusi.- Per ΘAFNA «patera, ciotola» vedi *TLE* 30, 64, 341, 375.- Il gentilizio masch. RAΘIU corrisponde a quello lat. *Ratius* o *Rattius* (*LELN* 224); è privo della desinenza del genitivo, in quanto questa è presente nell'aggettivo seguente CLEUSINŚL per la "declinazione di gruppo".- CLEUSINŚ-L «(di) Chiusino», "nativo di Chiusi" (in genitivo) è il *cognomen* (*TLE* 139, 233).- ΘU sembra il numerale «uno». Epigraficamente è fuori livello e quindi probabilmente da non riferire alla frase che precede.

Iscrizione 166
(Cl 2.27; TETC, TLE 487)

MI ŚPURAL

io (sono un dono) della Città

Iscrizione graffita sull'orlo di un *píthos* rinvenuto a Chiusi (Toscana), di epoca recente. Cfr. *TLE* 694.- ŚPURAL «della Città, del Comune» (*TLE* 677, 689, 732).- La frase significa "io appartengo all'amministrazione civica", oppure, nella supposizione che si tratti di un'offerta votiva, "io sono un dono fatto dalla Città".

Iscrizione 167

(Cl 3.1 7:4; su vaso; TETC, TLE 482)

MINI SPURIAZA MULUVANIKE KURITIANAŚ

mi ha donato Spurillo a Giunone Astata

Iscrizione graffita su quello di mezzo di cinque vasetti che formano un recipiente di bucchero, rinvenuto a Chiusi, del VII sec. a. C.- SPURIAZA diminutivo del prenome masch. SPURIE, che è uguale a quello lat. *Spurius* (*TLE* 112, 941).- Per MULUVANIKE «donò, ha donato» cfr. *TLE* 34, 429, 868.- KURITIANA(-Ś) probabilmente è un epiteto di *Iuno Cur(r)itis* o *Quiritis* «Giunone Astata», cioè "armata di asta" (lat. *curis, quiris*) (in genitivo di donazione).

Iscrizione 168

(Cl 3.2 – 7:4; su vaso; TLE 481)

MINE VIKU MULUVENEKE ARPAŚ KAMAIA

Viconio mi ha donato a Cammaea (figlia) di Arpio

MINE «mi, me» (in accusativo).- VIKU gentilizio masch. corrispondente a quello lat. *Viconius* (*RNG*).- MULUVENEKE «donò, ha donato» (preterito debole).- ARPA-Ś gentilizio masch. in genitivo corrispondente a quello lat. *Arpius* (*RNG*).- KAMAIA antroponimo femm. in genitivo arcaico di donazione, forse corrispondente al femm. del gentilizio lat. *Cammaeus* (*RNG*), da cui potrebbe derivare il misterioso appellativo ital *cammeo*.

Iscrizione 169
(Cl 3.3; CIE 1552; TETC, TLE 504)

VEL ŚAPU Θ|N TURKE ŚEL|VANŚL TUR|NŚ ΘANRAL

Uel Saponio ha donato questo a Silvano a Turan a Tanr

Iscrizione incisa sui quattro lati della base di una statua bronzea che raffigura un giovane, ritrovata a Sarteano (*SI*), del V sec. a. C. (*StEtr* 64, 173-176).- ŚAPU gentilizio da confrontare con quelli lat. *Sapo,-onis, Saponius* e col corrispondente appellativo *sapo,-onis* «sapone», che è derivato dal gallico probabilmente attraverso l'etrusco (*DICLE, LIOE*).- ΘN corrisponde a TEN accusativo del dimostrativo TA «questo»; vedi TN di *TLE* 696.- Per ŚELVANŚ-L = lat. *Silvanus*, dio delle selve, vedi *TLE* 719 e *LELN* 233.- TURNŚ (TURN-Ś) (Cl 3.3) «a Turan» (Venere) in genitivo di donazione o dedicazione. Vedi TURANI.- ΘANRAL (ΘANR-AL) «a Tanr» in genitivo di donazione o dedicazione (*TLE* 696).

Iscrizione 170
(Cl 3.5; TETC, TLE 505)

CVER TURCE

ha donato come ex voto

Iscrizione incisa su un fallo bronzeo del II sec. a. C., rinvenuto a Sarteano (*SI*).- Non è affatto necessario supporre che sia scomparso il nome del donatore, il quale evidentemente non poteva tenere a che si sapesse che la sua offerta votiva era mossa dal desiderio di essere guarito da disfunzioni di carattere sessuale (*impotentia generandi* oppure *impotentia coeundi*). Per la formula cfr. *TLE* 149.

Iscrizione 171
(Cl 3.6 – rec; su stuatuetta; TLE 557)

[-- --] LAUTNI ΘUFULΘAŚ / TURCE

[-- --] *domestico ha donato a Tufulta*

ΘUFULΘAŚ è in genitivo di donazione o dedicazione.

Iscrizione 172

(Cl 3.7; CIE 2341; TETC, TLE 558)

EISERAS ΘUFLΘI / CVERA

ex voto agli dèi (che sono) nell'abisso

Iscrizione incisa su una statuetta bronzea di uomo, di epoca recente e di rinvenimento incerto.- EISERAS variante di AISERAS (*TLE* 740) «agli dèi», in genitivo di dedicazione.- ΘUFLΘI probabilmente «nel profondo, nell'abisso», cioè "nell'Ade" (*TLE* 149); forse da interpretarsi ΘUFLΘ-ΘI, con -ΘI desinenza del locativo (cfr. *TLE* 740 ΘUFLΘICLA).- CVERA è una variante di CVER «dono, regalo, offerta votiva, ex voto» (*TLE* 149, 900).

Iscrizione 173
(Cl 4.1; NRIE 1197; TETC, TLE 748)

MI TIIURŚ KAΘ UNIIA ŚUL

io (sono) della Luna (di) Cata (di) Giunone (del) Sole

Iscrizione incisa su una mezzaluna bronzea, di epoca arcaica e di rinvenimento incerto.- Per TIIUR-Ś «(della) Luna» in genitivo sing. (*TLE* 181, 718, 719, 875).- KAΘ UNIIA ŚUL «(di) Cata (di) Giunone (del) Sole» (M. Buffa, *NRIE* 1197). Sono privi della desinenza del genitivo per la "declinazione di gruppo".- Ovviamente si può interpretare e tradurre anche «io (sono un'offerta) alla Luna a Cata a Giunone al Sole», cioè come genitivo di donazione.

Iscrizione 174
(Cl 4.2 – rec; TETC, TLE 476)

MI MARISL HARΘ SIANŚL L EIMI

io (sono la) parte del Padre Maris; Lart Aimio (donatore)

Iscrizione incisa su un vaso bronzeo di epoca recente, rinvenuto a Chiusi.- MARISL «di Maris», dio probabilmente uguale al greco *Érhos* «Amore, Cupido» (in genitivo) (*DETR* 271) (*TLE* 719).- Dal contesto sembra che si possa interpretare HARΘ = «parte»; e se questa interpretazione è esatta, si deve richiamare il lat. *pars, partis* a titolo di omoradicalità.- SIANŚ-L «del padre, genitore, progenitore» (in genitivo) ricorre in *TLE* 619 e nella variante SANSL in *TLE* 624, 651.- L può essere sciolto anche in LARIS.- EIMI gentilizio masc. che probabilmente corrisponde a quello lat. *Aimius*.

Iscrizione 175

(Cl 4.3; TETC, TLE 555)

APAŚ SUΘIL

(è) del sepolcro di babbo

Iscrizione scolpita su un ossario di epoca recente e di rinvenimento incerto.- Evidentemente l'ossario era deposto in una tomba di famiglia, per cui la denominazione del defunto non era indispensabile; cfr. *TLE* 67, 68, 265, 337.- SUΘIL «di toba, di sepolcro», «arredo funerario» (*TLE* 78, 389, 746).

Iscrizione 176
(Cl 8.5; CIE 886; TETC, TLE 515)

TULAR HILAR NESL \ CLARUXIEŚ \

EIN SER VL REMZNA CLANC / AU LATINI CESU

cippo personale di un defunto / colono / non servo /

Uel Remnio e il figlio Aulo Latino (sono qui) deposti

Iscrizione scolpita su un cippo sepolcrale di epoca recente, rinvenuto a Montepulciano (*SI*), attualmente scomparso.- Le tre parti dell'iscrizione erano in tre differenti lati del cippo. Rispetto al loro ordine dato dal *CIE 886* e dai *TLE* ed *ET* procedo a invertire la terza parte con la seconda, al fine di connettere NESL e CLARUXIE-Ś, entrambi in genitivo.- TULAR «cippo, cippo confinario» (*LLE*) (*TLE* 530, 571, 632, 675, 676, 677, 683, 689).- HILAR (*Liber* XI 33; XII 13) probabilmente «proprio, privato-a, personale» (*DETR* 200) (*TLE* 675, 676).- CLARUXIE-Ś «di colono», probabilmente dal greco tolemaico *klerhoũchos* «cleruco, possessore di un lotto di terreno, colono».- EIN è una variante della particella negativa EI «non» (*TLE* 12, 13, 593, 619).- Interpreto il finora misterioso SER come abbreviazione di *SERVE = lat. *servus* «servo, schiavo», sino ad ora di etimologia incerta, ma già indiziato come di origine etrusca (*DELL*); in etrusco è documentato il gentilizio SERVI = lat. *Servius* e d'altra parte è da ricordare che il re *Servio Tullio* era di etnia etrusca. Per l'abbreviazione *ser = servus* vedi Degrassi, *Inscr.* num. 56.- Per la formula CLARUXIE EIN SER(VE) cfr. quella analoga

LAUTN ETERI EI(N) ŚENIS delle iscrizione *TLE* 593 e 618.- Nell'iscrizione dunque è affermato che la tomba in cui sono sepolti i due defunti è propria di un proprietario, che è colono e non servo.- Il gentilizio REMZNA (REMSNA *CIE* 2675) è da confrontare coi lat. *Remnius* e *Remus*, nonché con l'appellativo *remus* «remo» (da *resmos, cfr. *triresmon, septeresmon* della Colonna Rostrale; *DELL)*.- Siccome il gentilizio del figlio AULE è evidentemente quello stesso del padre VEL REMZNA, c'è da dedurne che qui LATINI sia non gentilizio bensì *cognomen* corrispondente a quello lat. *Latinus* (cfr. commento *TLE* 516).

Iscrizione 177

(Cl S.16 – rec; su specchio)

AIVAS TELMUNS

(figura) di Aiace Telamonio

Siccome AIVAS TELMUNS sono in genitivo, è necessario sottintendere «figura».

Iscrizione 178
(Cm 2.2 – 6:p; su vaso)

MI ZAVENA APULAS SEPUNES

io (sono l')anfora di Apulia (moglie) di Sepunio

Iscrizione su vaso rinvenuta in Campania, della metà del VI sec. a. C.- ZAVENA «anfora, brocca, cantaro» (anche in Cr 3.19).- APULAS (APUL-AS) «di Apulia», gentilizio femm. in genitivo, da confrontare con quello lat. *Apulius* (*RNG*).- SEPUNES (SEPUN-ES) «di Sepunio», gentilizio masch. in genitivo, da confrontare con quello lat. *Sepunius* (*RNG*). La differenza delle due desinenze del genitivo ci assicura che la prima è femm. e la seconda è masch.

Iscrizione 179
(Cm 2.9; TETC, TLE 4)

MI MAMERCE ASKLAIE

io Mamerco Ascolano (sono il proprietario)

Iscrizione graffita sotto il piede di un vaso di bucchero del V sec. a. C., rinvenuto a Capua, ora disperso (*CII 2753 bis*).- Di certo abbiamo a che fare con una formula, la quale richiama l'uso degli studenti attuali, che scrivono il loro nome e cognome su di un libro per rivendicarne la proprietà (cfr. *TLE* 24, 54, 161, 283, 480, 484, 489, 687, 775).- MAMERCE, con le varianti MAMARCE e MAMURCE, è un prenome masch. da confrontare con quello lat. *Mamercus*, teoforico in onore del dio *Mamers,-rtis*, nome osco di Marte.- ASKLAIE, gentilizio in origine *cognomen*, corrisponde al greco *Asklaios* «Ascolano», cioè «nativo di Ascoli» (Ascoli Piceno o, in subordine, Ascoli Satriano).

Iscrizione 180

(Cm 2.13; NRIE 1033; TETC, TLE 12)

MI XULIXNA CUPES ALƟRNAS EI MINIPI CAPI / MINI ƟANU(XVILS)

io (sono la) coppetta di Cupio Aletrinate; non mi prendere! / mi (ha donato) a Tanaquile

Iscrizione graffita sotto il piede di una *kylix* attica a vernice nera, del 500/450 circa a. C., rinvenuta a Suessula, in Campania. È da confrontare con le iscrizione *TLE* 13, 40, 483.- Per XULIXNA vedi *TLE* 3.- Per il gentilizio CUPE(-S) (in genitivo) vedi *TLE* 8, 19.- ALƟRNAS = lat. *Aletrinas,-atis* è un *cognomen* che in origine significava «nativo di *Aletrium/Alatrium*»; è privo della desinenza del genitivo per la "declinazione di gruppo".- È merito di L. Agostiniani l'aver individuato in EI la particella negativa etrusca; cfr. EIN delle *TLE* 515, 593, 619.- MINIPI «me, mi», in "accusativo preposizionale" (PI,-PI = «a, in, per», preposizione anche posposta) analogo all'"accusativo preposizionale" che si usa coi nomi di persona e coi pronomi nello spagnolo, nel sardo e nell'italiano meridionale («egli vede *a me*», «*a me* non mi imbrogli»).- CAPI «prendi!» (imperativo), corrisponde al lat. *cape*, a titolo di omoradicalità indeur.- MINI «me, mi» è il pronome di prima persona in accusativo.- ƟANU leggo ƟANU(XVILS), vezzeggiativo in genitivo di donazione.

Iscrizione 181

(Cm 2.32 - 6f5i; su vaso; TETC, TLE 5)

MI LIMURCESTA PRUXUM

io (sono la) brocca quella di Limbricio

Iscrizione graffita su una *oinochoe* a vernice nera del V sec. a. C., rinvenuta a Capua (*CII 2754a*). Cfr. *TLE* 6.- L'antroponimo LIMURCESTA corrisponde al gentilizio lat. *Limbricius* (*RNG*) e presenta enclitico e agglutinato il pronome dimostrativo TA «questo, quello-a»; cfr. *TLE* 8, 9, 717, 900.- PRUXUM è da connettere col greco *próchous* (in accusativo). Il lat. *broccus* (da cui è derivato l'ital. *brocca*), pur essendo documentato solo in epoca altomedioevale, probabilmente deriva dall'etrusco, come mostra anche la trasformazione della originaria [p-] nella successiva [b-], trasformazione che si riscontra anche in altri vocaboli etruschi entrati nel latino.

Iscrizione 182

(Cm 2.33 - 5:p; su vaso; TETC, TLE 3)

MI CULIXNA V[E]LΘURA VENELUS

io (sono la) coppetta di Venel Uelturio

Iscrizione graffita sotto il piede di una *kylix* attica a figura rosse, attribuita alla cosiddetta "maniera di Brygos", del 490/470 circa a. C., rinvenuta a Capua (Campania) e ora conservata nel Museo Archeologico dell'Università di Lipsia (*NRIE 1022*).- CULIXNA «coppetta», ricorre anche nelle varianti CULCNA e XULIXNA, deriva dal greco *kylíchna*, ricorre nel lat. *culigna* (derivato dall'etrusco, come dimostra la corrispondenza etr./lat. X/G) e anche nell'osco *culchna (DELL)*.- VELΘURA gentilizio masch. al quale corrisponde quello lat. *Velthurius*. La desinenza del genitivo è, secondo la "declinazione di gruppo", indicata nel prenome VENELUS, che in questo caso segue, ma non nel gentilizio VELΘURA, che precede.

Iscrizione 183

(Cm 2.35 - 5:p; su vaso; TETC, TLE 9)

MAIFLNASTA MI

*io (sono) quella di *Meflanio*

Iscrizione graffita su una patera a vernice nera, del V sec. a. C., rinvenuta a Capua (*CII, 1 s., 520 bis*). Per MAIFLNASTA, da distinguere in MAIFLNAS-TA, cfr. CUPESTA, LIMURCESTA (*TLE* 8, 717, 900). Probabilmente questo antroponimo in origine era un *cognomen* che significava «nativo del *Meflanus pagus*» (?), nella Sabina.

Iscrizione 184

(Cm 2.39 – 5:p; su vaso; TETC, TLE 10)

MI VENELUS NUM CLANIES

io (sono) di Venel Numa Clanio

Iscrizione graffita su una patera a vernice nera, del V sec. a. C., rinvenuta a Capua, ora dispersa (*CII, 1 s., 518*).- La divisione e la interpretazione di NUMCLANIES in NUM CLANIES = «di Numa Clanio» è mia. NUM probabilmente è l'abbreviazione vezzeggiativa di NUMA, che sarà stato un secondo prenome masch.; cfr. PUPI NUM «Numa Pupius» (*CIE 4806*).- CLANIE(-S) è il gentilizio (in genitivo) che corrisponde a quello lat. *Clanius* (*LELN 154*).

Iscrizione 185

(Cm 2.40, 41, 42; su vaso; TETC, TLE 6)

VENER TUSNUS

(sono) di Venerio Tossunio

[M]I LIMURCES TANTLNAS [---]A[?

*io (sono) di *Limurcio Tantilio*

MI VENERUS LIM[U]RCEŚLA

*io (sono) di Venerio quello (figlio) di *Limurcio*

Tre iscrizioni graffite, la prima sul margine, le altre due sul piede di un vaso rinvenuto a Capua, del V sec. a. C. (CII 1 s., 517).- VENER, prenome masch., che corrisponde al lat. *Venerius*, che però è gentilizio; è privo della desinenza del genitivo per la "declinazione di gruppo".- TUSNU(-S) gentilizio (in genitivo) che probabilmente corrisponde a quello lat. *Tossunius*.- LIMURCE(-S) gentilizio masch. (in genitivo), il quale non trova riscontro nella antroponimia latina.- TANTLNA(-S) (in genitivo) è un secondo gentilizio che trova riscontro in quello lat. *Tantilius*.- LIM[U]RCEŚLA (LIM[U]RCE-ŚLA) «di quello di Limurcio» (ricostruizione mia) è il patronimico di forma pronominale in genitivo. Si capisce facilmente che il vaso è appartenuto a tre diversi proprietari, quasi certamente imparentati fra loro.

Iscrizione 186

(Cm 2.44 – 5:p; su vaso; TETC, TLE 7)

CUPE VELIEŚA

patera quella di Uelio

Iscrizione graffita su una patera a vernice nera, del V sec. a. C., rinvenuta a Capua (*CII, 1 s., 520*).- CUPE «coppa, patera» appellativo da confrontare col greco *kýpē* e col lat. *cup(p)a* «coppa, botte, barile» (*DETR 123; DICLE*).- VELIEŚA è da distinguere in VELIES-ŚA e da interpretare «quello-a di Uelio». -ŚA è un pronome dimostrativo enclitico, al nominativo. Vedi CAISIEŚA MI (Cm 2.54).

Iscrizione 187

(Cm 2.46, 9.3; TETC, TLE 13)

QUPES FULUŚLA / MI EI MINPI CAPI MI NUNAR / ΘEVRUCLNAS \ ACES X

«io (sono) di Cupio, di quello (figlio) del tintore; non mi prendere!

io (sono un) dono di *Tauricillio \ (opera) di Accio (prezzo) 50» (?)

Due iscrizioni graffite su una *kylix* attica a vernice nera, del 500/450 circa a. C., rinvenuta a Suessula, in Campania; la prima iscrizione è nell'interno del piede, la seconda nell'interno della coppa. È da confrontare con le *TLE* 12, 40, 483.- QUPES è una variante grafica del gentilizio CUPES delle *TLE* 8, 12.- FULUŚLA (FULU-Ś-LA) letteralmente «di quello del tintore». L'etr. FULU, HVULU, HULU ha dato luogo al lat. *fullo,-onis* «follone, lavandaio, tintore» (già prospettato come di origine etrusca (*LELN* 146, *TETC* 415, *DETR* 212, 300, 451).- Per EI MINPI vedi EI MINIPI dell'iscrizione Cm 2.13.- NUNAR è una variante, probabilmente al plur., di NUNA «offerta, regalo».- ΘEVRUCLNAS «a *Tauricillio», da ipotizzare in base agli antroponimo lat. *Tauricius*, *Tauricianus* (*RNG*) (in genitivo di donazione).- X «50» (cinquanta) forse indicava il prezzo del vaso.

Iscrizione 188

(Cm 2.49 - 5:p; su vaso; NRIE 1031; TLE 14)

CNAIVE CAISIES ALPNU PUZNU

dono piccolino di Gneo Cesio

Iscrizione graffita su una patera a vernice nera con ornati rossi del V sec. a. C., rinvenuta a Suessula, in Campania.- CNAIVE prenome masch. che corrisponde a quello lat. *Cnaeus*. È privo della desinenza del genitivo per la "declinazione di gruppo".- CAISIES gentilizio masch. che corrisponde a quello lat. *Caesius*; è in genitivo.- ALPNU probabilmente diminutivo di ALPAN «dono» (*TLE* 559).- PUZNU forse «piccolino, piccinino», aggettivo al diminutivo da confrontare con quello lat. *pisinnus, pitzinnus* (*DETR* 328); è una dichiarazione di modestia da parte del donatore. Vedi PESNU (*TLE* 38).

Iscrizione 189
(Cm 2.50; TETC, TLE 22)

VELXAIE PUSTMINAS MI

io (sono) di Uelcaeo Postumino

Iscrizione graffita su una *kylix* a vernice nera, del V sec. a. C., rinvenuta in Campania (*NRIE 1060*). Cfr. con *TLE* 935. - VELXAIE prenome masch. arcaico, che corrisponde al gentilizio lat. *Velcaeus*; è privo della desinenza del genitivo in quanto questa, per la "declinazione di gruppo", compare nel gentilizio.- PUSTMINAS gentilizio masch. (in genitivo) corrispondente al *cognomen* lat. *Postuminus*.

Iscrizione 190

(Cm 2.52 – 5:p; su vaso; TETC, TLE 15)

MI MA CAPUANES

io sono di Capuano

Iscrizione graffita su una *kotyle* a vernice nera, del V sec. a. C., rinvenuta a Suessula, in Campania.- MA CAPUANES la divisione e la lettura sono mie, differenti da quelle dei *TLE 15*, del *ThLE* e degli *ET*.- Per MA «(io) sono» vedi *TLE* 112.- CAPUANES (CAPUANE-S) = lat. *Capuanus, cognomen* (*RNG*) che in origine significava «nativo di Capua» (*TLE* 590, 890; Pe 1.982).

Iscrizione 191

(Cm 2.54 - 5:p; su vaso; TETC, TLE 16)

CAISIEŚA MI

io (sono il vaso) quello di Caesio

Iscrizione su un vaso a vernice nera, del V sec. a. C., rinvenuto a Suessula, in Campania (*NRIE 1018*).- CAISIEŚA da distinguere in CAISIES-ŚA e da interpretare «quello di Caesio»; cfr. VELIEŚA (Cm 2.44).

Iscrizione 192
(Cm 2.55; NRIE 1012; TETC, TLE 17)

LARUŚULA MI

io (sono la patera) di quello (figlio) di Larino

Iscrizione graffita su una patera a vernice nera, del V sec. a. C., rinvenuta a Suessula, in Campania.- LARU diminutivo del prenome LARIS e gentilizio da confrontare coi gentilizi lat. *Laronius, Laro,-onis* (*RNG*) (*TLE* 684). LARUŚULA «di quello (figlio) di Larino», patronimico pronominale articolato (in genitivo); in età più recente sarebbe stato LARUŚLA (*DETR* 245, 246).

Iscrizione 193

(Cm 2.56; TETC, TLE 11)

MI PUTIZA PURIIAS

MI PUTIZA PUR

io (sono il) boccale di Puria

Iscrizione graffita su un *askos* dipinto a figure rosse, del V sec. a. C., rinvenuto a Suessula, in Campania, ora disperso. L'iscrizione è graffita sotto il piede e ripetuta sotto l'ansa del vaso.- PUTIZA (PUTI-ZA) è il diminutivo di PUTE, PUTS «vaso, urna, sarcofago» (*TLE* 133).- PURIIAS gentilizio femm. (in genitivo), che corrisponde a quello lat. *Purius-a*; cfr. PURES (*TLE* 138).- PUR è la ripetizione abbreviata del precedente PURIIAS, per cui non è necessario ricostruirlo.

Iscrizione 194
(Cm 2.60; TETC, TLE 19)

CUPE SCARPUNIES MI

*io (sono la) coppa di *Scarponio*

Iscrizione graffita su una patera del V sec. a. C., rinvenuta forse a Nola (Campania), ora dispersa (*CII 1 s., 519; app. 850*).- Vedi Cm 2.65.

Iscrizione 195

(Cm 2.65; TETC, TLE 8)

MI CUPESTA

io (sono) quella di Cupio

Iscrizione graffita su una patera del V sec. a. C., rinvenuta a Capua (*CII, 3 s., 403*).- CUPESTA è da distinguere in CUPES-TA. -TA è un pronome dimostrativo enclitico, al nominativo (*DETR* 123); vedi MAIFLNASTA *TLE* 9. Qui CUPE è un gentilizio da confrontare con quello lat. *Cupius*.

Iscrizione 196

(Cm 2.75 – 5: su vaso; CII 2775; TLE 18)

VELIIES NIPE

(vaso) di Uelio Nipio

Iscrizione graffita su un *arhyballos* rinvenuto a Nola, in Campania.- NIPE gentilizio masch. che corrisponde a quello lat. *Nipius*. È privo della desinenza del genitivo di possesso in quanto questa è presente nel prenome VELIIES (che precede), per la "declinazione di gruppo".

Iscrizione 197

(Cm 2.77 – 5: su vaso)

ΘANEŚA SESTUMINAS

fabbricante Sestuminio

ΘANEŚA probabilmente «attore, costruttore, fabbricante», variante di ΘANASA «attore» (*LLE* 186).

Iscrizione 198
(Cm 6.1 – 5: su vaso)

MARHIES ACEL [----]

oggetto di Maris [----]

ACEL probabilmente «cosa fatta, oggetto, opera», variante di ACIL.- MARHIES «di Maris», dio probabilmente uguale al greco *Érhos* «Amore, Cupido» (in genitivo) (*DETR* 271). Vedi MARISL Iscrizione 174 (*TLE* 719).

Iscrizione 199
(Co 1.3; TETC, TLE 630)

TUŚΘI ΘUI HUPNINEΘI / ARNT MEFANATEŚ

/ VELIAK HAPISNEI

assieme (sono) qui nel sepolcro /

Arunte Mefanate / e Uelia *Hapisia

Iscrizione scolpita nell'architrave di una porta interna nella tomba del Sodo di Cortona, del IV sec. a. C.- TUŚΘI (TUŚ-ΘI probabilmente «in uno, assieme», da TU «uno», in locativo. Vedi TUŚTI (Co 1.9).- ΘUI «qui».- HUPNINEΘI (HUPNINE-ΘI) «nel loculo, nel sepolcro», locativo di HUPNINA «loculo, (piccolo) ossario» (*TLE* 442, 451).- MEFANATEŚ gentilizio corrispondente a quello lat. *Mefanas,-atis,* il quale in origine era un *cognomen* che significava «nativo del *Mefanus pagus*» (Sannio); la -Ś è quella dell'originario genitivo patronimico ormai fossilizzata (*TLE* 35).- In VELIAK abbiamo una variante grafica della congiunzione enclitica -C.

Iscrizione 200
(Co 1.5; TETC, TLE 634)

V CUSU CR L APA / PETRUAL CLAN

Uel Cusonio Cr(ispo) padre di L(art) / figlio di Petronia

Iscrizione scolpita su un cippo sepolcrale di epoca recente, rinvenuto a Cortona.- CUSU gentilizio masch. corrispondente a quello lat. *Cusonius*.- Interpreto CR abbreviazione di CRESPE, che sarebbe il *cognomen* uguale a quello lat. *Crispus* (*TLE* 137); l'abbreviazione però potrebbe essere anche quella di un *cognomen* differente.- L abbreviazione del prenome masc. LARΘ oppure dell'altro LARIS, da intendersi in genitivo.

Iscrizione 201
(Co 1.6; TETC, TLE 635)

HEVA VIPIΘUR / CUCRINAΘUR CAINAL

nobile famiglia Uipia *Cucrinia di Caenia

Iscrizione scolpita su un ossario di epoca recente, rinvenuto a Cortona.- HEVA «signore, nobiluomo» (*DETR*).- VIPIΘUR CUCRINAΘUR evidentemente si trattava di una famiglia denominata con due gentilizi, ma probabilmente in origine erano due famiglie imparentate, che derivavano da una medesima donna Caenia. Il fatto che venga citata come capostipite una donna è una evidente prova di quel matriarcato, sia pure attenuato, che vigeva fra gli Etruschi.- Per il gentilizio femm. (in genitivo) CAINAL vedi *TLE* 276.

Iscrizione 202

(Co 1.16 – rec; su ossario; TLE 656)

VEL PUMPUŚ TURU A(RN)ΘIALISA EN KUŚI

(ossario) donato a Uel Pomponio quello (figlio) di Arunte non profanar(lo)! (?).

EN è sicuramente la particella negativa.

Iscrizione 203
(Co 3.1; TLE 646)

ΘAPNA MUŚNI [T]/INŚCVIL AΘMIC / ŚALΘN[EŚ]

patera munifico (?) dono del signore Saltinio

Lamina di piombo affissa al noto candelabro di Cortona, ma di certo non attinente a questo, del V/IV sec. a. C.- MUŚNI probabilmente «munifico», significato compatibile col contesto (in dativo).- AΘMIC «signore o nobiluomo». La ricostruzione e la traduzione sono mie (*DETR* 290; LLE).

Iscrizione 204

(Co 3.2; TETC, TLE 746)

MI SUΘIL VELΘURIΘURA[Ś] TURCE AU VELΘURI FNIŚCIAL

io (sono) del sepolcro della famiglia Uelturia

(mi) ha donato Aulo Uelturio (figlio) di Punisca

Iscrizione incisa su un candelabro bronzeo, che presenta effigiata la figura della Medusa, di epoca recente e di rinvenimento incerto.- SUΘIL «di tomba, di sepolcro» (*TLE* 78, 389, 555).- VELΘURIΘURA[Ś] «della famiglia Uelthuria» è necessario presupporre un genitivo; per il suffisso collettivo -ΘUR vedi *TLE* 176, 635.- VELΘURI gentilizio masch. che ricorre nel lat. *Velthurius*.- FNIŚCIAL gentilizio femm. (in genitivo), che forse corrisponde al *cognomen* lat. *Puniscus* (diminutivo di *Punicus-a* «Punico-a»).

Iscrizione 205

(Co 3.3; TETC, TLE 641)

V CVINTI ARN/TIAŚ ŚEL[V]AN/ŚL TEZ ALPAN / TURCE

U(elia) Quintia (figlia) di Aruntia

(l') ha data in offerta a questo Silvano

Iscrizione incisa su una statuina bronzea di divinità maschile, del IV/III sec. a. C. e rinvenuta a Cortona assieme con quella della seguente *TLE* 640. Si tratta di due statuette votive offerte dalla medesima donna.- Per ŚEL[V]ANŚL «Silvano», dio delle selve *(LELN 233)*, vedi *TLE* 504, 559, 696, 719; anche qui è in genitivo di donazione.- TEZ «di/a questo», venerato in questo santuario.

Iscrizione 206

(Co 3.4; CIE 437; TETC, TLE 640)

V CVINTI ARNT/IAŚ CULŚANŚL / ALPAN TURCE

U(elia) Quintia (figlia) di Aruntia

(l') ha data in offerta a Culsans

Iscrizione incisa su una statuetta bronzea di un dio bifronte, del IV/III sec. a. C. e rinvenuta a Cortona assieme con quella precedente *TLE* 641.- Per il gentilizio femm. CVINTI vedi *TLE* 580.- ARNTIAŚ è il femm. (in genitivo) del prenome masch. ARNT.- CULŚANŚL (CULŚANŚ-L) «di Culsans», dio bifronte analogo al lat. *Ianus* e probabilmente anch'esso "dio della porta" (*TLE* 719); è in genitivo di dedicazione.- ALPAN corrisponde ai lat. *donum, munus* «dono, dono votivo, offerta, ex voto» (*LLE*).

Iscrizione 207

(Co 3.5; TETC, TLE 654)

A VELS CUS ΘUPLΘAŚ ALPAN TURCE

A(ulo figlio) di Uel (l') ha dato in offerta a questo Tufulta

Iscrizione incisa su un candelabro di bronzo del III sec. a. C., rinvenuto a Montecchio, in territorio cortonese, assieme con la statuetta della *TLE* 653.- VELS vedi VELŚ della *TLE* 575.- CUS probabilmente è il genitivo del dimostrativo CA «questo-a» (*LLE*).- Per ΘUPLΘA(-Ś) vedi *TLE* 149, 447.- CUS ΘUPLΘAŚ letteralmente «di questo Tufulta» (in genitivo di dedicazione), che potrebbe significare "venerato in questo santuario"; cfr. *TLE* 614, 641.- Per ALPAN = lat. *donum, munus* vedi *TLE* 640.

Iscrizione 208

(Co 3.6; CIE 446; TETC, TLE 652)

VELIAŚ FANACNAL ΘUFLΘAŚ /

ALPAN MENAXE CLEN CEXA TUΘINEŚ TLENAXEIŚ

ex voto di Uelia *Fanacia a Tufulta

(Io) ha donato per riconoscenza della protezione a favore del figlio

Iscrizione incisa su una statuetta bronzea di bambino, del II sec. a. C., rinvenuta a Montecchio Vesponi (Castiglion Fiorentino) (*NLLE* 189). Siccome Tufulta era un dio infernale, si intravede che Uelia Fanacia gli aveva dedicato la statuetta di un suo bambino morto, perché questo anche nell'al di là avesse la grazia della protezione del dio.- FANACNAL genitivo del gentilizio femm. FANAKNI (*CIE* 3402), il quale non ha riscontro nella antroponimia latina.- ΘUFLΘAŚ è in genitivo di dedicazione.- Per ALPAN «dono votivo, ex-voto» = lat. *donum, munus* vedi *TLE* 640.- MENAXE «diede, donò; ha dato, donato» (*TLE* 282, 447), in attivo e non in passivo.- CLEN CEXA «in favore del figlio», formula fissa = lat. *pro filio, filii gratia* (*TLE* 737).- Per TUΘINEŚ «della tutela, protezione», genitivo di TUΘINA, vedi *TLE* 651.- TLENAXEIŚ (anche Pe 3.2) «per ringraziamento, per riconoscenza» (in ablativo).

Iscrizione 209
(Co 3.7; TETC, TLE 653)

LARΘIA ATEINEI / FLEREŚ MANTRN|ŚL / TURCE

Lartia Ateiena ha donato in voto a Manturna

Iscrizione incisa su una statuetta bronzea di bambino, di epoca recente e rinvenuta a Montecchio, in territorio cortonese, assieme al candelabro dell'iscrizione *TLE* 654.- ATEINEI gentilizio femm. da confrontare con quelli lat. *Ateienus*, *Ataienus* (*LEN* 347).- Per FLEREŚ «statuetta votiva» vedi *TLE* 624, 629.- MANTRNŚL «di/a Manturna», dea protettrice del matrimonio, divinità romana, ma di origine etrusca *(DELL)* (in genitivo di dedicazione).

Iscrizione 210

(Co 3.8; CIE 4561; TETC, TLE 624)

FLEREŚ TEC(UM) SANŚL CVER

ex voto in dono al padre Tecum

Iscrizione incisa su una statuetta bronzea di bambino, di epoca recente e rinvenuta presso il lago Trasimeno.- FLEREŚ «statu(ett)a votiva» (*TLE* 629).- TEC = TECUM (*Liber* XII 5), TECVM (*ET,* Pa 4.2 Fegato) (*TCL* 57) dio finora sconosciuto, ma che potrebbe essere un epiteto di Tinia, "protettore", da connettere coi lat. *tegere, tegumen*.- Per SANŚL (SANŚ-L) «di padre, progenitore, antenato» (in genitivo).- Per CVER «dono, regalo votivo» vedi *TLE* 149.

Iscrizione 211
(Co 4.1-5; TETC, TLE 625)

MI CELŚ ATIAL CELΘI

io (sono) della Madre del cielo (Urania), (che sta) in cielo

Iscrizione incisa su cinque statuine bronzee di offerenti, di epoca recente e rinvenute in una stipe votiva presso Castiglione del Lago (*PG*). (corrige *DETR*).- CELŚ «del cielo» (Urania) (*TLE* 368, 621, 719, 824).- ATIAL «della madre».- CELΘI (CEL-ΘI) «in cielo», in locativo.

Iscrizione 212
(Co 4.6, 7; CIE 471 b; TETC, TLE 644)

TINŚCVIL / MI UNIAL / CURTUN

io (sono un) dono votivo a Giunone / Cortona

Iscrizione incisa su due lati della base quadrangolare di una statuetta bronzea, di epoca recente e rinvenuta a Cortona. L'iscrizione è da confrontare con l'altra 877.- UNIAL è in genitivo di dedicazione e pertanto tradotto «a Giunone».- CURTUN «Cortona» (*TLE* 793) da interpretarsi semplicemente come indicazione di luogo.

Iscrizione 213
(Co 4.10; TETC, TLE 642)

Ś CALUŚTLA

S(etre dona) a quel Calus (?)

Iscrizione incisa su una statuina bronzea di cane, di epoca recente e rinvenuta a Cortona (*TLE* 643).- CALUŚTLA (CALUŚ-TLA), in cui -TLA è il genitivo del dimostrativo TA, in posizione enclitica ed avente il valore di articolo determinativo; cfr. -CLE, -CLA *TLE* 619, 740, 890; letteralmente «di quello di Calus», cioè di quello che dimorava nell'Ade (in genitivo di dedicazione; *TLE* 336, 625, 629, 668, 733, 734, 877). CALUS era il dio del mondo sotterraneo e tenebroso dei morti, il dio della caligine, della nebbia, del vapore, del fumo (*TLE* 99, 1772, 173, 257 commento, 270) (*TETC* 200).

Iscrizione 214
(Co 8.1, 2; CIE 439; TETC, TLE 632)

TULAR RAŚNAL

cippo confinario dello Stato (di Cortona)

Iscrizione scolpita due volte, con righe ribaltate, su un cippo di epoca recente, rinvenuto a circa due chilometri da Cortona *(NLLE 164)*.- Per TULAR «cippo, cippo confinario» vedi *TLE* 515, 677, 689.- Per RAŚNAL «dello Stato» di Cortona vedi *TLE* 87, 137, 233. Il ritrovamento del cippo vicino a Cortona si oppone alla interpretazione vulgata «terreno dell'Etruria».

Iscrizione 215

(Cr 1.2 – rec; su cippo); CIE 5904*)

LARIS [T]ARNAS VELUS CLAN RANΘASC MATUNIAL HERMA

cippo di Laris Tarna figlio di Uel e di Ramta Matonia

HERMA «cippo», da confrontare col greco *hérma* «erma, base, sostegno, puntello, cippo (anche funerario), cippo con figura di Ermes» (finora di origine ignota, ma probabilmente anatolico e lidio; *GEW, DELG*) (*LLE*).

Iscrizione 216

(Cr 1.79; CIE 5992; TETC, TLE 50)

ATI CVENTINAS ASKA ITA

quest'ossario (è) di mamma Quintina

Iscrizione, in scrittura continua, scolpita sulla parete di una tomba di Cerveteri, del VI sec. a. C.- ATI «madre, mamma» è privo della desinenza del genitivo in quanto questa è indicata nell'antroponimo seguente, in base alla "declinazione di gruppo".- CVENTINAS = lat. *Quintina* (= «la quinta nata») è un nome individuale femm. di chiara origine latina; non è indicato il gentilizio dato che questo era implicito nell'appartenenza della tomba a una certa famiglia.- ASKA significa propriam. «vaso» (*TLE* 762), ma qui significa «ossario, urna cineraria»; è da confrontare col greco *áskos* «otre» (*DETR*). Evidentemente l'ossario era posto accanto alla parete in cui era scolpita l'iscrizione.- Il dimostrativo ITA «questo/a» è variante di ETA ed è documentato anche nella I lamina di Pyrgi (*TLE* 874).

Iscrizione 217

(Cr 1.161 – 4:s; su sarcofago)

VENEL TAMSNIE AN ZILCI MUNICLE TECRIAL ARU-
[CERIX]UNCE HUZRNEΘI

CAISRIVA AN LARISAL TAMSNIES ARUSMNAL /
ΘANCV(ILU)SC C(LAN) A(MCE)

Uenel Tamsinio - egli durante la pretura ha curato la costruzione (?)

di questo decoroso (?) sepolcro, (fu) nell'esercito ceretano

- egli di Laris Tamsinio e di Tanaquile *Arusmnia f(u) f(iglio)

Iscizione mutila.- MUNICLE (MUNI-CLE) «del sepolcro», letteralmente «di quel sepolcro» (in genitivo articolato; *LEGL* 106).- TECRIAL forse «del decoroso-a», da confrontare col lat. *decus,-ris* «decoro» (finora di origine incerta; *DELL*) (?).- HUZRNEΘI (HUZRNE-ΘI) «in gioventù» e «nell'esercito», in locativo.- CAISRIVA «Cerite, Ceretano-a», aggettivo (*LEGL* 89, 91). Vedi KAISERIQESI, XEIRITNAS.

Iscrizione 218
(Cr 2.1 7:1; TETC, TLE 869)

MI SPANTI NUZINAIA

*io (sono il) piatto di *Nusinia*

Iscrizione in scrittura continua graffita su un piatto del primo quarto del VII sec. a. C., rinvenuto a Cerveteri.- SPANTI «piatto, catino, bacino», corrisponde all'umbro *spanti* delle *Tavole Igubine* (III 34, IV 2) e probabilmente deriva dal greco *spondēion* «vaso per libagioni».- NUZINAIA gentilizio femm. corrispondente a quello lat. *Usinius* (*RNG*); è in genitivo arcaico. Divisione e interpretazione mie.

Iscrizione 219

(Cr 2.5 – 7:1: su vaso)

MI NERIES ΘAVHNA

io (sono la) coppa di Nerio

ΘAVHNA «patera, ciotola, coppa»; compare anche nelle varianti ΘAHVNA, ΘAFNA, ΘAPNA, TAFINA.

Iscrizione 220

(Cr 2.6, 6.1, X.1 – 7:p; su coppa)

RAΘUVUPI VISΘINAS ΘA[V]HNA MINI KA[R]KANA HI ZIXANACE

coppa per Raconio (figlio) di Vistinia; Carcenio qui mi ha scritto

RAΘUVUPI (RAΘUVU-PI) «per Raconio» (con preposizione posposta), da confrontare col gentilizio lat. *Rac(c)onius* (*RNG*) (*DETR* 344).- HI probabilmente «qui», da confrontare col lat. *hic*. Cfr. CEINEI HI «qui (c'è) Caenia».- ZIXANACE probabilmente «scrisse, ha scritto», in preterito debole (in epoca recente sarebbe stato *ZIXANCE); vedi ZIXUNCE.

Iscrizione 221

(Cr 2.9 – 7:2; su vaso; TLE 864; TCL 88)

MI TITELAS ΘIMLA M[L]AX MLAKAS

io (sono una) offerta (?) di Titellio sciogliendo un voto

ΘIMLA forse «offerta», da confrontare col greco *themélios* «fondo, fondamenta, fondazione» (?).

Iscrizione 222
(Cr 2.18, 2.19; TETC, TLE 63)

MI QUTUM KARKANAS

io (sono il) gotto di Carcenio

Iscrizione graffita su due *oinochoe* del VII sec. a. C., rinvenute a Cerveteri.- Per QUTUM vedi *TLE* 28, 865.- KARKANAS (KARKANA-S) antroponimo probabilmente da confrontare col gentilizio lat. *Carcenius* (*RNG*).

Iscrizione 223

(Cr 2.20; TETC, TLE 64)

MI KARKANAS ΘAHVNA

io (sono la) patera di Carcenio

Iscrizione graffita su una ciotola di impasto, del VII sec. a. C., rinvenuta a Cerveteri.- Molto probabilmente KARKANAS è il medesimo personaggio delle *TLE* 63 e SE, 36, 1968, 269 num. 1, 265 segg.- ΘAHVNA «patera, ciotola, coppa» compare anche nelle varianti più recenti ΘAFNA, ΘAPNA e TAFINA (*TLE* 30, 341, 375, 488). Per *HV* = *F* vedi *TLE* 42.

Iscrizione 224
(Cr 2.27; TETC, TLE 62)

MI MLAX MLAKAS PRUXUM

io (sono una) brocca sciogliendo un voto

Iscrizione destrorsa graffita su un'olpe etrusco-corinzia, dell'ultimo quarto del VII sec. a. C., rinvenuta a Cerveteri.- Per la formula MLAX MLAKAS vedi *TLE* 42, 61, 864; qui aggiungo che nella formula non manca mai l'alternanza X/K, ossia fra la consonante aspirata e quella sorda, evidentemene per un'esigenza di dissimilazione in una sequenza che sarà stata pronunziata unita.- Per PRUXUM «brocca» vedi *TLE* 5.

Iscrizione 225
(Cr 2.30; TETC, TLE 865)

MI ATES QUTUM PETICINAS \ AΘINEΘI APTALA

io gotto di Atio (dono) a Peticeno \ In Atene Attalo (fece)

Due iscrizioni graffite su una *oinochoe* di impasto, del VII sec. a. C. o probabilmente più recente, rinvenuta a Cerveteri; la prima iscrizione è sul collo del vaso, la seconda sul ventre, a lettere più piccole.- ATE-S gentilizio masch. (in genitivo) corrispondente a quello lat. *Atius*.- Per QUTUM «gotto, boccale» vedi *TLE* 28, 63.- PETICINA-S gentilizio corrispondente a quello lat. *Peticenus* (*RNG*); è in genitivo di donazione.- AΘINEΘI (AΘINE-ΘI) «in Atene» (in locativo) dal greco *Athénai*.- APTALA probabilmente «Attalo», dal greco *Áttalos,* nome e firma del vasaio.

Iscrizione 226
(Cr 2.33 – 7:3; su vaso)

MI SQULIAS ΘINA MLAX MLAKAS

io (sono l') olla di Squillia sciogliendo un voto

Iscrizione incisa su un'olla rinvenuta a Cerveteri, della seconda metà del VII sec. a. C.- SQULIAS «di Squillia», gentilizio femm. (in genitivo), che corrisponde a quello lat. *Squillius* (*RNG*), nonché al lat. *squilla* «squilla, gamberetto» (finora privo di etimologia e quindi di probabile origine etrusca; *DETR, DICLE*).- MLAX MLAKAS formula molto frequente che letteralmente corrisponde al lat. *donum donans*, ma praticamente col significato di «in dono, in regalo»; però scritta in un ex voto significa *votum vovens* «offrendo in voto», *votum solvens* «sciogliendo un voto», cioè «in voto, per voto». Cfr. *TLE* Cr 2.36.

Iscrizione 227

(Cr 2.34, 35 – 7:3; su vaso)

PUPAIAS KARKANAS ΘINA

MI PUPAI[A]S QINA KAR[K]ANAS

io (sono) l'olla di Poppaea (moglie) di Carcenio

Iscrizioni incise su un'olla rinvenuta a Cerveteri, della seconda metà del VII sec. a. C.- PUPAIAS «di Poppaea», gentilizio femm. in genitivo, da confrontare con quello lat. *Poppaeus* (*RNG*).- Per KARKANAS «Carcenio» vedi iscrizione Cr 2.18, 19, 20.

Iscrizione 228
(Cr 2.36 – 7:3; su vaso)

MI VELELIAS ΘINA MLAX MLAKAS

«*io (sono l') olla di Uelelia sciogliendo un voto*»

Iscrizione incisa su un'olla rinvenuta a Cerveteri, della seconda metà del VII sec. a. C. Cfr. iscrizione Cr 2.33.

Iscrizione 229
(Cr 2.49, 50; TETC, TLE 70)

MI ATIIAL PLAVTANAS

io (sono) di mamma Plautiana

Iscrizione graffita su due *oinochoe* attiche del VI sec. a. C., rinvenute a Cerveteri.- ATIIAL (Cr 2.49, 50) «di mamma», genitivo di ATIIA.- PLAVTANAS antroponimo femm. (in genitivo) corrispondente al *cognomen* lat. *Plautianus*.- Siamo di fronte a una iscrizione formulata in tono affettivo su due vasi del corredo funerario di una madre (cfr. *TLE* 161, 266, 752).

Iscrizione 230
(Cr 2.54 – 6: su vaso)

MI CULNAIAL ULPAIA

io (sono) la brocca di Cilnia (?)

ULPAIA «olpe, ampolla, brocca», dal greco dorico *ólpa*.

Iscrizione 231

(Cr 2.59 – 6: su vaso)

MI ATIIAL

io (sono) di mamma

Vedi iscrizione nun. 229.

Iscrizione 232

(Cr 2.78; TETC, TLE 78)

MI VENELS

io (sono) di Uenel

Iscrizione graffita su una patera a vernice nera, rinvenuta a Castellina, in territorio di Cerveteri, del sec. VII/VI a. C.

Iscrizione 233

(Cr 2.99, 100; TETC, TLE 67)

AVILESCA APAS

(sono) quella di babbo Aulo

Iscrizione graffita sotto il piede di una *kylix* attica a figure rosse, del 480 circa a. C., rinvenuta a Cerveteri. Si tratta di un'iscrizione fatta dai figli su un oggetto del corredo funerario del loro padre. Manca il gentilizio, perché questo era implicito nella denominazione e nel possesso della tomba da parte di una determinata famiglia.- AVILESCA è da distinguere in AVILES-CA, in cui CA «questo, quello-a» è il dimostrativo in posizione enclitica (*TLE* 78, 214, 215), proprio come la variante TA in *TLE* 5, 8, 9 ecc. Per la formula, di evidente valore affettivo, vedi *TLE* 68, 265, 337, 555.- APAS «del padre, di babbo», in genitivo.

Iscrizione 234

(Cr 2.101-102 – 5:1; su vasi)

APAS TA

questo (è) di babbo

TA «questo-a», dimostrativo variante di ETA, ITA (AS 1.9; Cr 0.1; Cl 2.26).

Iscrizione 235

(Cr 2.106, 107 – 5:1; su vasi; TETC, TLE 71)

RAMAΘAS MI TUTINAS

io (sono) di Ramta Tutinia

Iscrizione graffita su due *skyphoi* attici, del V sec. a. C., rinvenuti a Cerveteri.- RAMAΘA è la forma arcaica del prenome femm. RAMΘA.- Il gentilizio TUTINA è la forma arcaica del più recente TUTNA e corrisponde a quello lat. *Tutinius*. Sia il prenome sia il gentilizio più recenti hanno subìto la sincope dell'antica vocale posttonica, che era atona.

Iscrizione 236
(Cr 2.115; TETC, TLE 66)

MI ARNΘ VESTRACES MLAXAS

io (sono) Arunte Vestricio donando

Iscrizione, con punteggiatura sillabica, graffita su un'anfora attica a figure rosse, degli inizi del V sec. a. C., rinvenuta forse a Cerveteri.- VESTRACES gentilizio masch. (in genitivo) che potrebbe corrispondere a quello lat. *Vestricius* (*RNG*).

Iscrizione 237
(Cr 2.122; TETC, TLE 68)

PULI MARCES APAS

(è) di babbo Marco Pulio

Iscrizione graffita su una *kylix* attica a figure rosse, del V sec. a. C., rinvenuta a Cerveteri. Anche in questo caso si tratta di un'iscrizione graffita su un oggetto del corredo funerario di un padre da parte dei figli (*TLE* 67, 265, 337, 555).- Il gentilizio masch. PULI, da confrontare con quello lat. *Pul(l)ius*, è privo della desinenza del genitivo di appartenenza, perché questa è presente nel prenome e nell'apposizione seguenti, per la "declinazione di gruppo".- Per il prenome masch. MARCE vedi *LELN* 188.

Iscrizione 238
(Cr 2.129 - 6.3; TETC, TLE 69)

ZICUS / MI SUΘINA

io (sono un) arredo funerario / di Siconio

Iscrizione graffita sull'orlo di un cratere attico a figure rosse, del V sec. a. C., rinvenuto a Cerveteri.- Per ZICUS = lat. *Siconius* (in genitivo) vedi *TLE* 472.- SUΘINA «arredo funerario», cioè "appartenente a un corredo funerario" (*TLE* 210/212).- Le iscrizioni di questo tipo miravano ad interdire l'impiego ad uso profano di oggetti funerari eventualmente rubati da profanatori di tombe.- Per la nuova lettura dell'iscrizione vedi *ThLE²* 164.

Iscrizione 239
(Cr 2.133; TLE 73)

AN HAΘLE / ANAES

questa (è) di Hatilio Annaeo

Iscrizione su anfora vinaria, di epoca recente, rinvenuta a Cerveteri.- ANAES gentilizio corrispondente a quello lat. *Annaeus* (*RNG*); è in genitivo di possesso.- HAΘLE probabilmente secondo gentilizio, corrispondente a quello lat. *Hatilius* (*DETR* 186).

Iscrizione 240

(Cr ThLE² 247; su *aequipondium* «peso bronzeo»)

LARΘI CILNEI LUVXUMESAL

Lartia Cilnia (figlia) del lucumone

Si tratta evidentemente di una notazione di appartenenza o possesso dell'oggetto.- Per LARΘI CILNEI vedi iscrizione 599.- LUVXUMESAL probabilmente «del locumone» (anche nell'iscrizione 599). Vedi LUVXMESAL (*LEE* 115).

Iscrizione 241

(Cr ThLE² 247, 280; su *aequipondium* «peso bronzeo»)

RAΘS TURMSAL / VELUCS LUVXMSAL /

ΘUSTI ΘUI MEΘLUMΘ / MULS [M]LAC IMS EPL

a norma del veloce Ermes (deliberata) dal lucumone

/ assieme qui nella (assemblea della) Federazione

/ offerta di idromele alla fine (??)

Ermes/Mercurio era il dio veloce ambasciatore e dio del commercio e quindi garante della legalità dei pesi. Una delibera della Federazione importante come quella della fissazione dei pesi, che chiamava in causa anche un dio, ovviamente finiva con un atto rituale (*LLE* 115).- RAΘS (RAΘ-S) probabilmente «di norma, per disposizione» (in genitivo/ablativo) corrisponde al RATUM del *Liber linteus* X 4, 20, il cui significato già da tempo è stato identificato come uguale a quello del lat. *ratus* «ratificato, legalizzato».- LUVXMSAL «del/dal locumone» (in genitivo/ablativo).- I dubbi circa la traduzione sono numerosi.

Iscrizione 242
(Cr 2.144; nuova iscrizione)

MI MLAX MLAKAS LAROUS ELAIVANA ARAΘIA NUMASIANAS

io (sono il) balsamario di Lartino in regalo ad Aratia Numasiana

Nuova iscrizione, in *scriptio continua*, graffita su un *arhyballos* protocorinzio, rinvenuto probabilmente a Cerveteri, della seconda metà del VII a. C. L'iscrizione è stata pubblicata di recente da Massimo Poetto e Giulio M. Facchetti nella rivista "Oebalus", Roma, 4, 2009, pagg. 365-380. Tavv. I-III. Personalmente ho qualche dubbio che sia falsa.- MLAX, MLAC (*Liber* III 19; IV 15; V 11, 20; VIII 18, 31; IX.7, 19; X 34) «dono, regalo, dono votivo, offerta votiva, ex voto, voto, promessa, richiesta» (*LEGL* 53, 142; *TCL* capo 8; *DETR*). UN(E) MLAX «adempi il voto!», intercalare che nel *Liber linteus* si pronunzia ogni volta che si cita un dio o gli dèi. MLAX MLAKAS (Cr 2.33, 36, 115, ecc.) formula molto frequente, col verbo in gerundio presesente, che corrisponde a quella lat. *donum donans* «donando un dono» (con l'accusativo dell'oggetto interno), però scritta in un ex voto significa *votum vovens* «offrendo in voto», *votum solvens* «sciogliendo un voto» (formule documentate nell'epigrafia latina); praticamente MLAX MLAKAS significa «in dono, in regalo, in voto». Inoltre è da aggiungere che nella formula non manca mai l'alternanza X/K , ossia fra la consonante aspirata e quella sorda, evidentemente per un'esigenza di dissimilazione in una sequenza che sarà stata pronunziata unita. MLAKAS (Ve 3.30),

MLAXAS (Cr 2.115) probabilmente gerundio presente del medesimo verbo di MULU «donato, dono», MULUVANICE e MLACE «diede, donò, ha dato, donato».- LARΘUS è il diminutivo del prenome masch. LARΘ, in genitivo.- ELAIVANA è una variante del già conosciuto ELEIVANA «oleario, balsamario, unguentario» (aggettivo sostantivato), da confrontare col lat. *oliva* «olivo, oliva» e col greco *eláiFa* «idem» *(LEGL* 90, 185; *DETR* 133; *DICLE* 125) (*TETC, TLE* 762; *Fa* 2.3).- ARAΘIA prenome femm. privo della desinenza del genitivo in virtù della "declinazione di gruppo".- NUMASIANAS gentilizio femm. (in genitivo di donazione), da confrontare con quello lat. *Numesius* (*RNG*). È del tutto ovvio ritenere che fosse un uomo a donare un balsamario a una donna, che non il contrario.

Iscrizione 243

(Cr 3.2 - 7: su vaso; TLE 59)

MINI [MULUV]ANIKE [LA]RΘUR UK[ULNAS]

mi ha donato Lartur Oculnio

LARΘUR è un prenome masch. arcaico e usato pochissimo (*DETR* 242).

Iscrizione 244

(Cr 3.3 – 7:3; su vaso)

MI AXU MULUANIX

io (sono il) fabbicante e il donatore (?)

AXU probabilmente «agente, attore, costruttore, fabbricante»; vedi ACASCE. Ma potrebbe essere un gentilizio masch., da confrontare con quelli lat. *Achonius, Aconius, Agonius* (*RNG*)

Iscrizione 245

(Cr 3.4-7 – 7:4; su vasi; TLE 940)

MI SPURIEISI TEIΘURNASI ALIQU

io (sono stato) donato da Spurio Titurnio

oppure *io (sono stato) donato a Spurio Titurnio*

Le due differenti interpretazioni dipendono dal fatto che il dativo del prenome e del gentilizio sia dativo di agente oppure di attribuzione. Vedi iscrizioni num. 246, 248.- ALIQU «dato, donato-a», participio passivo (*LEGL* 125).

Iscrizione 246

(Cr 3.10 – 7f6; su vaso)

MI LARISALE VELXAINASI

io (sono stato) donato (d)a Laris Velcenna

LARISALE VELXAINASI può essere in dativo di attribuzione oppure in dativo d'agente. Vedi iscrizioni num. 245, 248, 249.

Iscrizione 247
(Cr 3.11; TETC, TLE 57)

MINI MULVANICE MAMARCE VELXANAŚ

mi ha donato Mamerco Vulcanio

Iscrizione destrosa, con punteggiatura sillabica, graffita su un'anfora di bucchero, della fine del VII sec. a. C., rinvenuta a Cerveteri.- VELXANAŚ gentilizio masch. corrispondente a quello lat. *Vulcanius* (*RNG*), teoforico in onore di VELX(ANS) (Fegato; *TLE* 719) oppure, in subordine, «nativo di Vulci» (VELX); è in genitivo patronimico fossilizzato (cfr. *TLE* 35).

Iscrizione 248

(Cr 3.12 – 7f6i; su *oinochoe*; TLE 867)

MI HIRUMESI MULU

io (sono stata) donata d(a) Hirmio

HIRUMESI (HIRUME-SI) probabilmente «da Hirmio», gentilizio masch. in dativo d'agente oppure di attribuzione (*LEGL* 80, 140), da confrontare con quello lat. *Hirmius* (*RNG*); Vedi HERME; cfr. ATRANESI.

Vedi iscrizioni 245, 246, 249.

Iscrizione 249
(Cr 3.13; TETC, TLE 866)

MI MULU LICINESI VELXAINASI

io (sono stato) donato da Licinio a Uelcenna

oppure *io (sono stato) donato a Licino da Uelcenna*

Iscrizione destrorsa graffita su uno *skyphos* di bucchero del VII/VI sec. a. C., rinvenuto a Cerveteri.- Per la duplice interpretazione cfr. l'iscrizione 769, che è simile a questa.- VELXAINASI (VELXAINA-SI) «(d)a Uelcenna», gentilizio masch. (in dativo d'agente oppure di attribuzione?) corrispondente a quello lat. *Velcenna*.

Vedi iscrizioni num. 245, 246, 248.

Iscrizione 250

(Cr 3.14; TLE 58)

MINI KAISIE ΘANNURSI ANNAS MULVANNICE

Caesio mi ha donato a Tanr Anna

Patera di bucchero di forma insolita, rinvenuta a Cerveteri, del sec. VII a. C.- ΘANNURSI «a Thanr», in dativo sigmatico (*LEGL* 80); cfr. ΘANIRSIIE della *TLE* 42, ΘANURSI del *CII* 803 bis e ΘANURSIE del *CIE* 4947.- ANNA(-S) *potrebbe essere Anna Perenna*, misteriosa divinità venerata a Roma, probabilmente identificata con l'etr. ΘANR «Tanr», dea forse della nascita e della morte e propiziatrice del parto.

Iscrizione 251

(Cr 3.16; TLE 60)

MI VENELUSI AXESI MULU E[N] MINI VERTUN

mi (sono stato) donato a Uenel Accio; non mi portate via

Iscrizione su *askos* foggiato a forma di anello, rinvenuto a Cerveteri, del VI sec. a. C.- MI VENELUSI AXESI letteralmente «a Uenel Accio», in dativo sigmatico di attribuzione.- MULU «dato, donato-a», participio passivo.- Dal contesto di questa iscrizione e della *TLE* 151 sembra che si possa interpretare VERTUN come «portate via» (imperativo plur.), da confrontare col lat. *vertere, avertere*.

Iscrizione 252

(Cr 3.17; TETC, TLE 760)

MINI TURUCE LARΘ APUNAS VELEΘNALAS

mi ha donato Lart Aponio a Ueletia

Iscrizione graffita su una *oinochoe* di bucchero, del VI sec. a. C. e di rinvenimento incerto.- APUNAŚ gentilizio masch. corrispondente a quello lat. *Aponius*; la –Ś è quella dell'originario genitivo patronimico ormai fossilizzata (*TLE* 35). VELEΘNALAŚ «a Veletia» in dativo arcaico (*DETR* 148). Esiste il gentilizio lat. *Veletius* (*RNG*).

Iscrizione 253
(Cr 3.18; TETC, TLE 769)

MI LICINESI MULU HIRSUNAIESI

io donato da Licinio a Hersennio

oppure *io donato a Licinio da Hersennio*

Iscrizione graffita su un vaso di alabastro del genere corinzio, del VII sec. a. C. I *TLE* lo presentavano come di "origine incerta", mentre gli *ET* lo presentano come ceretano. Siccome però questa iscrizione è molto simile alla *TLE* 32 di un vaso rinvenuto a Monte Soriano, io ritengo che pure il vaso della presente iscrizione sia stato rinvenuto in questa località.- LICINESI (LICINE-SI) «(d)a Licinio», gentilizio masch. corrispondente a quello lat. *Licinius* (in dativo d'agente oppure di attribuzione?).- HIRSUNAIESI (HIRSUNAIE-SI) «(d)a Hersennio», gentilizio masch. che probabilmente corrisponde a quello lat. *Hersennius* (*LEN* 174) (in dativo d'agente oppure di attribuzione?). Ambiguità di questo tipo sono molto comuni nel parlare e nello scrivere comune degli uomini. Però nel contesto extralinguistico o fattuale invece non esisteva di certo alcuna ambiguità: il donatore e il donatario conoscevano bene la loro reciproca posizione. La medesima interpretazione si deve dare, a mio avviso, dell'iscrizione *TLE* 866. Vedi iscrizioni num. 245, 246, 248, 249.

Iscrizione 254
(Cr 3.19; TLE 61)

MI MULU / MLAC MI ZAV[ENA]

io donato / io cantaro in regalo

Iscrizione destrosa graffita su due frammenti di un cantaro di bucchero del VII-VI sec. a. C., rinvenuto a Cerveteri.- MULU «donato» (*DETR*).-ZAVENA «anfora, brocca, cantaro» (anche nella *Tegula Capuana* [45],6,18)).

Iscrizione 255
(Cr 3.20; TETC, TLE 868)

MI ARANΘ RAMUΘASI VESTIRICINALA MULUVANICE

Arunte mi ha donata a Ramta Vestergennia

Iscrizione destrorsa graffita su un'anfora di bucchero, della fine del VII o degli inizi del VI sec. a. C., rinvenuta a Cerveteri.- MI è in accusativo come in *TLE* 69, 278, 282, 914.- RAMUΘASI è il dativo del prenome arcaico femm. RAMΘA (*TLE* 332).- VESTIRICINALA (VESTIRICINA-LA) «a Vestergennia», gentilizio femm. corrispondente a quello lat. *Vestergennius*; è in dativo, come VENALA «a Uena» di *TLE* 34; -LA è la desinenza dativale femm. in opposizione all'altra -LE che è quella dei prenomi masch. (*TLE* 759).

Iscrizione 256
(Cr 3.24 – 5:2; su vaso)

ETAN TURUCE [

questo ha donato [

TURUCE «donò, ha donato», forma arcaica del più recente TURCE, TURKE, preterito debole da confrontare col greco *dedórheke* «donò, ha donato». Vedi TURACE, TURICE.

Iscrizione 257

(Cr 3.25; TLE 72)

NUNA LARΘI MARCEI CURIEAS / CLUΘI IUCIE

(in) dono Lartia Marcia (figlia) di Curia il vaso ha ricevuto(?)

Cratere rinvenuto a Cerveteri, di epoca recente.- NUNA (Cr 3.25; Ve 3.34) «offerta, dono, regalo». Vedi NUNAR.- CLUΘI «vaso, recipiente, urna» (*DETR* 114).- IUCIE (oppure INCIE?) «ricevette, ha ricevuto» significato compatibile col contesto. Per la nuova lettura vedi *ThLE²* 96.

Iscrizione 258

(Cr 3.26 – rec; su vaso; TLE 726)

ECN TURCE LA TINANA [AVL]ES ALPAN A[--]

questo ha donato Lart Tinnanio (figlio) di Aulo in dono ad A[--]

LA TINANA oppure LATINA NA? Vedi Cr 4.2

Iscrizione 259

(Cr 4.2; CIE 6312; TLE 876)

ETA ΘESAN ETRAS UNIIAΘI HA[-?-] / HUTI LATINA ETIASAS ACALIA [-?-]

/ ΘANAXVILUS CAΘARNAIAL

questa mattina ricorrendo nel tempio di Giunone -?- /

il quattro celebrando la festa Latina di Acca (Larentia)

/ (...) (offerta) di Tanaquile Caturnia

Iscrizione incisa su una lamina di bronzo del VI/V sec. a. C., rinvenuta nel sito del santuario di Pyrgi dedicato a Giunone, (*ACl XIX, 1967, 336*) [*Goettin Pyrgi* 34, tafel XXI c].- ETA ΘESAN «questa mattina», si potrebbe interpretare anche «questa (è) Aurora)».- ETRAS «ricorrendo», in gerundio presente.- UNIIAΘI (UNIIA-ΘI) «nel tempio di Giunone» (in locativo). Vedi UNIALΘI.- HUTI probabilmente dativo di HUT, HUΘ «quattro», con valore temporale.- ETIASAS forse «celebrando», in gerundio presente (?).- ACALIA «festa di Acca (Larentia)» (?).

Iscrizione 260

(Cr 4.4, 5; CIE 6314, 6315; TLE 874, 875. Lamine di Pyrgi)

1ª lamina

ITA · TMIA · ICAC · HERAMAŚVA [·] VATIEXE UNIALASTRES ·

ΘEMIASA · MEX· ΘUTA · ΘEFARIEI · VELIANAS · SAL [CL·]

CLUVENIAS · TURUCE · MUNISTAS · ΘUVAS TAMERESCA · ILACVE ·

TULERASE NAC CI AVIL XURVAR TEŚIAMEITALE ILACVE ALŚASE NAC

· ATRANES · ZILACAL · SELEITALA · ACNAŚVERS · ITANIM ·

HERAMVE · AVIL · ENIACA · PULUMXVA ·

Questo thesaurus *e queste statuette sono stati dedicati a Giunone-Astarte.*

Avendo la protettrice dello Stato concesso a Tefario Velianio due [figli]

da Cluvenia, (egli) ha donato a ciascun tempio e alla cappella offerte

in terreno per i tre anni complessivi del (suo) comando, offerte in sale per

la presidenza del tempio di questa (Giunone) Dispensatrice di discendenti; ed a queste statue (siano) anni quante (sono) le stelle!

2ª lamina

NAC · ΘEFARIE · VELIIUNAS · ΘAMUCE CLEVA · ETANAL MASAN ·

TIUR UNIAS · ŚELACE · VACAL · TMIAL · AVILXVAL · AMUCE ·

PULUMXVA · SNUIAΦ

Così Tefario Velianio ha disposto l'offerta della metà del mese di Dicembre;

ha fatto elargizioni a Giunone. La cerimonia degli anni del thesaurus *è stata*

la undicesima sulle stelle.

Per il commento vedi *GTLE* Capo 5.

Iscrizione 261

(Cr 4.16 - 4/3: su vaso; TET 77)

MI FLER

io (sono un) ex voto

Iscrizione graffita su una patera a vernice nera, rinvenuta a Cerveteri, del sec. IV/III a. C.

Iscrizione 262
(Cr 5.1 – 6: TLE 859 a)

MI ZINEKE KAVIE

mi ha fatto Cavio

Iscrizione sulla parete della via sepolcrale di Cerveteri.- MI «me, mi» qui è un dimostrativo personale oggetto (*LLE* 125).- ZINEKE «fece(ro), ha(nno) fatto», preterito debole. Vedi ZINACE, ZINCE.

Iscrizione 263

(Cr 5.2 – 4: su sepolcro; GTLE)

LARIS AVLE LARISAL CLENAR SVAL CN SUΘI CERIXUNCE

APAC ATIC SANISVA ΘUI CESU / CLAVTIEΘURASI

Laris (e) Aulo figli di Laris da vivi questo sepolcro hanno costruito

i genitori, e il padre e la madre, (sono) qui deposti

(il sepolcro appartiene) alla famiglia Claudia

Vedi *GTLE* Capo 11.- Questa scritta sepolcrale, della fine del secolo IV o dell'inizio del III a.C. dimostra l'esistenza a Cere di una famiglia Claudia. Molto probabilmente questa stessa famiglia entrò nel patriziato della vicina ed amica città di Roma, dando i natali anche all'imperatore Tiberio Claudio (10 a.C.-54 d.C.). Di costui si conserva il titolo – purtroppo non l'opera - *Tyrrheniká,* in lingua greca e in venti libri, relativa alle antichità degli Etruschi. È probabile che da quest'opera derivi il testo del suo discorso pronunziato in Senato nel 48 d.C. a favore della eleggibilità dei Galli alle magistrature, discorso conservato nella grande iscrizione su tavole bronzee di Lione.- APAC (APA-C) significato certo «e il padre», con polisindeto.- ATIC (ATI-C) significato certo «e la madre», con polisindeto.

APAC ATIC da confrontare col lat. *paterque materque*.- CERIXUNCE significato certo «costruì(rono), ha(nno) costruito», preferito debole 3ª pers. sing. e plur. Vedi CEREN.- CESU significato certo «posto, deposto, depositato».- CLAVTIEΘURASI (CLAVTIE-ΘUR-ASI) significato certo «alla famiglia Claudia o dei Claudi», in dativo sigmatico di appartenenza (*DETR* 110).- CLENAR significato certo, plur. di CLEN «figlio».- CN significato certo, accusativo di CA «questo-a».- SANISVA (SANIS-VA) significato quasi certo «genitori», plur. di SANŚ(-L).- SUΘI significato certo «tomba, sepolcro».- SVAL significato quasi certo «vivo, vivente, da vivo», al sing. per la "flessione di gruppo". Vedi SVELERI.- ΘUI significato certo «qui, qua».

Iscrizione 264
(Cr 5.3 ci 4:f; CIE 6159; TETC, TLE 51)

VEL MATUNAS LARISALISA / AN CN SUΘI CERIXUNCE

Uel Matonio quello (figlio) di Laris / egli costruì questa tomba

Iscrizione scolpita in un cippo funerario rinvenuto nella "Tomba dei Rilievi" di Cerveteri, della fine del IV sec. a. C.- MATUNAS è un gentilizio che corrisponde a quello lat. *Matonius* (*RNG*) e probabilmente è la base dell'appellativovo ital. *mattone*, finora di origine incerta (*LISNE* 222) e quindi di probabile origine etrusca; presenta la -S dell'originario genitivo patronimico ormai fossilizzata (*TLE* 35).- LARISALISA letteralmente «quello di Laris», è il patronimico pronominale costituito dal prenome del padre in genitivo e seguito dal dimostrativo enclitico -SA, a sua volta preceduto da una vocale di appoggio: LARIS-AL-I-SA.- Per AN «egli, ella» vedi *TLE* 27.- CN è l'accusativo del dimostrativo CA «questo/a»; vedi CEN e KN delle *TLE* 651, 664.- SUΘI «tomba, sepolcro».- CERIXUNCE probabilmente «costruì, ha costruito», preterito debole. Si tratta di un verbo dalla radice *CER-, che è da confrontare col lat. *curare (courare, coirare, coerare)* «curare, procurare, (far) costruire, operare, dirigere», finora di origine ignota (*DELL*) e quindi di probabile origine etrusca.- Della *gens Matonia*, per via delle iscrizioni conservate, si conosce la genealogia (J. Heurgon, *Vita quotidiana degli Etruschi*, Milano, 1967, II ediz., 226-227).- Per l'intera frase cfr. *TLE* 465, 863.

Iscrizione 265

(Cr 5.4; su cippo; CIE 6195; TETC, TLE 863)

LARIS A[T]IES AN CN TAMERA FURΘCE

Laris Attio; egli questa cappella ha comandato (di fare)

Iscrizione scolpita su un cippo sepolcrale di epoca recente, rinvenuto a Cerveteri.- Per il gentilizio masch. ATIES = lat. *Attius* vedi *TLE* 105; la *-s* è quella dell'originario genitivo patronimico ormai fossilizzata (*TLE* 35).- TAMERA «camera, cappella sepolcrale».- FURΘCE probabilmente «comandò, ha comandato (di costruire)», preterito debole da connettere con PURΘNE «dispone» di *TLE* 465 (?).- Per l'intera frase cfr. *TLE* 51, 465.

Iscrizione 266

(Cr 6.2 – 7:4; su vaso)

MINI ZINACE ARANΘ ARUNZINA MLAXU MLACASI

*mi ha fatto Arunte *Arunsinio donato da chi sta sciogliendo un voto*

Vedi *LEGL* 126, 143; *TCL* 90.

Iscrizione 267
(Cr 7.1; TETC, TLE 74)

MI ΘESAΘEI \ MI VELELIA \ MI MAMARCE \ TRUIA

io (sono) Tesatia \ io Velelia \ io Mamerco \ giostra

Quattro scritte su un'*oinochoe* imitante il genere protocorinzio, della fine del VII sec. a. C., rinvenuta a Tragliatella (Lazio). La prima scritta è accanto alla figura di una donna, la seconda accanto a quella di una bambina, la terza accanto a quella di un uomo, la quarta dentro un labirinto. La prima scena probabilmente rappresenta la partenza del guerriero MAMARCE salutato dalla moglie ΘESAΘEI e dalla figlioletta VELELIA (commento *TETC, TLE* 42).- TRUIA corrisponde al lat. *troiae lusus*, specie di «giostra o carosello equestre» che si svolgeva entro un tracciato fisso, a forma di labirinto. Probabilmente per una etimologia popolare già in età romana il lat. *troia* veniva riportato al nome della città di *Troia*, mentre è meglio connetterlo col verbo *amptruare, antruare* «danzare saltando» dei sacerdoti *Salii* di Veio, finora di origine iignota (*DELL*) e quindi di probabile origine etrusca.

Iscrizione 268
(Cr 8.1; TLE 75)

HALUS ECNAS SNUT[I] [--]/

PARAX PATERI SNUTI [--] /

AΘEX AŚLAX SNUTI [--] /

STVI LEIΘRMERI LEN[--] /

FANERI URΘRI UΘARI NU[--] /

EI ΘRIE VAM MERTA ---Θ-[---] /

[---(-)] Θ---S-ES---N[

(la preghiera) a Calus l'Infuocato costa (--)

e il paramento da dispiegare costa (--)

e il trasporto e la tumulazione costa (--)

versa ai sacerdoti -?- (--)

per benedire, per dare inizio ai canti -?-(--)

non imprecare e presenta i meriti (del defunto)-?-(---)

(---------?----?---)

Iscrizione, di epoca recente, su una lapide di arenaria rinvenuta presso Santa Marinella (Lazio), quasi certamente inserita nel muro di un edificio, perché per nulla lavorata nella parte posteriore. Probabilmente indicava il "tariffario funerario", cioè il prezzo delle prestazioni cultuali che i fedeli chiedevano ai sacerdoti in un cimitero. Lo spazio finale di ogni riga sembra lasciato libero per scrivere il prezzo in gesso od altro, in vista delle sue eventuali variazioni.- HALUS probabilmente variante di CALUS (Tegola Capuana 15) dio del mondo dei morti, da confrontare col lat. caligo, calligo,-inis «fumo, vapore, nebbia, caligine, tenebra, offuscamento, vertigine» (di origine incerta; DELL, DEI, AEI, DELI), *calus «oscuro» (DELL) e coi tosc. calena, calina «caligine, nebbia secca dei mesi estivi» e inoltre coi protosardi trígu calínu «grano afato, danneggiato e annerito dalla nebbia», gálinu «gracile, smilzo» (TETC 99, 270, 642; OPSE; DETR 85, DICLE) probabilmente in genitivo di dedicazione.- ECNAS probabilmente «de/all'igneo, ardente, infuocato-a», perché vive in mezzo al fuoco (genitivo di donazione), da confrontare col lat. ignis, igneus. HALUS ECNAS «a Calus l'Infuocato». Vedi ECNIA, ICNI.- SNUTI probabilmente «serve, occorre, costa», da connettere con SNUTE/I «servo-a».- PARAX forse «paramento», da confrontare col lat. parare.- PATERI forse «da dispiegare» (in gerundivo), da confrontare col lat. patere.- AΘEX AŚLAX STVI vocaboli di significato ignoto.- LEIΘRMERI probabilmente «a/per i sacerdoti» (in dativo plur.), da confrontare col greco léitorhon «sacerdote» (in accusativo); vedi LEITRUM (Liber X 20) (DETR).- FANERI probabilmente «da consacrare, da benedire» (in gerundivo) oppure «alle cappelle» (in dativo plur.).- URΘRI forse «da dar inizio» (in gerundivo), da confrontare col lat. oriri.- UΘARI forse «a/per i canti» (in dativo plur.), da confrontare col tardo lat. oda, che deriva dal greco oidé «canto».- ΘRIE, EI ΘRIE forse «non imprecare, non maledire» (imperativo negativo). Vedi ΘIRIE (Tegula Capuana 36) significato probabile «con scongiuro», da confrontare col lat. dirae,-arum «cattivi presagi, maledizioni, imprecazioni», di origine incerta (DELL).- VAM (VA-M) significato compatibile forse «e presenta o mostra»

(?).- MERTA significato compatibile «merito» (sing.), da confrontare col lat. meritum, che è di origine incerta.- L'interpretazione globale dell'iscrizione sembra certa, mentre il significato di alcuni vocaboli è dubbio.

Iscrizione 269
(Cr 0.1; TLE 56)

MINI CEΘU MA MI MAΘU MARAM LIŚIAIΘI PURENAI

EΘE ERAIŚCE EPANA MI NEΘUNAŚ TA VHELEQU

Iscrizione graffita su una tazza di bucchero, rinvenuta a Cerveteri, del VII sec. a. C., con scrittura indivisa di difficile segmentazione. I soli vocaboli quasi sicuramente isolabili e traducibili sono MINI «mi, me»; MA MI «io sono»; PURENAI «Purennia», gentilizio femm. da confrontare con quello lat. *Purennius* (*RNG*); NEΘUNAŚ «di/a Nettuno» (in genitivo di donazione).

Iscrizione 270

(Cr 0.25 – 4: su parete di sepolcro)

HUPNIVA MUCA

(è) Mucio che riposa (?)

HUPNIVA forse «dormiente, addormentato-a, riposante», aggettivo di HUPNI (*LEGL* 90). Oppure da emendare in HUPNINA (*LLE* 91).

Iscrizione 271

(Cr 0.35; TETC, TLE 53)

HUPNI \ MUNIS

giaciglio di sepolcro

Iscrizione di epoca recente scolpita su un cippo sepolcrale, rinvenuto a Cerveteri.- HUPNI = lat. *dormitorium* «sepolcro, tomba», letteralmente «sonno e riposo (eterno)», è da confrontare col greco *hýpnos* «sonno»; ricorre in *TLE* 364 come HUFNI; vedi anche HUPNINA delle *TLE* 442, 451, 630.- MUNIS «di/del monumento o sepolcro».

Iscrizione 272

(Cs 2.18, 19 – 3:2 su vasi)

HEVL ANAIEŚ MI

io (sono) del nobiluomo Anaio

HEVL «del nobiluomo», genitivo lambdatico di HEVA (*LEGL* 74). Vedi HEUL.

Iscrizione 273

(Fa 2.1, 6.2, 0.2; CIE 8415; TETC, TLE 28)

MI QUTUN LEMAUSNAS RANAZU ZINACE \ ERUNALETAS ERU

EPNINAITALE TAME-UPES ITA TATUΘACETU [-----(-)]-AΘINE

*io (sono il) gotto di *Lemausio / *Ranazone (mi) ha fatto [-----(-)] ad Atene*

Iscrizione destrorsa graffita sul collo di una *oinochoe* di impasto, rinvenuta a Narce (Lazio), del VII sec. a. C. Sul ventre del vaso c'è la seconda iscrizione indivisa e non ancora interpretata (*ThLE* 395; Fa X.1).- QUTUN o QUTUM «gotto, boccale» deriva dal greco *kóthon* ed è alla base del lat. *guttus* e indirettamente dell'ital. *gotto* (*TLE* 63, 865).- LEMAUSNAS e RANAZU quasi certamente antroponimi, che però non trovano riscontro nell'antroponimia latina (*TLE* 461).- Per ZINACE vedi *TLE* 27.

Iscrizione 274
(Fa 2.3; TETC, TLE 762)

MLAKAS SE LA ASKA MI ELEIVANA

Se(tre) La(...) (sta) donando me vaso balsamario

Iscrizione graffita su un balsamario di bucchero, della metà del VII sec. a. C., rinvenuto nel territorio di Faleri.- Per MLAKAS vedi *TLE* 42.; per quest'uso del participio presente cfr. *TLE* 33.- ASKA «vaso» da confrontare col greco *askos* «otre» (*TLE* 50).- ELEIVANA «oleario, per olio» (aggettivo), però l'oggetto che fa da supporto spinge a interpretare «balsamario, per unguenti»; è da confrontare col greco *eláiFa* «olivo, oliva».

Iscrizione 275
(Fa 2.14; TETC, TLE 30)

MI TAFINA LAZIA VILIANAS

io (sono la) patera di Lartina Uiliana

Iscrizione, in scrittura continua, graffita su una patera a vernice nera, del IV/III sec. a. C., rinvenuta a Narce, nel Lazio (*StEtr* 9, 341).- TAFINA «patera, ciotola» è una variante del più frequente ΘAPNA, ΘAFNA (*TLE* 64, 341, 375, 488).- LAZIA probabilmente genitivo femm. di LAZA, diminutivo di LARΘIA; è privo della desinenza del genitivo perché questa compare nel gentilizio ("declinazione di gruppo").- VILIANAS gentilizio femm. al genitivo, che corrisponde al *cognomen* lat. *Vilianus-a* (*RNG*).

Iscrizione 276

(Fa 2.15 – 4:f; su vaso; CIE 8382)

LARISA ZUXUS

(sono) di Laris Succonio

LARISA (FA 2.15; Vc 2.5; Ve 2.7; Vt 1.56) probabilmente «di Laris», in cui la desinenza del genitivo sarebbe caduta per la "declinazione di gruppo".

Iscrizione 277

(Fa 3.1; X.2; CIE 8413; TETC, TLE 27)

MI ALIQU AUVILESI ALE SPURAΘE VNALΘIA INPEIN

MLERUSI ATERI MLAXUTA ZIXUXE MLAX[U]TA ANA ZINACE

io donato da Aulo; (mi) ha donato nel santuario Giunonio,

in cui per l'offerta Ater questo ex voto ha scritto questo ex voto egli stesso ha fatto

Iscrizione destrorsa graffita di continuo sul piede di un vaso di impasto, del VII sec. a. C., rinvenuto a Narce, nel Lazio.- ALIQU «dato, donato» è un participio passivo (*TLE* 26, 940).- AUVILESI forma arcaica del prenome AULE, AVLE, in dativo d'agente «da Aulo».- ALE «donò, ha donato» (*TLE* 604, 626).- SPURAΘE (SPURA-ΘE) «nella città», in questo caso «nel santuario».- VNALΘIA probabilmente aggettivo «Giunonio-a, dedicato a Giunone».- INPEIN probabilmente «nel quale, in cui», locativo di INPA «che, il/la quale» (*DETR* 224).- Interpreto MLERUSI «al/per la donazione od offerta» (in dativo sing.) in base alla sua corradicalità coi frequenti MULU «donato», MULVANICE «ha donato».- ATERI probabilmente «Ater», nome individuale masch., da confrontare col *cognomen* lat. *Ater* (*RNG*), nonché col lat. *ater* «atro, nero» (di origine incerta; *DETR*): sarà stato il vasaio produttore e venditore del vaso.- MLAXUTA «questo/l'ex voto», da distinguere in MLAXU-TA col dimostrativo enclitico avente anche il valore di articolo determinativo (*TLE* 5).- ZIXUXE «scrisse, ha scritto», preterito debole attivo di un verbo dalla radice *ZIC/X- «segnare, contrassegnare, disegnare, scrivere», probabilmente da confrontare col lat. *signare*, che finora è di origine incerta (*TLE* 278; cfr. ZICU, ZIXU *TLE* 69, 472, 601).- ANA «egli, egli stesso».- ZINACE «fece, ha fatto», preterito debole attivo che si ritrova anche nella forma ZINEKE (*TLE* 859).

Iscrizione 278

(Fa 3.2 - 7:3; su vaso; TLE 32)

MI MULU LARICESI / P[----]ML[----] [HIR]S[U]NAIESI

/ CLINSI VELΘURUSI / LAR[I]S RUVRIES

io (sono stato) donato a Larce P[...] da Hersennio

/ figlio a Ueltur (figlio) di Laris Rubro

Iscrizione destrorsa graffita su un vaso di impasto, rinvenuto a Monte Soriano nel Lazio, del VII sec. a. C. (*CIE* 8426).- MULU «dato, donato», participio passivo.- LARICESI dativo del prenome masch. LARICE, forma arcaica del prenome masch. LARCE; il relativo gentilizio avrà iniziato con la P seguente.- [HIR]S[U]NAIESI dativo di un gentilizio, al quale probabilmente corrisponde il gentilizio lat. *Hersennius* (*LEN* 174).- LARICESI e HIRSUNAIESI sono entrambi in dativo, ma uno dei due è in dativo di agente; dal contesto linguistico risulta che è in dativo di agente HIRSUNAIESI; infatti solamente lui, il donatore, poteva avere interesse a trascrivere la propria genealogia.- CLINSI, variante di CLENSI «al figlio», è pur'esso in dativo, accordato con HIRSUNAIESI.- E pure il prenome masch. VELΘURUSI è in dativo. Per il vero ci saremmo attesi il genitivo VELΘURUS, ma una costruzione «figlio a Ueltur» non sembra impossibile in nessuna lingua.- RUVRIE(-S) era probabilmente il *cognomen* del nonno, il quale corrisponde quello lat. *Ruber* «rosso» e al gentilizio *Rubrius* (*RNG*).

Iscrizione 279

(Fa 3.3 – 7:4; su vaso; CIE 8411; TLE 26)

]- ALIKE APA MINI KARA

]- *mi ha dato babbo caramente (?)*

Iscrizione graffita su una *kylix* di bucchero, rinvenuta a Narce o a Rignano, nel Lazio, del sec. VI a. C.- ALIKE «diede, ha dato; donò, ha donato», preterito debole di un verbo dal tema *al- che significa «dare, donare, offrire»; cfr. ALICE della *TLE* 43 e ALIQU, ALE della 27 (vedi ALE, AL(I)CE delle iscrizione TLE 43, 604, 615, 777).- APA «padre, babbo».- KARA significato compatibile «caramente» oppure «graziosamente», con riferimento al lat. *care* «caramente» oppure al greco *chárhis* «grazia».

Iscrizione 280

(Fa 6.3 – 7:m; NRIE 734; TETC, TLE 278)

MI ARAΘIALE ZIXUXE

io sono stato disegnato per Arunte

Iscrizione destrorsa graffita, assieme con una figurina di cavaliere, su un *arhyballos* di bucchero della fine del VII sec. a. C., rinvenuto in località Grotte di Santo Stefano, in territorio volsiniese.- MI «io», in nominativo.- ARAΘIALE è in dativo (di comodo) (*TLE* 759).- ZIXUXE «sono stato disegnato, scritto, prescritto», preterito debole passivo (sing. e plur.) di un verbo di radice *ZIC/ZIX- «segnare, contrassegnare, disegnare, scrivere», probabilmente da confrontare col lat. *signare*, finora di origine incerta.

Iscrizione 281
(Fa S.2; TETC, TLE 755)

ΘEVRUMINES

(figura del) Minotauro

Iscrizione incisa su uno specchio bronzeo accanto alla figura del Minotauro, del IV sec. a. C. e di rinvenimento incerto.- ΘEVRUMINES «del Minotauro» (in genitivo), deriva dal greco *Minótaurhos* = «Toro di Minosse»; è da confrontare col toponimo *Taurhoménion/Tauromenium* «Taormina», città di cui alcune monete presentano appunto l'immagine del Minotauro; cfr. *TLE* 13, 88 ecc. Cfr. HIULS, TRUIALS.

Iscrizione 282

(Fe 3.3 – 5/4; su cippo; TLE 707)

[AR]NΘ VEIANEŚ SPURIE[Ś] / LARIS AULNAŚ PUZUKE

Arunte Veiano (figlio) di Spurio / Laris Aulnio pose (?)

PUZUKE forse «pose, ha posto» (?) (ma è di lettura incerta). Vedi APUTUKE.

Iscrizione 283

(Fs 6.1 – 7:f; su vaso)

MI ZINAKU LARΘUZALE KULENIIESI

*io (sono stato) fatto per Lartillo *Culenio*

oppure *io (sono stato) fatto da Lartillo *Culenio*

ZINAKU «fatto-a», participio passivo debole (LEGL 125).

Iscrizione 284
(Fs 7.1; TETC, TLE 682)

MI CANA LARΘIAL / NUMΘRAL LAUCIŚ / PUIL

io (sono il) simulacro di Lartia Numitoria moglie di Lucio

Iscrizione scolpita su una statua marmorea di donna del I sec. a.C., rinvenuta a San Martino alla Palma (*FI*), quasi certamente assieme con la base della seguente *TLE* 681 nella medesima tomba.- NUMΘRAL gentilizio femm. (in genitivo) corrispondente a quelli lat. *Numetorius, Numitorius, Numidorius*.- Il gentilizio del marito LAUCI era evidentemente PRASTNA (*TLE* 681).- PUIL è il genitivo di PUIA «moglie» (*TLE* 103).

Iscrizione 285
(Fs 7.2; TETC, TLE 681)

MI CANA ARNΘAL PRASTNAŚ LAVCISLA

io (sono il) simulacro di Arunte Prastina,

di quello (figlio) di Lucio

Iscrizione su una base rotonda, che presenta scolpito il defunto e altri tre uomini in una scena di commiato, del I sec. a.C. e rinvenuta a San Martino alla Palma (*FI*), quasi certam. assieme con la statua della precedente *TLE* 682 nella medesima tomba.- Per CANA «opera, opera statuaria, immagine scolpita, simulacro» vedi *TLE* 260. PRASTNAŚ gentilizio masch. (in genitivo) corrispondente a quello lat. *Prastina*.- LAVCISLA letteralmente «di quello di Lucio», patronimico pronominale (in genitivo) fatto sul prenome masch. LAVCI, LAUCI = lat. *Lucius*.

Iscrizione 286
(Fs 8.1; TETC, TLE 677)

TULAR / AU PAP / A CURSN \ TUL

cippo (confinario della città) / Aulo Papsenna

/ (e) Aulo Corsinio / cip(po)

Iscrizione scolpita su un cippo rinvenuto sotto le mura etrusche di Fiesole (*FI*), di epoca recente.- Le iscrizioni fiesolane si collegano evidentemente alle altre 683 e 689 e tutte e cinque si illuminano a vicenda sia nello scioglimento delle sigle e delle abbreviazioni sia nel significato generale e specifico. Cfr. R. Lambrechts, *Les inscriptions avec le mot «tular» et le bornage étrusques*, Firenze, 1970.- PAPSINA(-Ś) gentilizio masch. corrispondente a quello lat. *Papsenna*.- A abbreviazione di AULE, come dimostra *TLE* 683.- CURSNI(-Ś) gentilizio masch. corrispondente a quello lat. *Corsinius* (*LELN* 113).- L può essere anche la sigla del prenome masch. LARIS.- Aulo Papsenna ed Aulo Corsinio saranno stati i due pretori (*TLE* 91), sotto la cui pretura furono messi i cippi.- TUL abbreviazione di TULAR.

Iscrizione 287
(Fs 8.2, 3; CIE 3; TLE 675, 676)

TULAR ŚPU/RAL / HIL PURATUM / VISL / VX PAPR

\ TULAR ŚPUR/AL HIL PURA/TUM VIPSL / VX PAPR

cippo confinario della città / di Fiesole /

quello anche purificato / Uulca Papsenna (pose)

Iscrizione scolpita sulle quattro facce di un cippo rinvenuto probabilmente nel cimitero di Fiesole *(FI)*, di epoca recente.- Per TULAR «cippo, cippo confinario» vedi *TLE* 515.- ŚPURAL (abbreviato in SP e SPU) «della città», come in *TLE* 487, 694.- HIL probabilmente variante di HEL «egli, esso, quello».- PURATUM (PURATU-M) «e/anche purificato» probabilmente da connettere col lat. arcaico *puratus* «purificato».- VISL, VIPSL = «Fiesole»; è privo delle desinenza del genitivo perché questa compare in ŚPURAL, a norma della "declinazione di gruppo".- VX PAPR probabilmente abbreviazione di VELXE PAPRSINAS, nome del magistrato che pose il cippo. PAPRSINAS è una variante del gentilizio PAPSINAŚ di *TLE* 689.

Iscrizione 288

(Fs 8.4; TETC, TLE 683)

TULAR ŚP A VIS VX / AU CUR CLT

cippo della cit(tà) -?- di Fies(ole)

U(ulca) / A(ulo) Cor(sinio) qui (pose)

Iscrizione di epoca recente scolpita su una parete rocciosa nel territorio di Fiesole (*FI*), staccatane ed ora esposta nel Museo Archeologico di Firenze. Evidentemente questa iscrizione si ricollega con le altre *TLE* 675, 676, 677, 689 e tutte si illuminano a vicenda sia nello scioglimento delle sigle e delle abbreviazioni sia nel significato generale e specifico.- ŚP = ŚPURAL «della città» (in genitivo).- A abbreviazione di un vocabolo ignoto.- VIS = VISL, VIPSL «Fiesole» di *TLE* 675, 676.- VX abbreviazione del prenome masch. VELXE (*TLE* 675, 676).- AU = AULE.- CUR = CURSNIS «Corsinio», che aveva due prenomi, Uulca ed Aulo.- CLT «in questo-a», «qui», locativo del dimostrativo CA. Cfr. CLQ, CALTI (*TLE* 91, 93, 159, 276). Probabilmente l'iscrizione segnava il punto terminale del territorio della città di Fiesole o di un suo terreno.

Iscrizione 289

(Fs 8.5 - rec; su cippo; CIE 4; SE III 68; TLE 689)

TULAR ŚPU PUR / AU PAPSINAŚ L / A CURSNIŚ L

cippo della ci(ttà) pur(ificato) / Aulo Papsenna (figlio) di L(art)

/ Aulo Corsinio (figlio) di L(aris)

Iscrizione scolpita su un cippo già segnalato a Firenze, ma ora conservato nel *Museo Etrusco-Romano* di Perugia. Siccome l'iscrizione è quasi del tutto uguale alle altre *TLE* 675, 676, 677, 683, anch'essa è da riferire al territorio di Fiesole. Le cinque iscrizioni si illuminano a vicenda sia nello scioglimento delle sigle e delle abbreviazioni sia nel significato generale e specifico.- Per ŚPU abbreviazione di ŚPURAL vedi *TLE* 111.- PUR abbreviazione di PURATU (*TLE* 675, 676).- PAPSINAŚ ha una variante in PAPRSINAS delle *TLE* 675, 676; la -Ś dei due gentilizi è quella dell'originario genitivo patronimico ormai fossilizzata (*TLE* 35) (*TLE* 92, 126).- L può essere anche l'abbreviazione del prenome LARIS oppure LART.

Iscrizione 290
(La 2.4; TETC, TLE 24)

MI ARAZIIA LARANIIA

io (sono di) Aruntia Larania

Iscrizione graffita su una patera di bucchero del VI sec. a.C., rinvenuta a Roma (rilettura del Rix).

ARAZIIA probabilmente «Aruntia».- LARANIIA probabilmente gentilizio femm. di origine teoforica in onore del dio *Laran* «Marte».- Per la formula cfr. *TLE* 4, 54, 161, 283, 687, 775.

Iscrizione 291

(La 3.1 – 7a6i: su vaso); TLE 23)

MI MU[LU LARISAL]E VELXAINASI

io (sono stato) donato (d)a Laris Velcenna

VELXAINASI è in dativo di agente o in dativo di attribuzione? Vedi iscrizioni 245, 246, 248.

Iscrizione 292

(Li 4.2 – rec; su lapide; NRIE 6)

ACAZR SUΘS SUΘIN[A]

gli oggetti della tomba (sono) funerari

ACAZR (ACAZ-R) probabilmente «cose fatte, manufatti, oggetti» (al plur.) ed è omoradicale di forme verbali che hanno la radice *AC- «fare, operare», forse da confrontare con quella del lat. agere.

Iscrizione 293

(OA 2.2; TETC, TLE 761)

MI LARΘAIA TELICLES LEXTUMUZA

*io (sono un) vasetto di Lart *Telicle*

Iscrizione graffita su un *arhyballos* di bucchero, della seconda metà del VII sec. a. C. e di rinvenimento incerto.- LARΘAIA è un genitivo arcaico del prenome masch. LARΘ, in cui la desinenza –L è caduta per la "declinazione di gruppo".- TELICLES gentilizio masch. da confrontare con l'antroponimo greco *Teleklés*.- LEXTUMUZA «vasetto, piccolo *arhyballos*» (col suffisso diminutivo -ZA; *TLE* 344), dal greco *lékythos* «vasetto» (nella forma dell'accusativo).

Iscrizione 294

(OA 3.2; TETC, TLE 759)

MI MULU LARILE ZILI MLAX

io (sono un) regalo donato (d)a Larile Silio

Iscrizione graffita su un *askos* di bucchero fatto a forma di gallo, del VII sec. a. C. e di rinvenimento incerto. È da confrontare con le iscrizione *TLE* 153, 867.- Per MULU «donato» e MLAX «dono, regalo, offerta (anche votiva)» vedi *TLE* 27, 42.- LARILE ZILI sembra in dativo asigmatico di attribuzione oppure di agente.

Iscrizione 295
(OA 3.5; TETC, TLE 740)

TITE ALPNAS TURCE AISERAS ΘUFLΘICLA TRUTVECIE

Tito Alpinio ha donato agli dèi quelli dell'Ade per il giudizio

Iscrizione incisa sula base di una statuetta bronzea di epoca recente e di rinvenimento incerto.- ALPNAS gentilizio masch. da confrontare con quello lat. *Alpinius*; la -S è quella dell'originario genitivo patronimico ormai fossilizzata (*TLE* 35).- AISERAS è in genitivo di donazione o dedicazione al plur.- ΘUFLΘICLA (ΘUFLΘI-CLA) «quelli di Tufulta», cioè dell'Ade (*TLE* 149, 558, 719).- -CLA genitivo del dimostrativo CA «questo, quello» avente valore di articolo determinativo (*TLE* 619, 890). Vedi ΘUFLΘI.- TRUTVECIE «per il giudizio (finale)» pronunziato dagli dèi inferi sull'operato del defunto durante la vita (forse in ablativo); si connette con TRUTNUΘ, TRUTNVT «giudice, interprete» di *TLE* 118 e 697.

Iscrizione 296

(OA 3.7; TETC, TLE 735)

FLERES TLENACES CVER

ex voto dono di ringraziamento

Iscrizione incisa su una statuetta bronzea di Proserpina, che tiene una melagrana con la mano sinistra; è di rinvenimento incerto e di epoca recente.- Per FLERES «ex voto, offerta votiva, statu(ett)a votiva» vedi *TLE* 624, 651, 653, 734, 737, 738.- TLENACES dal contesto di questa iscrizione e di quelle Co 3.6, Pe 3.2 sembra che si possa con verosimiglianza dedurre il significato «di ringraziamento, di riconoscenza, di riconoscimento» (in genitivo). Per CVER «dono, regalo» vedi *TLE* 149.

Iscrizione 297

(OA 3.8; TETC, TLE 773)

MARCE SVINCINAS ALPAN PUTS

*vaso dono di Marco *Suincinio*

Iscrizione graffita su una *kylix* a figure rosse, di rinvenimento incerto.- SVINCINAS gentilizio masch. in genitivo da confrontare con quello lat. *Suncius*.- Per ALPAN «dono, dono votivo» vedi *TLE* 640.- Per PUTS «vaso» vedi *TLE* 131, 133, 882.

Iscrizione 298

(OB 2.3; NRIE 1052; TETC, TLE 764)

MINI URΘANIKE ARANΘUR

mi ha plasmato Arrunturio

Iscrizione graffita su uno *skyphos* di bucchero del VII sec. a. C., di rinvenimento incerto (*SE* VIII 343). Cfr. iscrizione uguale Cr 3.21.- URΘANIKE preterito debole, forse «ha composto, formato, plasmato», da confrontare col lat. *ordinare*, finora di etimologia incerta (*DELL, AEI*) e dunque di probabile origine etrusca.- ARANΘUR nome individuale che trova riscontro nel gentilizio lat. *Arrunturius*.- Si tratta della firma del vasaio.

Iscrizione 299
(OB 2.20; TETC, TLE 772)

MI LARΘIAS TINIAŚ

io (sono un dono) di Lartia a Tinia

Iscrizione graffita su una patera di epoca recente e di rinvenimento incerto (*StEtr* X 422) (*ThLE²*).

Iscrizione 300

(OB 3.1 – 6: su vaso)

MINI MULVENEKE VELΘUR PUPLIANA

mi ha donato Ueltur Publianio

MINI «mi, me» (pronome pers. in accusativo).

Iscrizione 301
(OB 3.2; TETC, TLE 737)

MI FLEREŚ SPULARE ARITIMI / FASTI RUFRIŚ T[U]RCE CLEN CEXA

io (sono) in voto -?- per Artemide /

Fausta (moglie) di Rufrio (mi) ha donato a favore del figlio

Iscrizione incisa su una statuetta bronzea probabilmente di Apollo, della seconda metà del IV sec. a. C. e di rinvenimento incerto. L'offerta di una statuetta votiva di Apollo ad Artemide, dea protettrice dei bambini, si può spiegare col fatto che le due divinità erano fratello e sorella.- SPULARE vocabolo di significato ignoto e del tutto isolato nel lessico etrusco; se fosse da correggere in *SPURALE potrebbe significare «cittadina, civica» (in dativo) riferito ad Artemide.- ARITIMI «a/per Artemide», in dativo di comodo o di attribuzione.- RUFRIŚ probabilmente è il gentilizio del marito della offerente ed è da confrontare con quello lat. *Rufrius*.- Per la formula CLEN CEXA vedi *TLE* 652.

Iscrizione 302
(OB 3.3 - rec; TETC, TLE 738)

ECN TURCE / FLEREŚ \ VATLMI / ARΘ CAINIŚ

questa ha donato in voto per vaticinio Arunte Caenio

Iscrizione incisa su una statuina bronzea di donna, di epoca recente e di rinvenimento incerto. La prima parte dell'iscrizione è sul pallio, la seconda sulla tunica.- Per ECN «questo-a» (in accusativo) vedi *TLE* 559.- VATLMI «per vaticinio» (per chiederlo oppure per averlo avuto).- Per il gentilizio masch. CAINIŚ = lat. *Caenius* vedi *TLE* 276; la -Ś è quella dell'originario genitivo patronimico ormai fossilizzata (*TLE* 35).

Iscrizione 303

(OB 3.4 - rec; TETC, TLE 753)

TINŚCVIL AVIAL

dono di Avia

Iscrizione incisa su uno specchio bronzeo, di epoca recente e di rinvenimento incerto.- Per TINŚCVIL «dono, regalo, offerta, ex voto», letteralmente TINŚ CVIL «dono del giorno, regalo giornaliero, offerta quotidiana»; *CVIL sembra il diminutivo di CVER «dono» (*TLE* 205).- AVIAL gentilizio femm. (in genitivo) corrispondente a quello lat. *Avius*. Sono possibili due interpretazioni a seconda che AVIAL sia in genitivo soggettivo oppure oggettivo: od Avia ha fatto dono dello specchio oppure lo ha ricevuto.

Iscrizione 304

(OB 4.2 - rec; TETC, TLE 733)

MI ΘANRŚ

io (sono) di Tanr

Iscrizione incisa su una statuetta bronzea di donna, di epoca recente e di rinvenimento incerto.- ΘANRŚ «di Tanr»; può essere interpretato anche come genitivo di dedicazione, per cui l'iscrizione può essere tradotta anche «io (dono) a Tanr» (*TLE* 336, 625, 629, 642, 668, 734, 877). Per la dea ΘANR vedi *TLE* 42, 359, 621.

Iscrizione 305

(OI 3.2 – 4:p; su specchio)

ARNT CN MALNA [TURCE?]

Arunte [ha donato?] questo specchio

MALNA «specchio» (LEGL 56). Vedi MALENA, MALSTRIA.

Iscrizione 306
(OI 0.4 – 6:4; su anfora)

TECE X

contiene 10 (misure ?)

Anche per la brevità dell'iscrizione, ovviamente la traduzione da me prospettata è dubbia.

Iscrizione 307

(OI S.15; su specchio; TETC, TLE 754)

TURAN ATI   ATUNIS

Turan Madre   Adone

Iscrizione incisa su uno specchio bronzeo accanto alla figura di Venere, del V sec. a. C. e di rinvenimento incerto. Cfr. *TLE* 45, 691, 854.

Iscrizione 308

(OI S.63; su specchio).

MARIS TINSTA

Maris quello (figlio) di Tinia

TINSTA sarebbe da interpretare TINS-TA.

Iscrizione 309

(Pa 4.1 - rec; TETC, TLE 718)

KI AISER TINIA TI[VR] SILVANZ

tre dèi Tinia Luna Silvano

Iscrizione scolpita su una lapide di epoca recente, rinvenuta a Feltre (*BL*), del V sec. a. C. Le due parti dell'iscrizione risultano in due diversi frammenti della lapide. I dubbi che sia falsa (*ThlE*[2] 569) a me non sembrano fondati.- KI è una variante grafica di CI «tre» (*TLE* 131).- AISER plur. di AIŚ «dio, divinità».- TI[VR] o TI[UR] «Luna» (*TLE* 181, 719, 748, 875); la ricostruzione è mia.- SILVANZ «Silvano», variante di SELVANS (per alternanza E/I vedi *DICLE* 13).

Iscrizione 310
(Pe 1.21 - rec; TETC, TLE 579)

HERMIAL CAPZNAS / MAN ŚEXIS CAPZNAL

Mane di Firmia figlia di Capsio (e) di Capsia

Iscrizione scolpita su un cippo sepolcrale di epoca recente, rinvenuto a Perugia.- HERMIAL gentilizio femm. (in genitivo), masch. HERME, che è una variante dell'altro FERME e che corrisponde a quello lat. *Firmius* (*TLE* 539; cfr. HERMERI, HERMU *TLE* 131).- CAPZNAS gentilizio masch. (in genitivo) corrispondente a quello lat. *Capsius*.- MAN probabilmente è il Mane individuale, praticam.ùente l'anima del defunto; *TLE* 104, 359, 431.- ŚEXIS è il genitivo di ŚEX «figlia» (*TLE* 548, 578).

Iscrizione 311
(Pe 1.22 - rec; TETC, TLE 600)

PETVI UNIAL

Betuia (figlia di) Iunia

Iscrizione scolpita sul coperchio di un ossario di epoca recente, rinvenuto a Perugia.- Per PETVI vedi *TLE* 581.

Iscrizione 312

(Pe 1.198 - rec; TLE 591)

PUIA ARNTUŚ / NUMSIS / URNASIS LAUTNIΘA

(è la) moglie di Aruntino / Numsio / domestica (addetta) alle urne

Su urna/ossario.- ARNTUŚ «di Aruntino», diminutivo (in genitivo) del prenome masch. ARNT.

Iscrizione 313

(Pe 1.314 – rec; su ossario)

CAIA LARZNAL TETALŚ

Caia nipote di Larsinia

TETALŚ, TETALZ «nipote di nonna» (*LLE* 183).

Iscrizione 314

(Pe 1.315; CIE 3766; TETC, TLE 585)

VEL PLAUTE VELUŚ CAIAL LARNAL CLAN VELARAL TETALŚ

*Uel Plauto figlio di Uel (e) di Caia Larnia nipote di *Uelaria*

Iscrizione scolpita su un ossario di epoca recente, rinvenuto nella necropoli del Palazzone di Perugia.- PLAUTE qui è gentilizio, mentre altre volte è *cognomen*; è da confrontare col lat. *Plautus* e con l'aggettivo *plautus* «dai piedi piatti» (*LELN* 216).- LARNAL gentilizio femm. (in genitivo) corrispondente a quello lat. *Larnius*.- VELARAL gentilizio femm. (in genitivo) probabilmente da confrontare coi lat. *velarium* «velario» e *velarius* «usciere», finora di origine incerta (*DICLE*).- TETALŚ è il «nipote (della nonna)», cioè probabilmente dell'infantile *TETA «nutrice», documentato in altre lingue e forse anche in *TLE* 159.

Iscrizione 315

(Pe 1.321 - rec; TETC, TLE 584)

VEL VIPI ALFA / PAPA

Uel Uipio Alfio nonno

Iscrizione scolpita su un cippo sepolcrale di epoca recente, rinvenuto nella necropoli del Palazzone di Perugia.- VIPI gentilizio masch. corrispondente a quello lat. *Vipius* (*TLE* 518).- ALFA gentilizio masch. corrispondente a quello lat. *Alfius;* è un secondo gentilizio.- Per la formula dell'iscrizione cfr. l'altra *TLE* 434.- La corrispondenza di PAPA «nonno» col lat. *pappus* «nonno» sarà solamente sul piano del fonosimbolismo.

Iscrizione 316
(Pe 1.327; TETC, TLE 589)

LARΘI LUTNI CEISIŚ

Lartia Ludnia (moglie) di Caesio

oppure *Lartia* domestic*a di Caesio*

Iscrizione scolpita sul copechio di un ossario di epoca recente, rinvenuto nella necropoli del Palazzone di Perugia.- LUTNI può essere un gentilizio femm. corrispondente all'altro latinizzato *Ludnia* (*ThLE¹* 384) oppure una abbreviazione di LUTNITA, LAUTNITA «domestica» (*TLE* 690).- Per il gentilizio masch. CEISI = lat. *Caesius* vedi *TLE* 193.

Iscrizione 317
(Pe 1.328; TETC, TLE 574)

SUΘI ETERA / VELUŚ ANEIŚ [SE]NTINATEŚ

sepolcro del cliente / Uel Anneio Sentinate

Iscrizione scolpita su una stele funeraria quadrangolare di epoca recente, rinvenuto a Perugia.- Per ETERA «amico, compagno, socio, cliente» vedi *TLE* 122, 450; è privo della desinenza del genitivo per la "declinazione di gruppo".- ANEI-Ś gentilizio masch. (in genitivo) è da confrontare con quello lat. *Anneius* e probabilmente era un teoforico in onore della dea *Anna Perenna*.- SENTINATEŚ «Sentinate» è il *cognomen*, letteralmente «nativo di *Sentinum*» (*TLE* 469).

Iscrizione 318

(Pe 1.404 – rec; su ossario)

AULE TITES PETRUNIŚ VELUŚ T ETERA

(è) di Aulo Tito Petronio (figlio) di Uel T(ito) cliente»

Due prenomi o nomi individuali.

Iscrizione 319
(Pe 1.408; CIE 3858; TETC, TLE 586)

VE TI PETRUNI VE ANEINAL SPURINAL CLAN

VEILIA CLANTI ARZNAL \ TUŚURΘI

Uel Ti(to) Petronio figlio di Ue(lia) Annaena Spurina

(e) Uelia Clandia (figlia) di Arsnia \ (sua) consorte

Iscrizione scolpita su un'urna bisoma di epoca recente, rinvenuto nella tomba della *famiglia Petronia*, nella necropoli del Palazzone di Perugia. La prima parte dell'iscrizione è nel coperchio, la seconda nell'urna. Vedi la seguente *TLE* 587.- TI è abbreviazione del prenome masch. TITE.- PETRUNI gentilizio masch. corrispondente a quello lat. *Petronius*. Ovviamente questo è anche il patronimico.- ANEINAL gentilizio femm. (in genitivo) (*TLE* 598, 684) corrispondente ai lat. *Annaen(i)us*. Quasi certamente è un antroponimo teoforico in onore della dea *Anna Perenna*.- SPURINAL secondo gentilizio femm. (in genitivo) corrispondente a quello lat. *Spurin(n)a*.- VEILIA variante di Velia, femm. del prenome VEL.- CLANTI gentilizio femm. corrispondente a quello lat. *Clandius* (*TLE* 924; *LELN* 156).- Per il gentilizio femm. (in genitivo) ARZNAL vedi *TLE* 566.- TUŚURΘI «coniuge, consorte», da confrontare col lat. *consors* o, meglio, con *unisors «(che ha) una sola comune sorte»; è composto da TU, ΘU «uno» e da *SURΘ- «sorte» (= lat. *sortis*, finora di origine incerta) (*LISNE* 249) (M. Pittau, *AGI,* LXXIII, 1988, pgg. 155-157).

Iscrizione 320

(Pe 1.410; CIE 3860; TETC, TLE 587)

LA TITE PETRUNI VE CLANTIAL FASTI CAPZNEI VE

/ TARXISA XVESTNAL TUSURΘIR

La(rt) Tito Petronio (figlio) di Ue(lia) Clandia (e) Fausta Capsia (figlia) di Uel

(e) di Quesidia quella (figlia) di Tarcio - coniugi

Iscrizione scolpita su un ossario bisomo di epoca recente, rinvenuto nella tomba della *familia Petronia*, nella necropoli del Palazzone di Perugia. Vedi la precedente *TLE* 586.- LA può essere sciolto anche in LARIS.- Per il gentilizio femm. (in genitivo) CLANTIAL vedi *TLE* 586.- Per il prenome femm. FASTI = lat. FAUSTA vedi *TLE* 580.- Per il gentilizio femm. CAPZNEI cfr. *TLE* 579.- TARXISA letteralmente «quella di Tarcio», patronimico pronominale formato sul gentilizio masch. TARXI = lat. *Tarcius* (*LEN* 95); è privo della desinenza del genitivo (TARXISLA) perché questa compare nel gentilizio seguente, a norma della "declinazione di gruppo".- XVESTNAL gentilizio femm. (in genitivo), da confrontare con quelli lat. *Quesidius, Coesidius* (*LEN* 168; *RNG*).- Per TUSURΘIR «consorti, coniugi» (plur.) vedi *TLE* 586, 628.

Iscrizione 321

(Pe 1.414 - rec; su coperchio di ossario; TLE 588)

ARNZIU SLAIΘEŚ LATNI

Aruntinello Sledio domestico

ARNZIU (Cl 1.2655; Pe 1.414) (ARN-Z-IU) doppio diminutivo del prenome masch. ARNT/Θ .- SLAIΘEŚ sembra corrispondere ad un gentilizio lat. *Sledius*, riscontrato nella *Raetia*. La -Ś è quella dell'originario genitivo patronimico ormai fosilizzata (*TLE 35*). Cfr. *TLE* Cl 1.2655 ARNZIU FRAUNIŚ LAUTNI.

Iscrizione 322
(Pe 1.420; CIE 3871; TETC, TLE 598)

AR ANANI AR / AΘNU

Arunte Ananio (figlio) di Arunte / sacerdote

Iscrizione scolpita su un ossario di epoca recente, rinvenuto a Perugia.- AQNU è un appellativo, che in base alle iscrizione *TLE* 599 e 670, probabilmente significa «sacerdote».

Iscrizione 323
(Pe 1.458; TETC, TLE 602)

SE AFLE LA FA HUSTNEI ARZNAL ATIU

Setre Afilio (figlio) di La(rt) Fausta Hostia (figlia) di Arsnia mamma

Iscrizione scolpita sul coperchio di un ossario di epoca recente, rinvenuto nella necropoli del Palazzone di Perugia; vedi *TLE* 566. Per la parentela dei defunti è da richiamare *TLE* 583.- SE = SEΘRE, LA = LARΘAL (oppure = LARISAL), FA = FASTI(A). Lo scioglimento di FA = FACUAL prospettato negli *StEtr*, 44, 1976, 237 num, 36 è errato.- ARZNAL gentilizio femm. in genitivo, variante di ARZNEAL di *TLE* 566.- Per ATIU «mamma, mammina», forma diminutiva e affettiva rispetto ad ATI «madre» vedi *TLE* 303; è da riferire a Fausta e non ad Arsnia.

Iscrizione 324

(Pe 1.460 - rec; TETC, TLE 583)

AFLI HUSTNAL ŚEX FARΘANA

Afilia figlia nubile di Hostia

Iscrizione scolpita su un cippo sepolcrale di epoca recente, rinvenuto nella necropoli del Palazzone di Perugia. Per la parentela dei defunti è da richiamare l'iscrizione *TLE* 602.- AFLI gentilizio femm. corrispondente a quello lat. *Afilius*.- HUSTNEI gentilizio femm. da confrontare con quello lat. *Hostius* e con l'appellativo *hostia/fostia* «ostia, vittima», finora di origine incerta (*DELL*).- Per FARΘANA «vergine, ragazza nubile» (*TLE* 321, 548, 583, 887).

Iscrizione 325
(Pe 1.591; TETC, TLE 580)

FASTI CVINTI / SALEŚ CLENŚ / PUIA

Fausta Quintia moglie del figlio di Salio

Iscrizione scolpita su un cippo sepolcrale di epoca recente, rinvenuto a Perugia.- FASTI prenome femm. da confrontare con quello lat. *Faustus* e con l'aggettivo *fastus, faustus* «fausto, favorevole» (*LELN* 134; *DICLE*).- CVINTI gentilizio femm. certamente derivato da quello lat. *Quintius*.- SALEŚ gentilizio masch. (in genitivo) corrispondente a quello lat. *Salius*.- CLENŚ è il genitivo di CLAN, CLEN «figlio». Strano modo di indicare il marito: probabilmente costui era meno noto di suo padre.

Iscrizione 326

(Pe 1.631 – rec; su ossario; TLE 594)

AULE SCEVI/Ś ARNΘIA/L ETERA

Aulo Scevio cliente di Arunte

SCEVIŚ la -Ś è quella dell'originario genitivo patronimico ormai fossilizzata (*TLE* 35).

Iscrizione 327

(Pe 1.649; TETC, TLE 576)

[LA]RΘ CUTUŚ SEΘREŚ / [LA]UTN ETERŚ

Lart Cotonio (figlio) di Setre / cliente di famiglia

Iscrizione scolpita su un cippo sepolcrale di epoca recente, rinvenuto a Perugia.- CUTUŚ gentilizio masch. in genitivo, da confrontare col quello lat. *Cotonius*.- Per [LA]UTN ETERŚ «amico, compagno, socio, cliente» (in genitivo) vedi *TLE* 450. È da intendersi come unico appellativo composto.- Per la formula generale vedi *TLE* 562.

Iscrizione 328

(Pe 1.681; TETC, TLE 690)

LUTNITA FASTI VE / VL CARE / AULE PETRU ERUC\AL\

Fausta domestica di Uel / Uel Cario / Aulo Petrone (figlio) di Erucia

Tre iscrizioni, indicanti tre differenti deposizioni, scolpite su un cippo sepolcrale di epoca recente, rinvenuto presso Todi (*PG*). Respingo la lettura troppo azzardata degli *ET*.- LUTNITA «domestica».- VL ... VE si noti la differente abbreviazione del prenome VEL.- CARE gentilizio masch. corrispondente a quello lat. *Carius* (*RNG*).- ERUCAL gentilizio femm. (in genitivo) da confrontare con quelli lat. *Erucius* ed *Erycius*, nonché con l'appellativo lat. *eruca* «bruco» e «ruchetta» (erba mangereccia), sinora privo di etimologia (*DELL, AEI, DELI*), col significato basilare di «verme *peloso*» ed «erba *pelosa*», da collegare probabilmente anche con *ericius* «riccio» (della castagna e animale terrestre e marino) (*DETR*).

Iscrizione 329
(Pe 1.772 – rec; su cippo); *TLE* 577)

ANEINIA [ARN]ΘEAL PETRU HUP[ESI ANC]ARUŚ AΘNU

Anaenia (figlia) di Arunte/ia; Petrone Obesio sacerdote di Angerona

ANC]ARUŚ forse «di Angerona» (in genitivo), dea di Roma, piuttosto misteriosa, già prospettata come di origine etrusca (DELL) (?).

Iscrizione 330

(Pe 1.776 – rec ; su sepolcro; TETC, TLE 620)

ETAN LAUTN [--- CERIXUNCE]

questo (sepolcro) la famiglia (--- ha costruito)

Iscrizione scolpita sopra la porta di una tomba di epoca recente, rinvenuta a San Mariano, in territorio di Perugia.- ETAN probabilmente accusativo del dimostrativo ETA «questo-a», variante di ITAN (Cr 3.24; *TLE* 39, 622).- [---CERIXUNCE] probabilmente è saltato il nome della famiglia e il verbo.- Ovviamente l'interpretazione qui data è soltanto probabile.

Iscrizione 331

(Pe 1.871 – rec; su cippo; TETC, TLE 618)

AULE ACRI CAIŚ / LAUTN ETERI / EI ŚENIS

Aulo Acrio (figlio) di Caio / cliente di famiglia / non estraneo

Iscrizione scolpita su un cippo sepolcrale di epoca recente, rinvenuto a Monte Bagnolo, presso Perugia.- Il gentilizio masch. ACRI corrisponde a quello lat. *Acrius* oppure all'altro *Agrius*.- Per LAUTN ETERI «ciente di famiglia», vedi *TLE* 450.- Per l'espressione EI ŚENIS «non straniero» vedi *TLE* 515 e 593.

Iscrizione 332
(Pe 1.896; TETC, TLE 593)

LƟ AVEI LAUTN ETERI EIN ŚENIS / ER EŚ

Lart Aueio cliente di famiglia non estraneo –?- -?-

Iscrizione scolpita sul coperchio di un ossario di epoca recente, rinvenuto a Perugia.- LA ovviamente può essere sciolto anche in LARIS.- Per EIN «non» vedi *TLE* 515, 619.- ŚENIS forse «straniero, forestiero», connettendosi col greco *xénos* «straniero», finora di origine ignota (*GEW, DELG*); oppure forse sinonimo di SER(VE) «servo, schiavo» (*TLE* 515).- Per la formula EIN ŚENIS cfr. *TLE* 618.- ER vocabolo di significato ignoto; forse abbreviazione.- EŚ vocabolo di significato ignoto; forse abbreviazione di ESAL «due».

Iscrizione 333

(Pe 1.948; TETC, TLE 575)

SUΘIŚ ECA / PENΘUNA / CAI VELŚ CAIŚ / ΘAREŚ LAUTNI

questo cippo di sepolcro (è) di Caio Uelio domestico di Caio Tario

Iscrizione scolpita su un cippo sepolcrale di epoca recente, rinvenuto a Perugia.- PENΘUNA, altre volte PENΘNA, è un appellativo che significa «cippo, stele, pietra sepolcrale» *(LELN* 209).- CAI VELŚ il prenome è privo della desinenza del genitivo per la "declinazione di gruppo".- VELŚ gentilizio (in genitivo) che corrisponde a quello lat. *Velius.-* Cai(-š) in questo caso è presente la desinenza del genitivo.- ΘAREŚ probabilmente gentilizio masch. (in genitivo) corrispondente a quello lat. *Tarius.-* LAUTNI è anch'esso privo della desinenza del genitivo per la "declinazione di gruppo".

Iscrizione 334

(Pe 1.966 – rec; su cippo)

LΘ CALISNALE

al defunto Lart

CALISNALE «al defunto» (in dativo lambdatico), propriamente «(al) calusio, infero, funebre», aggettivo di CALUS.

Iscrizione 335

Pe 1.999; TETC, TLE 604.

HASTI CISUITA ALE

Fausta Cisuitia (lo) ha donato

Iscrizione scolpita su un ossario di epoca recente, rinvenuto a Perugia.- HASTI(A) è un prenome femm. variante dell'altro FASTI(A) (*TLE* 580, 587, 924).- CISUITA gentilizio femm. da confrontare con quello lat. *Cisuitius*.- ALE «donò, ha donato» al marito o al figlio defunto (preterito forte) (*TLE* 626).

Iscrizione 336

(Pe 1.1041; CIE 3774a, b; TETC, TLE 601)

LARΘ V \ LARΘ VETEŚ ZIXU

Lart U(etio) \ Lart Uetio scriba

Iscrizioni scolpite la prima sul coperchio, la seconda su un lato di un ossario di epoca recente, rinvenuto nella necropoli del Palazzone di Perugia.- VETEŚ gentilizio masch. da confrontare con quello lat. *Vetius*; diversamente da *TLE* 420 la -Ś è quella dell'originario genitivo patronimico ormai fossilizzata (*TLE* 35).- ZIXU «scriba, scrivano», qui è appellativo, mentre in *TLE* 472 è gentilizio.

Iscrizione 337

(Pe 1.1071; TETC, TLE 592)

ARNΘ VUISI V LAUTNETE/RI

Arunte Uoesio (figlio di) Uel cliente di famiglia

Iscrizione scolpita su un ossario di epoca recente, rinvenuto a Perugia.

Per LAUTNETERI «amico di famiglia», cioè "cliente", vedi *TLE* 450.

Iscrizione 338

(Pe 1.1101; CIE 4544; TETC, TLE 578)

ΘANIAŚ / LEUNAL / ATNAL / ŚEXIŚ

(è) di Tania Leonia figlia di Atinia

Iscrizione scolpita su un cippo sepolcrale di epoca recente, rinvenuto a Perugia.- ŚEXIŚ è il genitivo di ŚEX «figlia» (*TLE* 548, 579).- LEUNAL ATNAL gentilizi femm. (in genitivo) corrispondenti a quelli lat. *Leonius* ed *Atinius*.

Iscrizione 339

(Pe 1.1213; su ossario; TETC, TLE 599)

LARΘ ŚELVA[N]/ŚL AΘNU

Lart sacerdote di Silvano

Iscrizione scolpita su un ossario di epoca recente, rinvenuto a Perugia.- Per ŚELVAŚL, errato al posto di ŚELVA[N]ŚL (in genitivo), vedi *TLE* 504, 559, 641 (*LELN* 233).- Per AΘNU «sacerdote» vedi *TLE* 577, 598, 670.

Iscrizione 340
(Pe 3.1; TETC, TLE 622)

ETA KAVΘAŚ AXUIAŚ PERSIE \ AVLE NUMNAŚ TURKE

questo persillo (è) di Cauta celere (?) Aulo Numenio (l') ha donato

Iscrizione incisa sul manico di una specie di paletta bronzea, forse del V/IV sec. a.C., rinvenuto a San Feliciano, in territorio di Perugia.- ETA «questo-a» dimostrativo variante di ITA ed EΘ (*TLE* 50, 619, 620).- KAVΘAŚ (in genitivo) è una delle varianti di CAΘA (*TLE* 131, 190, 373, 447, 719), divinità femm. del Sole, come dimostrano sia il genitivo femm. dell'aggettivo seguente AXUIAŚ, sia l'iscrizione *TLE* 447, sia infine il genere femm. del tosc. *còta* «antemide» (margheritone assomigliato, in molte lingue, per la sua forma e colore, appunto al sole) (finora privo di etimologia, ma già indiziato come di origine etrusca; *DEI*; *TLE* 823). Questa dea è probabilmente da accostare alla lat. *Celeritas Solis filia* di Marziano Capella, nonché ad alcuni demoni femm. esprimenti gli aspetti negativi del sole, della tradizione popolare sarda (*TLE* 131).- AXUIAŚ sembra un aggettivo, che forse significa «(della) celere», da confrontare col greco *okýs, okeĩa* «veloce, celere».- Come ha visto bene E. Peruzzi, *Riv. Filol.* CIV, 1976, 144 segg., PERSIE è la base del lat. *persillum* «paletta rituale» usata per unzioni sacre, finora privo di etimologia e quindi di probabile origine etr. (da notare il suffisso diminutivo tirrenico -*ill*-).- NUMNAŚ gentilizio masch. variante dell'altro NUMENAS = lat. *Numenius* di *TLE* 267, 268; la -Ś è quella dell'originario genitivo patronimico ormai fossilizzata (*TLE* 35).- TURKE «donò, ha donato» variante grafica di TURCE e fonetica di TURICE (*TLE* 42, 149, ecc.).

Iscrizione 341
(Pe 3.2; TETC pg. 103)

PEΘNŚ CALU/ŚNAL AULE CU/RANE AULEŚ TLE/NAXEIŚ TENIXUN/CE

(il cippo) di piedistallo funerario Aulo Coranio (figlio) di Aulo

ha posto per riconoscenza

Iscrizione scolpita su un cippo di travertino probabilmente destinato a sostenere una statua, rinvenuto in territorio di Perugia, del III/II sec. a. C.- PEΘNŚ forse «piedestallo» (in genitivo), da confrontare col lat. *pes, pedis, pedo,-onis* (Vs X.18; *TLE* 257).- CALUŚNA-L «caliginoso, infero, funebre, funerario» (in genitivo).- CURANE gentilizio corrispondente a quello lat. *Coranius* (*RNG*), probabilmente in origine *cognomen* = «nativo di Cori» (*DETR*).- TLENAXEIŚ dal contesto di questa iscrizione, della *TLE* 735 e di quella Co 3.6, sembra che si possa con verosimiglianza dedurre il significato di «per ringraziamento, per riconoscenza» (in ablativo).- TENIXUNCE probabilmente «tenne, pose, ha tenuto, posto» (preterito debole).

Iscrizione 342

(Pe 3.3 – 3/2; su statua bronzea *l'Arringatore*; CIE 4196; TLE 651)

AULEŚI METELIŚ VE VESIAL CLENŚI / CEN FLEREŚ TECE

SANŚL TENINE / TUΘINEŚ XISVLICŚ

ad Aulo figlio di Uel Metellio (e) di Uesia / questa statua di Padre

il servizio di patrocinio della Comunità ha posto

Vedi *GTLE* capo 10°.- AULEŚI significato certo «ad Aulo». AULEŚI METELIŚ VE «ad Aulo figlio di Vel Metellio»: formula onomastica strana per noi moderni, ma non per gli Etruschi.- CLENŚI significato certo «al figlio» (in dativo).- CEN (*TCort* 18) significato certo «questo-a», accusativo del pronome CA «questo-a».- FLEREŚ significato certo «statua». CEN FLEREŚ «questa statua» (in accusativo) (*DETR* 448). Vedi FLER.- SANŚL (SANŚ -L) significato certo «(di) padre, progenitore, antenato, patrono» (in genitivo) (*DETR* 357). Vedi SIANŚ .- TECE significato probabile «pose, ha posto», preterito forte 3ª pers. sing.- TENINE significato probabile «esercizio, svolgimento, servizio» (è il soggetto del verbo TECE) (*DETR* 399).- TUΘINEŚ significato compatibile (Co 3.6; Pe 3.3) «della tutela, della protezione, del patrocinio», genitivo di TUΘINA.- XISVLICŚ significato compatibile «della comunità», da connettere con XIS «di ogni, di tutto» (*TCL* 84, *DETR* 439).

Iscrizione 343
(Pe 4.1; TETC, TLE 621)

CEHEN / CEL TEZA/N PENΘN/A ΘAURU/Ś ΘANR

questa lapide qui, di questo sepolcro, Tanr custodisca

Iscrizione scolpita su una lapide sepolcrale, di forma quadrangolare, di epoca recente, rinvenuta a San Valentino (*PG*).- Per CEHEN «questo-a... qui» vedi *TLE* 619.- CEL probabilmente «di questo», genitivo di CA.- Per TEZAN probabilmente «fissi, custodisca, rispetti» (congiuntivo esortativo 1ª e 3ª pers. sing.).- Per PENΘNA «cippo, stele, pietra sepolcrale» vedi *TLE* 575 e *LELN* 209.- ΘAURUŚ genitivo di ΘAURA/E «giaciglio o letto funebre, sepolcro, tomba» (*TLE* 419, 619).- ΘANR «Tanr» dea, forse della nascita e morte, che compare anche su specchi (*TLE* 42, 260, 733) (*LLE* 184).- Per la formula vedi iscrizione Af 8.1.

Iscrizione 344

(Pe 5.1; CIE 3754; TETC, TLE 566)

ARNΘ LARΘ VELIMNAŚ / ARZNEAL HUSIUR / SUΘI ACIL HECE

Arunte (e) Lart Volumnii / figli di Arsnia / posero in opera il sepolcro

Iscrizione scolpita nella tomba della *gens Volumnia*, sullo stipite dell'ingresso, del II/I sec. a. C., che si trova a Perugia, nella località Palazzone; vedi *TLE* 605.- VELIMNAŚ gentilizio masch., che corrisponde a quelli lat. *Volumnius* e *Velinna*; probabilmente era un teoforico in onore di *Volumnus* e *Volumna*, divinità protettrici dell'infanzia (*DELL*), e forse è da collegare col lat. *vellimna* «vello, lana strappata e avvolta» (*DELL*); la -Ś finale è quella dell'originario genitivo patronimico ormai fossilizzata (*TLE* 35).- ARZNEAL gentilizio femm. (in genitivo) da confrontare con quello lat. *Arsnius*. Questo è il matronimico, mentre il patronimico è ovviamente VELIMNAŚ.- Per HUSIUR «ragazzi, giovani, figli» (plur.) vedi HUSUR di *TLE* 209.- Per ACIL «opera» vedi *TLE* 196.- HECE «fece(ro), pose(ro), ha(nno) fatto posto» (3[a] pers. sing. e plur.), preterito forte, mentre il preterito debole è HECECE (*TLE* 78).

Iscrizione 345
Pe 5.2; CIE 4116; TETC, TLE 619.

/ CEHEN SUΘI HINΘIU ΘUEŚ SIANŚ ETVE ΘAURE LAUTNEŚCLE CARESRI AULEŚ

LARΘIAL PRECUΘURAŚI / LARΘIALISVLE CESTNAL CLENARAŚI EΘ FANU LAUTN

PRECUŚ IPA MURZUA CERURUM EIN / HECZRI TUNUR CLUTIVA ZELUR (----)R

Questo qui (è) il sepolcro sotterraneo di un solo Antenato.

Queste tombe della famiglia (sono) da curare da Aulo (figlio) di

Lartia per la famiglia Preconia (e) dai figli di Lart (e) di Cestia.

Questo (è il) sacrario della famiglia di Preconio, dove ossuari e

(vasi) fittili non sono da porre (né) urne singole (né) doppie ---- -

Vedi *GTLE* Capo 9°.- Questa iscrizione risulta scolpita nell'ipogeo sepolcrale situato sotto la chiesetta di San Manno, nella periferia di Perugia. Essa è su tre righe ed è scolpita in alcuni massi della parete dell'ipogeo, sopra l'arco di ingresso della celletta laterale di sinistra, che funge da sacrario. L'iscrizione è stata riportata al III/II sec. a. C. In effetti essa segnala un divieto: a differenza del grande sepolcro, la celletta laterale del sacrario va lasciata libera per i riti funerari e per gli oggetti sacri (*TCL* capo VI).

Iscrizione 346

(Pe 5.3 – rec; su lapide; TLE 572)

CA SUΘI NES[L] AMCIE TITIAL C[L]AN{L} RESTIAŚ CAL CARAΘSLE APERUCEM

CA ΘUI CEŚU [CA]LUSVER ETVA CA PURANE CARESI [---] CARAΘSLE [-]A

questa tomba (è) del defunto Amicio figlio di Titia *Restia e costui

diede inizio a questa costruzione. Qui (sono) deposti essi defunti

/ Questo con cura purificatrice [---] della costruzione (?).

CANL quasi certamente è da emendare in CLAN «figlio».- AMCIE «Amicio».- CAL «di questo-a» (?).- CARAΘSLE (Pe 5.3) forse «della cura» oppure «della costruzione, dell'edificio» (*DETR*), in genitivo articolato. Vedi CARESRI.- APERUCE-M forse «e aprì, diede inizio».- [CA]LUSVER probabilmente «morti, defunti», in plur.- ETVA (Pe 5.3), ETVE (Pe 5.2) probabilmente «essi-e», plur. del dimostrativo ETA (*DETR*). Vedi EΘVIŚ, EITVA.

Iscrizione 347
(Pe 8.1; CIE 3432; TLE 571)

TEZAN / TETA T/ULAR

rispetta il cippo confinario (di) Tetio

Iscrizione scolpita su un cippo marmoreo quadrangolare di epoca recente, rinvenuto a Perugia, purtroppo scomparso.

Iscrizione 348

(Pe 8.2, 3; TETC, TLE 692)

TULAR   TULAR

LARN[A]S   LARNA[S]

cippo confinario di Larnio

Iscrizione incisa su due cippi confinari indicanti probabilmente una proprietà cimiteriale, di epoca recente e rinvenuti a Bettona (*PG*). L'iscrizione è da confrontare con quella *TLE* 530.- LARN[A]S, LARNA[S] gentilizio masch. (in genitivo) corrispondente a quello lat. *Larnius* (*TLE* 585; *LEN* 84); le due ricostruzioni sono mie.

Iscrizione 349

(Pe 0.4 – rec; su lapide)

HUSIUR LA CAVESI METIAL

i figli a La(rt/ris) Cavio (figlio) di Metia

HUSIUR (Pe 5.1) «bambini, ragazzi, giovani, figli» (plur.) (LELN 47, 51, 69, 86).

Iscrizione 350

(Po 2.20 – 4s3p; su vaso; TLE 372)

MI LARΘAL CLAITEŚ

io (sono) di Lart Claeto

Iscrizione graffita su una patera a vernice nera forse del V/IV sec. a.C., rinvenuta a Populonia.- CLAITEŚ gentilizio masch. da confrontare con quello lat. *Claetus* (*ThLL*).

Iscrizione 351
(Po 2.21; TETC, TLE 375)

LARCEŚ [T]A ΘAPNA

questa ciotola (è) di Larce

Iscrizione graffita su una patera a vernice nera del IV/III sec. a. C., rinvenuta a Populonia.- Per ΘAPNA «patera, ciotola» vedi *TLE* 30, 64, 341, 488.

Iscrizione 352
(Po 3.2, 4.2; TETC, TLE 373)

KARMU KAVTAŚ TURKE \ KAVΘA

*Carmonio ha donato a Cauta \ Cauta

Due iscrizioni graffite su uno *skyphos* a vernice nera del V sec. a. C., rinvenuto a Populonia. La prima iscrizione è attorno al piede, la seconda sul suo fondo, scritte da mani differenti.- Il gentilizio KARMU fa pensare a un supposto corrispondente lat. *Carmonius*, corradicale degli altri *Carmanius, Carminius, Carmenus*.- KAVTA, KAVΘA sono varianti di CAUΘA, CAΘA divinità femm. del Sole (*TLE* 131, 190, 447, 622, 719, 823).- KAVTAŚ è in genitivo di donazione.- TURKE «donò, ha donato», variante grafica di TURCE.- KAVΘA è da intendersi «Cauta è la proprietaria» (*TLE* 4).

Iscrizione 353
(Po 4.1; NRIE 616; TLE 369)

ΘUPITULA

Tupulta

Iscrizione arcaica incisa, come dedica infernale, sul fondo di un piatto rinvenuto a Populonia, di epoca arcaica.- ΘUPITULA «Tupulta/Tufulta» (dio infernale) (*LEGL* 69, 89; *DETR* 217, 219). Vedi ΘUPLΘA, ΘUFLΘA, TUXLAC.

Iscrizione 354
(Po 4.4 – 2: su lamina plumbea; *defixio*; CIE 5211; TLE 380)

SΘ VELŚU LΘ C LΘ VE[LŚU] INPA ΘAPICU|N / ΘAPINTAŚ AΘ VELŚU / LΘ C

/ LΘ VELŚU / LΘ C LS VELŚU / LΘ C / LΘ ŚUPLU / AΘ ŚUPLU LS HASMUNI /

SΘ CLEUSTE AΘ CLEUSTE VL RUN[I]S | AU / ΘANCVIL VELŚUI CEŚ ZERIŚ IMS

S[EUS] E[ISER] / MUTIN APRENŚAIŚ INPA ΘAPICUN / ΘAPINTA{I}Ś CEUŚN

INPA ΘAPICUN I / LU[C]U ΘAPICUN CEŚ ZERIŚ / TITI ŚETRIA LAUTNITA

Setre Velsonio f(iglio) di Lart, Lart Velsonio di maledizione maledicendolo

Arunte Velsonio / f(iglio) di Lart / Lart Velsonio f(iglio) di Lart, Laris Velsonio / f(iglio)

di Lart / Lart Subulnio Arunte Subulnio, Laris Asmunio Setre *Cleustio, Arunte *Cleustio

Vel Runio | (di) Aulo Tanaquile Velsonia con questo sortilegio dèi inferi (?) del profondo

(inferno) tenete(li) con legamento, di maledizione maledicendo(li) ciascuno

di maledizione con canto funebre (ho) esecrato con questo sortilegio Titia Setria liberta

Vedi *GTLE* Capo 8.- Questa *defixio* etrusca, scritta su una lamina di piombo, del secolo II a. C. e rinvenuta a Monte Pitti presso Populonia, è abbastanza importante sia come testimonianza diretta di quella antica pratica, sia perché contiene alcuni importanti vocaboli che si ritrovano anche in altri testi etruschi e di cui si è scoperto il significato in maniera quasi certa. La *defixio* investe addirittura 12 individui (11 maschi e 1 donna) appartenenti ad alcune famiglie e risulta fatta e scritta da una liberta chiamata Titia Setra, la quale alla fine si prende anche il gusto di una spavalderia, apponendovi la firma.

Iscrizione 355

(Po S.1; TETC, TLE 368)

CELS CLAN

figlio del Cielo

Iscrizione incisa su uno specchio bronzeo della metà del V o dell'inizio del IV sec. a. C., rinvenuto a Campiglia Marittima. L'espressione CELS CLAN è incisa accanto alla figura di un uomo che fugge inseguito dall'armato LARAN, il Marte etrusco, contro il quale sta per scagliare un grosso masso sollevato con le mani sulla sua testa. Molto probabilmente si tratta della raffigurazione di un episodio della lotta combattuta dai Titani contro Zeus, cioè della Titanomachia. I Titani erano appunto figli del *Cielo* e della *Terra*; vedi *TLE* 621, 625, 719, 824.

Iscrizione 356

(Ru 2.25 – rec ;u vaso; TETC, TLE 362)

MI LARZA SUPLUS

io (sono) di Lartino Subulone

Iscrizione graffita su una patera a vernice nera, rinvenuta a Roselle (*GR*), di epoca recente.- LARZA «Lartino», diminutivo del prenome masch. LARΘ (*TLE* 361, 688). Vedi ARNZA, LARIZA. È privo della desinenza del genitivo perché questa compare nel gentilizio, per la "declinazione di gruppo".- SUPLU-S, qui in funzione di gentilizio (*TLE* 388), ha dato origine al lat. *subulo,-onis* «flautista» (*TLE* 851; *LELN* 237; cfr. *TLE* 389 FULU).

Iscrizione 357

(Ru 3.1 - 7: su vaso; TETC, TLE 917)

MIN[I] MULVANIKE VENEL RAPALEŚ LAIVENA

Levino mi ha donato a Uenel Rapellio

MULVANIKE «diede, donò; ha dato, donato», preterito debole 3ª pers. sing. (e plur.).

Iscrizione 358
(Sp 2.4; TETC, TLE 710)

MI KLUTI KUNAŚ

io (sono la) patera di Cunio

Iscrizione graffita su una patera del V sec. a. C., rinvenuta a Spina (*NRIE* 128).- KLUTI «vaso, recipiente, patera» è una variante di CLUTI(-VA) di*TLE* 619 e probabilmente di CLUΘI di *TLE* 72.- KUNAŚ gentilizio masch. variante dell'altro CUNI *(ThLE I, I suppl. 25)*, ai quali corrisponde quello lat. *Cunius* *(ThLL)*.

Iscrizione 359
(Sp 2.36; TETC, TLE 712)

MI FAŚENA TATAŚ TULALUŚ

*io (sono la) cenere di babbo *Tullalo*

Iscrizione graffita su un *askos* a figure rosse del IV/III sec. a. C., rinvenuto a Spina.- FAŚENA probabilmente «arena, sabbia, cenere,-i (funerarie)» (G. B. Pellegrini), da confrontare col sabino *fasena* (Varrone, *L.L.* 7, 27) e col lat. *(h)arena, (h)asena* «arena, sabbia», finora di origine incerta, ma che il *DELL* ha prospettato come di origine etrusca (cfr. *Publicia Fasena; LEN* 16, 45).- TATAŚ gentilizio masch. (in genitivo) da confrontare con quello lat. *Tatius*.- TULALUŚ è il *cognomen* oppure un secondo gentilizio; probabilmente è costituito dall'accrescitivo del gentilizio TULE = lat. *Tullius*.

Iscrizione 360

(Sp 2.55 - 4f3m; su vaso)

URE MI

vuotami! (?)

oppure *bevimi!*

URE forse «vuota!» oppure «bevimi!» (?) (*LEGL* 121) (su vaso; AV 0.19); URE MI «vuotami!» (?), verbo (in imperativo sing.) da confrontare con quello lat. *haurire, aurire, orire* «attingere» e «vuotare». Vedi URV, URU, VRI, URIAΘI. Cfr. M. Pittau, *Uri Urina* (in internet).

Iscrizione 361

(Sp 2.71; TETC, TLE 713)

MI LARZL SEKSTALUŚ

io (sono) di Lartino Sestalio

Iscrizione graffita su patera a vernice nera del III sec. a. C., rinvenuta a Spina.- LARZL «di Lartino», genitivo di LARZA, diminutivo del prenome masch. LARΘ (*TLE* 715).- SEKSTALUŚ gentilizio masch. (in genitivo) da confrontare con quelli lat. *Sextanius* e *Sextilius*, che chiaramente sono derivati da *Sextus* (figlio nato "sesto").

Iscrizione 362

(Ta 1.1; CIE 5429; TETC, TLE 112)

MI MA MAMARCE SPURIIAZAS

io sono di Mamerco Spurillio

Iscrizione scolpita su un cippo funerario rinvenuto a Tarquinia, forse del V sec. a. C.- MA «(io) sono».- MAMARCE è privo della desinenza del genitivo per la "declinazione di gruppo".- SPURIIAZAS gentilizio masch. in genitivo; in origine era un prenome masch. diminutivo dell'altro SPURIE (= lat. *Spurius;* LELN 235), caratterizzato dal suffisso diminutivo -ZA; per questo l'ho tradotto col gentilizio lat. *Spurillius*, che è anch'esso caratterizzato da un suffisso diminutivo (vedi SPURIAZA di *TLE* 482, 941).

Iscrizione 363

(Ta 1.9; CIE 5423; TETC, TLE 126)

VELΘUR PARTUNUS LARISALIŚA CLAN RAMΘAS CUCLNIAL

ZILX CEXANERI TENΘAS AVIL / SVALΘAS LXXXII

Veltur *Partuno quello (figlio) di Laris, figlio di Ramta Cuculnia

(morto) da pretore iure dicundo in esercizio / vivendo gli 82 (anni)

Iscrizione scolpita nel "sarcofago del Magnate", rinvenuto nella tomba della famiglia *Partunu(s)* di Tarquinia, del IV sec. a. C.- PARTUNUS gentilizio masch. (in genitivo) che non ha riscontro nella antroponimia latina, fuorché uno parziale in *Partullius* (*RNG*); la -S è la solita dell'originario genitivo patronimico ormai fossilizzata (*TLE* 35, 127).- LARISALIŚA letteralmente «quello di Laris», è il patronimico pronominale fatto col dimostrativo enclitico -SA (*TLE* 51).- CLAN RAMΘAS «figlio di Ramta»; si noti come il matronimico sia indicato con una formula differente (*TLE* 619).- Per il gentilizio CUCLNIE vedi *TLE* 117.- ZILX «pretore o consigliere».- CEXANERI «da giudicare, da legiferare», probabilmente = lat. *iure dicundo*, gerundivo di un verbo corradicale di CEXASE «giurista o giudice» della *TLE* 101.- TENΘAS «tenendo, consistendo, esercitando, svolgendo» (in gerundio pres.).- SVALΘAS «vivendo» (in gerundio pres.), da riportare a SVALCE «visse» della *TLE* 94.

Iscrizione 364
(Ta 1.13; CIE 5425; TETC, TLE 127)

LARΘI SPANTUI LARCES SPANTUS SEX ARNΘAL PARTUNUS PUIA

*Lartia *Spantonia figlia di Larce *Spantonio moglie di Arunte *Partuno*

Iscrizione scolpita su un sarcofago femminile rinvenuto nella Tomba della famiglia *Partunu(s)* di Tarquinia, del IV/III sec. a. C.- SPANTUI è il femm. del gentilizio SPANTU, al quale forse corrisponde quello lat. *Spantanus*. Agli appellativi etruschi terminanti in *-u* (pronunziato di certo nasalizzato) corrispondono quelli latini terminanti in *-on-* (es. etr. *suplu* /lat. *subulo,-onis*; *TLE* 851), suffisso avente un valore ora diminutivo ed ora accrescitivo, che si è mantenuto ancora in quello derivato ital. *-one*.- LARCE, latinizzato in LARGE (*CIE* 2108), prenome masch., è da confrontare col gentilizio lat. *Larcius* e anche con l'aggettivo *largus* «largo, abbondante, generoso, liberale», finora privo di etimologia *(LELN* 176; *DICLE)* e quindi di probabile origine etrusca.- La -S di PARTUNUS qui è veramente la desinenza del genitivo, diversamente da quella di *TLE* 126 e 128, in cui risulta ormai fossilizzata (*TLE* 35).

Iscrizione 365

(Ta 1.14; CIE 5426; TETC, TLE 129)

VELΘUR LARISAL CLAN CUCLNIAL / ΘANXVILUS LUPU AVILS XXV

Ueltur [*Partuno] figlio di Laris (e) di Tanaquile Cuculnia morto a 25 anni

Iscrizione scolpita su un sarcofago maschile rinvenuto nella tomba della famiglia *Partunu(s)* di Tarquinia, della fine del IV/III sec. a. C.- Per il gentilizio CUCLNIE vedi *TLE* 117.- ΘANXVIL = lat. *Tanaquil,-lis* è un prenome femm. molto frequente; l'interpretazione vulgata, secondo cui sarebbe un nome teoforico, da distinguere in ΘAN-XVIL = «dono di Tana», è errata, sia perché il primo componente sarebbe privo della desinenza del genitivo, sia perché una divinità *ΘANA non è documentata altrimenti (G. Colonna, *StEtr*, 51, 1985, 152).- In questa iscrizione manca il gentilizio del defunto e di suo padre, che però era quello dei proprietari della tomba, i *Partunu*.

Iscrizione 366

(Ta 1.15; CIE 5424; TETC, TLE 128)

PARTUNUS VEL VELΘURUS /

ŚATLNALC RAMΘAS CLAN AVILS / XXIIX LUPU

Uel Partuno figlio di Ueltur e di Ramta Satellia / morto a 28 anni

Iscrizione scolpita su un sarcofago maschile rinvenuto nella tomba della famiglia *Partunu(s)* di Tarquinia, dell'inizio III sec. a. C.- Per il gentilizio masch. PARTUNUS vedi *TLE* 126, 127.- Il gentilizio femm. in genitivo ŚATLNAL(-C) corrisponde a quello lat. *Satellius* e probabilmente deriva dall'appellativo ZATLAΘ «satellite, accompagnatore, guardia del corpo» (*TLE* 241; *LISNE* 246).

Iscrizione 367

(Ta 1.17 -2:p ; su sarcofago; CIE 5430; TETC, TLE 131)

LRIS PULENAS LARCES CLAN LARΘAL PAPACS

/ VELΘURUS NEFTS PRUMS PULES LARISAL CREICES

/ AN CN ZIX NEΘŚRAC ACASCE CREALS TARXNALΘ SPU

/ REM LUCAIRCE IPA LUΘCVA CAΘAS HERMERI SLICAXEM

/ APRINΘVALE LUΘCVA CAΘAS PAXANAC ALUMNAΘE HERMU

/ MELE CRAPISCES PUTS XIM CULSL LEPRNAL PŚL VARXTI CERINE PUL

/ ALUMNAΘ PUL HERMU HUZRNATRE PŚL TENIN[ES](---
-) MEΘLUMT PUL

/ HERMU ΘUTUIΘI MLUSNA RANVIS MLAMNA (--------)
[ALU]MNAΘURAS PAR

/ NIX AMCE LEŚE H[E]RM[E]RIER

Laris Pulenio figlio di Larce, nipote di Lart (nonno)

nipote di Veltur (zio), pronipote di Laris Pullio Greco

egli questo scritto aruspicino compose da sacerdote di Cerere in Tarquinia

e la città resse da lucumone, dove (fu addetto) a fissare i ludi di Cata e indisse come promotore i ludi di Cata e il Baccanale, confermato nell'ufficio curò

il possedimento di Grabovio, di ogni bacile di Culsonia Leprinia in promessa (fatta) alla stessa

poi confermato nell'ufficio dello stesso addestramento della gioventù nella confederazione

poi confermato nella custodia personale (?) del vaso offertorio (-------)

del collegio dei novizi fu rettore (e) sceglieva quelli da confermare.

Vedi « Elogio funebre di Laris Pulenas » (*GTLE* Capo 7°).- La presente è una delle più lunghe iscrizioni etrusche che possediamo, dato che è stesa su 9 righe e contiene 60 vocaboli. Essa risulta scolpita sull'effigie del rotolo di un volume tenuto aperto ed esibito da un defunto, il quale è raffigurato disteso sul coperchio di un sarcofago in nenfro del 200 circa a. C. Questo sarcofago è stato rinvenuto a Tarquinia, nel cui Museo Nazionale risulta attualmente conservato ed esposto. Certamente Laris Pulenas era un personaggio che aveva ricoperto alte cariche pubbliche e sacerdotali.

Iscrizione 368

(Ta 1.23 – 2: su sepolcro ; TLE 894)

[L]ARΘ PINIE VEL [-23/25-]NAL / [A]VILS CIEM CALXLS

ZIL[C MA]RUNU[X] CEPEN TE[NΘAS] / [L]UPUCE

Lart Pinio (figlio) di Uel (e di) (...)nia di anni ventisette

morì quando era pretore (e) sacerdote maronico

La ricostruzione ZIL[C MA]RUNU[X] CEPEN TE[NΘAS], differente da quella del Rix *ET*, è stata da me fatta in base alla iscrizione 137. Però cfr. iscrizione 133.- Anche qui ci sfugge del tutto il significato della carica di «pretore o consigliere maronico sacerdote».

Iscrizione 369

(Ta 1.28; CIE 5435; TETC, TLE 115)

ECA MUTANA CUTUS VELUS

questo sepolcro (è) di Uel Cotonio

Iscrizione scolpita sulla trave dell'ingresso di un sepolcro, rinvenuta a Tarquinia, del IV sec. a. C.- ECA «questo-a» dimostrativo sing.- MUTANA, variante recente MUTN(I)A; dal supporto materiale in cui questo vocabolo risulta scolpito, si deve dedurre che esso significa non soltanto «sarcofago, arca, urna, ossario», ma, in generale, anche «sepolcro, tomba, tumulo» (*LELN* 202; *DETR*).- CUTU(-S) «di Cotonio», da confrontare col gentilizio lat. *Cotonius* (*RNG*).

Iscrizione 370
(Ta 1.31; CIE 5438; TETC, TLE 117)

CA ŚUΘI ANES / CUCLNIES

questo sepolcro (è) di Annio / Cuculnio

Iscrizione scolpita su un masso di tufo rinvenuto a Tarquinia, del IV sec. a. C.- CA non c'è alcun motivo di ricostruirlo in ECA, come fanno i *TLE* e *ThLE*.- ANE gentilizio masch. da confrontare con quello lat. *Annius* (*RNG*), teoforico in onore della dea *Anna Perenna* (*TLE* 58).- CUCLNIE è un secondo gentilizio e corrisponde a queli lat. *Cuculnius*, *Coculnius*.

Iscrizione 371

(Ta 1.34; CIE 5441; TETC, TLE 133)

PALAZUS A LR RUTZS RIL XXXXII

/ MARUNUXVA CEPEN TENU ZILAXNU

sarcofago di A(ulo) *Palasone (figlio) di Laris di età 42 /

(che è) stato sacerdote maronico (e) fatto pretore

Iscrizione dipinta sul coperchio di un sarcofago rinvenuto a Tarquinia, del III/II sec. a. C.- PALAZUS gentilizio masch. (in genitivo), forse da confrontare col lat. *palasea* «parte delle viscere di un animale sacrificato», finora privo di etimologia (*DELL*) e quindi di probabile origine etrusca (*DICLE* 127) (*TLE* 891).- A LR sono le abbreviazioni rispettivamente dei prenomi masch. AULE (oppure ARNΘ) e LARISAL (oppure LARΘAL) (in genitivo).- RUTZS «sarcofago» da confrontare con RUS e RUTZSS, vocabolo registrato soltanto a Tarquinia.- MARUNUXVA «maronico, pertinente ai maroni», aggettivo al sing. I maroni erano magistrati di secondo grado con funzioni questorie, ma da questo e da altri passi si intravede che esercitavano anche incarichi religiosi (*TLE* 134, 137, 165, 171).- CEPEN «sacerdote di Ercole», compare parecchie volte nel *Liber linteus* ed è da confrontare col lat. *cupencus* «sacerdote», già indiziato come di origine etrusca (*DELL*).- TENU «che ha esercitato, che è stato-a», participio passato (*TLE* 165, 171); cfr. TENVE *TLE* 131, 233).- ZILAXNU «fatto pretore o consigliere», participio passivo; vedi ZILXNU *TLE* 324 e cfr. ZILAXNΘAS, ZILAXNCE, ZILAXNVE delle *TLE* 92, 99, 233.

Iscrizione 372
(Ta 1.35 - 3: su sepolcro; TLE 104)

ŚEΘRE CURUNAS / VELUS [R]AMΘA AVENALC / SAM MAN[IM]

ŚUΘ[I]Θ ARCE / -NUM ΘENΘE[VE]C ES-AŚLEP / ZILAXN[U] RIL XXI

Setre Corona (figlio) di Uel e di Ramta Auenia

e sei Mani (sono) nel sepolcro,

morì -?- e tenne -?-; egli fatto pretore a 21 anni (?)

In virtù della "declinazione di gruppo" non è affatto necessario ricostruire RAMΘA[S].- SA-M «e sei».- MAN[IM] lettura e interpretazione mie.- ARCE (Ta 1.35, 88, 108, 164, 167; AT 1.96, 105) «se ne andò, se n'è andato-a», anche eufemismo per «morì, è morto-a» (preterito debole); se invece fosse un preferito forte si potrebbe connettere col lat. *arcere*, che significa anche «allontanare» e che è di origine incerta (*DELL*) (*TLE* 169) (soltanto a Tarquinia e nel suo territorio).- ΘENΘE[VE]C forse «e tenne, ed esercitò» (lettura ed interpretazione mie); vedi TENVE.- ZILAXN[U] «fatto pretore».- Il *ThLE²* legge RIL anziché HEL.

Iscrizione 373

(Ta 1.42; CIE 5453; TETC, TLE 134)

SCURNAS M A MARU M T Z P T RIL XXXXV

Marco Scurra (figlio) di Aulo, marone (.........) di età 45

Iscrizione dipinta su un sarcofago di epoca recente rinvenuto a Tarquinia, del IV sec. a. C.- SCURNAS gentilizio masch. da confrontare con quelli lat. *Scurra* e *Scurreius* (*RNG*); la -S è quella dell'originario genitivo patronimico ormai fossilizzata (*TLE* 35).- MARU = lat. *maro,-onis* «marone» (*TLE* 133) (è appena il caso di ricordare che *Maro,-onis* era il *cognomen* di Virgilio) (*TLE* 732).- Allo stato attuale della documentazione non è possibile interpretare la sigla M T Z P T.

Iscrizione 374

(Ta 1.47 - 4:m; su sepolcro; TLE 879)

RAMΘA APRINΘNAI AN / SACNIŚA ΘUI [CES]EΘRCE

questa (è) Ramta Aburtennia /

avendo consacrato qui (la tomba) ha trovato pace (?)

[CES]EΘRCE forse = CESEΘCE (Ta 5.3) probabilmente «riposò, ha riposato, trovato pace» (preterito debole) = lat. *quievit*; questo significato si desume da quello di CESU «deposto» (*DETR*). Ricostruzione e interpretazione mie.- Cfr. iscrizione 159.

Iscrizione 375

(Ta 1.49 - 2: su sepolcro; TETC, TLE 103)

[ΘU]I RAMAΘA VELUS VESTRCNIAL PUIA /

[AM]CE LARΘAL LARΘA[LISL]A SVALCE XIX

qui (c'è) Ramta (figlia) di Uel (e) di Uestergennia,

fu moglie di Lart quello (figlio) di Lart; visse 19 (anni)

Iscrizione dipinta su una parete della "Tomba del Cardinale" di Tarquinia, del II sec. a. C. Vedi *TLE* 130.- [ΘU]I è stato ricostruito da me.- PUIA «moglie», da confrontare col greco *opýein* «sposare» (finora privo di etimologia; *GEW, DELG*).- AMCE «fu, è stato-a», preterito debole del verbo copulativo (*TLE* 131).- LARΘA[LISL]A letteralmente «di quello di Lart», è il patronimico pronominale formato sul prenome masch. LARΘ (in genitivo), ricostruito in base alla *TLE* 138 (*DETR*).- Per SVALCE «visse, è vissuto-a» vedi *TLE* 94.

Iscrizione 376

(Ta 1.50, 51; CIE 5451; TETC, TLE 122)

RAMΘA HUZCNAI ΘUI ATI NACNVA LARΘIAL

/ APAIATRUS ZILETERAIAS

\ RAMΘA HUZCNAI ΘUI CESU

ATI NACNA LARΘIAL AP[A]IATRUS ZILETERAI[A]S

qui (è) deposta Ramta Hoscinia (bis)nonna di Lart

fratello del trisavolo, pretore della clientela

Iscrizione (la 2ª) dipinta sul sarcofago detto "delle Amazzoni" e ripetuta (la 1ª) sul relativo coperchio, rinvenuti a Tarquinia, della metà del IV sec. a. C.- Nelle due versioni dell'iscrizione sono probabilmente intervenuti i seguenti errori: nella 1ª, NACNVA per NACNA (oppure il contrario), nella 2ª, APIATRUS per APAIATRUS e ZILETERAIS per ZILETERAIAS.- HUZCNAI gentilizio femm. corrispondente a quello lat. *Hoscinius* (*RNG*).- ATI NACNVA = ATI NACNA «nonna» oppure = [AT]I NACNUVA «bisnonna»? (vedi *TLE* 87, 95).- APAIATRUS probabilmente da confrontare col lat. *abpatruus* «fratello del trisavolo», oppure *adpatruus* «zio di quarto grado» (*DICLE*).- ZILETERAIA(-S) «pretore o consigliere della clientela»; da distinguere la radice *ZIL- «consigliare, consultare» ed ETERA «amico, compagno, socio, confratello, cliente», da confrontare col greco *etaĩrhos* «compagno, socio».

Iscrizione 377

(Ta 1.52, 53 – 4:m; CIE 5452; TETC, TLE 123)

RAMΘA ZERTNAI ΘUI CESU

Ramta Sertina (è) qui deposta

Iscrizione scolpita su un sarcofago del medesimo sepolcro della *TLE* 122, rinvenuto a Tarquinia.- ZERTNAI gentilizio femm. corrispondente a quello lat. *Sertinae(us)* (*RNG*).

Iscrizione 378

(Ta 1.66; CIE 5447; TETC, TLE 105)

VEL ATIES VELΘURUS / LEMNIŚA CELATI CESU

Uel Attio (figlio) di Ueltur

/ quello Lemnio (è) deposto nella cella

Iscrizione dipinta su una parete di una tomba ormai distrutta di Tarquinia, del II sec. a. C.- ATIES gentilizio masch. che corrisponde a quello lat. *Attius*; la -S è quella dell'originario genitivo patronimico ormai fossilizzata (*TLE* 35).- LEMNIŚA (LEMNI-ŚA) «quello Lemnio», *cognomen* = «nativo di Lemno», isola del Mar Egeo, nella quale è stata rinvenuta la famosa stele scritta in una lingua molto simile a quella etrusca; cfr. LEMNITE (*DETR*).- CELATI (CELA-TI) «nella cella» (in locativo); CELA (pronunziato evidentemente *kella*) è da confrontare col lat. *cella* «cella (mortuaria)», finora di etimologia incerta (*DELL*) e quindi di probabile origine etrusca (*DICLE*). -TI è una variante della desinenza locativa -Θ(I) (*TLE* 91, 125, 131).- CESU «posto, deposto» è un participio passato (cfr. LUPU *TLE* 99).

Iscrizione 379
(Ta 1.67; TLE 106)

VELΘUR EZPUS LA[RISAL] / UCRINIC PUIAC AT(---)

Ueltur *Esponio (figlio) di Laris /e la moglie Ocrinia (...)

Iscrizione dipinta su una parete di una tomba di Tarquinia, del IV/III sec. a. C.- UCRINIC (UCRINI-C) «e Ocrinia», gentilizio femm. da confrontare con quello lat. *Ocrinius* (*RNG*).- PUIAC (PUIA-C) «e la moglie», con la congiunzione enclitica ripetuta per errore.

Iscrizione 380

(Ta 1.81 – 2: su sepolcro; CIE 5458; TLE 93)

ΘUI CLΘI MUTNAIΘI VEL VELUSA AVILS

/ CIS ZAΘRMISC / SEITIΘIALISA

qui in questo sepolcro (c'è) Uel quello (figlio) di Uel

di anni ventitré, quello (figlio) di Setidia

Il gentilizio del defunto APUNAS era quello della famiglia proprietaria della tomba.- MUTNAIΘI «nella tomba», in locativo (*LEGL* 82).

Iscrizione 381

(Ta 1.82 – 2: su sepolcro; CIE 5459; TLE 94)

ARNΘ APUNAS VELUS MA[--] / MAX CEZPALX AVIL / SVALCE

Arunte Aponio (figlio) di Uel [---], visse ottantacinque anni

MAX CEZPALX letteralmente «cinque ottanta».

Iscrizione 382

(Ta 1.83 – 2: su sepolcro; CIE 5463, 566; TLE 97)

[C]ALΘI MUT[NAIΘI V]EL APNAS LARΘIA[L CLA]N AVILS CEZPA

in questo sepolcro (c'è) Uel Aponio figlio di Lart di anni ottanta

CEZPA abbreviazione di CEZPALX (*LEGL* 96).

Iscrizione 383

(Ta 1.88 – 2: su sepolcro; REE 52,13*)

ARNΘ LARISAL RUTZ ARCE / MARUNUC SPURANA CI / TENU RIL XXXIII

sarcofago (di) Arunte (figlio) di Laris, morì (essendo) stato tre (volte) marone civico, di anni 33

RUTZ «sarcofago, recipiente, ripostiglio, loculo».

Iscrizione 384
(Ta 1.89; CIE 5502; TETC, TLE 119)

LUCER LAΘERNA / SVALCE AVIL / XXVI

Locer Laterino / visse anni / 26

Iscrizione scolpita su un cippo funerario rinvenuto a Tarquinia, del IV sec. a. C.- LUCER nome individuale masch., che è documentato a Volterra come lat. *Locer* (*CIL* VI 215).- LAΘERNA gentilizio masch. che corrisponde a quello lat. *Laterinus* (*RNG*) (*TLE* 312). Per SVALCE «visse» vedi *TLE* 94.

Iscrizione 385

(Ta 1.95; CIE 5511; TETC, TLE 144)

LARΘI EINANEI ŚEΘRES SEC RAMΘAS / ECNATIAL PUIA

LARΘL CUCLNIES VELΘURUŚLA / AVILS HUΘS CELXLS

Lartia Enania figlia di Setre (e) di Ramta / Egnatia

moglie di Lart Cuculnio quello (figlio) di Ueltur / di anni trentaquattro

Iscrizione scolpita sul coperchio di un sarcofago rinvenuto a Tarquinia, del IV sec. a. C. Vedi *TLE* 145.- LARΘL «di Lart» variante di LARΘAL, in genitivo. Per il gentilizio CUCLNIE(-S) vedi *TLE* 117.- VELΘURUŚLA letteralmente «di quello di Ueltur», genitivo del patronimico pronominale, concordato coi genitivi LARΘL CUCLNIES (*TLE* 177).- CELXLS variante di CEALXLS «di trenta» (in genitivo) (*TLE* 141). Vedi CELC CEANUΘ (AT 1.41).

Iscrizione 386

(Ta 1.96; CIE 5512; TETC, TLE 145)

LARTIU CUCLNIES LARΘAL CLAN / LARΘIALC EINANAL

/ CAMΘI ETERAU

Lartino Cuculnio figlio di Lart / e di Lartia Enania

/ censore clientelare

Iscrizione scolpita sul coperchio di un sarcofago rinvenuto a Tarquinia, del IV sec. a. C. Vedi *TLE* 144.- LARTIU «Lartillo», diminutivo del prenome masch. LARΘ/T; esiste anche nelle varianti LARZIU e LARSIU.- Per il gentilizio CUCLNIES vedi *TLE* 117; la -S è quella dell'originario genitivo patronimico ormai fossilizzata (*TLE* 35), differente pertanto da quella ancora funzionale di CUCLNIES di *TLE* 117, 144. Però si potrebbe interpretare ugualmente bene «Lartillo figlio di Lart Cuculnio».- CAMΘI da confrontare con CANΘCE di *TLE* 99, è il nome di un magistrato, forse corrispondente al lat. *censor*.- ETERAU aggettivo letteralmente «clientelare, della clientela» (*TLE* 122, 255); vedi ZILAΘ ETERAV di *TLE* 169, 907.

Iscrizione 387

(Ta 1.105; CIE 5521; TETC, TLE 125)

[VELΘU]R CUTNAS ZILCTE LUPU

Ueltur Cotinio morto durante la (sua) pretura

Iscrizione scolpita su un sarcofago rinvenuto a Tarquinia, del IV/III sec. a. C.- Il gentilizio masch. CUTNAS, da confrontare con quello lat. *Cotinius (RNG)*, probabilmente in origine era un *cognomen* dal significato di "nativo di *Cutina*", città dei Vestini; la sua -S è quella dell'originario genitivo patronimico ormai fossilizzata (*TLE* 35).- ZILCTE, che esiste anche nelle varianti ZILCΘI E ZILCTI (*TLE* 255, 325), è da distinguere in ZILC-TE, in cui ZILC- = «pretore, consigliere» (*TLE* 91, 92) e -TE, variante della desinenza locativa -Θ(E), -Θ(I), -T(I) (*TLE* 27, 91, 105, 131); è un locativo ma con valore temporale (*TLE* 325).- LUPU «morto-a».

Iscrizione 388
(Ta 1.107 - 2: su sepolcro; TETC, TLE 890)

FELSNAS LA LEΘES / SVALCE AVIL CVI

/ MURCE CAPUE / TLEXE HANIPALUSCLE

La(rt) Felsinio (figlio) di Letio / visse anni 106 /

abitò Capua / resistette (?) all'esercito di Annibale

Iscrizione dipinta sulla parete destra di una tomba di Tarquinia, della metà del II sec. a.C.; vedi iscrizione 891.- FELSNAS gentilizio masch. corrispondente a quello lat. *Felsinius*, nonché al toponimo *Felsina*, nome etrusco di Bologna (Iscrizione 37). La *-s* finale è quella dell'originario genitivo patronimico ormai fossilizzato (*TLE* 35).- LEΘE(-S) in questo caso è prenome masch. (*TLE* 881).- MURCE preterito debole di un verbo che probabilmente è corradicale del lat. *morari* «trattenersi, fermarsi».- MURCE CAPUE non si può tradurre «dimorò a Capua» (*TLE* 15, 590) perché CAPUE non è affatto in locativo.- TLEXE è un altro preterito debole (attivo, non passivo cfr. *TLE* 278), che probabilmente corrisponde al greco *tétleka* e al lat. *tulit* = «resistette». Questa interpretazione è suggerita dal fatto che Annibale cercò, senza riuscirvi, di rompere l'assedio che i Romani facevano di Capua.- HANIPALUSCLE da distinguere in HANIPALUS-CLE letteralmente = «di quello di Annibale», cioè "dell'esercito di Annibale".- Per -CLE dimostrativo enclitico in genitivo vedi *TLE* 619 e 740.

Iscrizione 389

(Ta 1.108 - 2: su sepolcro; TETC, TLE 891)

PALAZUI ΘANA / AVILS Θ[UN]ENZA HUŚUR / ACNANAS MANIM ARCE

Tana *Palasonia di anni diciannove,

se ne andò al Mane (del capostipite) lasciando figli

Iscrizione dipinta sulla parete sinistra della precedente tomba di Tarquinia (iscrizione 890); è stata riletta e integrata da G. Colonna, *SE*, 53, 1987, 224.- Per il gentilizio femm. PALAZUI vedi *TLE* 133.- Θ[UN]ENZA abbreviazione di ΘUNEMZAΘRUMS «diciannove», come ha visto acutamente M. Lejeune; letteralmente significa «uno da venti» (cfr. *TLE* 136, 166 CIEMZAΘRUMS) (*TLE* 141, 180); cfr. CEZPA di *TLE* 97.- Per MANIM ARCE «se ne andò al Mane (del capostipite)» vedi *TLE* 169, 887.

Iscrizione 390

(Ta 1.126 – rec; su cippo; StEtr 36, 211, 14*)

ANINEI ΘANA S / SVALC[E] IIIII

Tana Aninia (figlia di) S(etre) / visse 5 (anni)

SVALC[E] «visse(ro); è vissuto-a, sono vissuti-e», preterito debole di un verbo dalla radice *SVAL- che significa «vivere» (*LEGL* 117).

Iscrizione 391

(Ta 1.133 – 4s/2; su sepolcro; CIE 5808*)

NASTES / LARΘ HUPNI

*giaciglio di Lart *Nastio*

HUPNI «letto o giaciglio o alcova funebre, loculo, tomba, sepolcro, ossario, urna» = lat. *dormitorium* «sepolcro, tomba», letteralmente «sonno e riposo (eterno)», da confrontare col greco *hýpnos* «sonno» (indeur.; *DELG*).

Iscrizione 392

(Ta 1.139 – 3/1; su sepolcro; TLE 893)

ŚUΘV RANE M \ PERPRUS A ZILETE/REA ZIVAS

*(qui è) deposto Marco Ranio *

A(ulo) *Perprone; da vivo (fu) pretore clientelare

Due iscrizioni funerarie dipinte nei due lati di un angolo della parete di una tomba di Tarquinia.- PERPRUS la -S è quella dell'originario genitivo patronimico ormai fossilizzata (*TLE* 35).

Iscrizione 393

(Ta 1.144 – 4:f; su sarcofago)

ALVEΘNAS ARNΘ CAPIS

contiene Arunte Aluitio

CAPIS probabilmente «prende, contiene», presente indicativo 3ª pers. sing. Vedi EN MIPI CAPI «non mi prendere!» (imperativo negativo).

Iscrizione 394

(Ta 1.145 – 4s/3; su porta di sepolcro)

VEL ARNΘAL NES

Uel (figlio) di Arunte defunto

NES «morto, defunto-a, il fu».

Iscrizione 395

(Ta 1.153 – 3:p; su sepolcro; TLE 880)

ANINAS LARΘ VELUS ARZNAL / APANES ŚURNUS SCUNSI CATES

/ AN VACL LAVUTN [ACASC]E TRAVZI /

SAM ŚUΘI CERIXUN[CE] ΘU[I] ZIVAS / AVILS LXXVI

Lart Aninio (figlio) di Uel (e) di Arsnia / con serenità paterna

in offerta a Cata / egli fece il rito familiare con generosità

e questo sepolcro qui fece costruire da vivo / di anni 76

Iscrizione su parete del sepolcro della famiglia Aninia di Tarquinia, del III sec. a. C.- APANE-S probabilmente «paterno-a», aggettivo di APA «padre» (*LEGL* 89) (in genitivo).- ŚURNU(-S) significato compatibile col contesto «in serenità, serenamente» (in genitivo) (*DETR* 389).- SCUNSI probabilmente «per/in offerta», in dativo sigmatico sing. (*LEGL* 80).- CATES «di/a Cata».- TRAVZI forse «generosamente, con generosità» (?), avverbio da confrontare con TRAU, TRAULA.- SAM (Ta 1.35, 153) (SA-M) «e questo». Vedi SA[2].- ZIVAS «vivendo, da vivo».

Iscrizione 396

(Ta 1.158 – 3:p ; su sepolcro; TLE 882)

ANINAS VEL VELUS APANES ŚURNUS /
TRAVZI SCUNSI CATES ZEV A-- / AVILS XXXXIII

Uel Aninio (figlio) di Uel con serenità paterna

in generosa offerta a Cata sopra -?- / di anni 43 (?)

CATES (Ta 1.153, 158) «di/a Cata» (in genitivo di donazione). Vedi CAΘAS.

Iscrizione 397

(Ta 1.159 – 3:p; su sepolcro; TLE 882)

AN[INAS -?-] / CA[-?-] A[VI]L SVALCE / S[EALXLŚ]

SA ŚUΘI CERIXUNCE / SA[C]NIŚA ΘUI PUTS

\ *Aninio -?- -?- anni visse sessanta questo sepolcro*

fece costruire, avendo consacrato qui il sarcofago

Cfr. Ta 1.153, 158; *TLE* 880.- SVALCE «visse, è vissuto-a» (preterito debole).- PUTS «bacile, vaso, urna, sarcofago».

Iscrizione 398

(Ta 1.162 – 3:f; su sarcofago)

LAR[Θ] ANINAS A VIPENAL CLAN RAMΘAS / [MAR]UNUC ΘUNCN

SE[MΦ]S MACST / ZILC TENU EN[------]E [-?-] [--Θ--N / V[----]-

AVIL ΘESNXVA MUNICLAT / ZILAXNCE

Lar(t) Aninio figlio di A(ulo) (e) di Ramta Uibennia

avendo esercitato il maronato quello singolo sette volte

essendo stato pretore magistrato -?- -?- -?- -?-

anni quelli legali (?) nel sepolcro; esercitò come consigliere

MUNICLAT (MINI-CLA-T) «nel sepolcro», letteralmente «in quel sepolcro» (in locativo articolato; *LEGL* 45, 107).

Iscrizione 399
(Ta 1.164; TETC, TLE 887)

SPITUS LARΘ LARΘAL SVALCE LXIII

/ HUŚUR MAX ACNANAS ARCE MANIIM

/ MLACE FARΘNE FALUΘRAS

Lart Spitio (figlio) di Lart, visse 63 (anni)

se ne andò al Mane (del capostipite) lasciando cinque figli

offrì una (figlia) vergine ai Celesti

Iscrizione dipinta sulla parete di una tomba di Tarquinia, del III sec. a. C.; vedi *TLE* 888, 889.- Dunque Spedone avrebbe consacrato una sua figlia vergine al sodalizio delle Vestali oppure, quando ella stava per morire, egli la offerse e consacrò agli dèi.- SPITUS gentilizio masch. che probabilmente corrisponde a quello lat. *Spitius* (*RNG*); la -S è quella dell'originario genitilizio patronimico ormai fossilizzata (*TLE* 35); però nella seguente iscrizione 888 è veramente in genitivo.- Per HUŚUR «ragazzi, giovani, figli» vedi *TLE* 209, 566.- Per ACNANAS «lasciando» ed ARCE MANIIM «se ne andò al Mane (del capostipite)» vedi *TLE* 169, 891.- MLACE «donò, offrì, fece oggetto di dono, ha donato, offerto» (?) preterito debole del verbo visto in *TLE* 27, 42.- Per FARΘNE «vergine» vedi FARΘNA di *TLE* 583 e HARΘNA di *TLE* 548.- FALUΘRAS (FALU-ΘRA-S) «dei/ai Celesti» in genitivo di dedicazione (K. Olzscha, *Glotta*, 47, 1969, 322, secondo cui il vocabolo sarebbe da connettere con *faladum* «cielo»; *TLE* 831).

Iscrizione 400

(Ta 1.165 – 3/1: su sepolcro)

SPITUS VEL LARΘAL SVALCE AVIL XVIII

Uel Spitio (figlio) di Lart visse 18 anni

SVALCE «visse(ro); è vissuto-a, sono vissuti-e», preterito debole di un verbo dalla radice *SVAL- che significa «vivere» (*LEGL* 117).

Iscrizione 401

(Ta 1.167 – 3/1: TETC, TLE 888)

METLI ARNΘI PUIA AMCE SPITUS / LARΘAL

SVALCE AVIL LXIIII CI CLE/NAR ACNANAS ARCE

Aruntia Metellia fu moglie di Lart Spitio visse 64 anni

se ne andò lasciando tre figli

Iscrizione dipinta su una parete della tomba di Tarquinia, di cui a *TLE* 887, 889.- METLI gentilizio femm. variante dell'altro arcaico METELI = lat. *Metellius* di *TLE* 651.- ARNΘI femm. del prenome ARNΘ.- AMCE «fu, è stato-a».- SVALCE «visse, è vissuto-a».- Qui SPITUS è veramente in genitivo, mentre nella precedente *TLE* 887 è al nominativo.- CLENAR «figli», al plur.- Per ACNANAS «lasciando» vedi *TLE* 169.- ARCE «se ne andò, se n'è andato-a», anche eufemismo per «morì, è morto-a» (preterito debole)» (*TLE* 169, 170, 887).

Iscrizione 402

(Ta 1.168 – 3/1; su sepolcro; TETC, TLE 889)

SEMNI R[A]MΘA SPITUS LA(RISAL) / PUIA AMCE

LUPU AVILS [X]XII HUŚUR CI ACNANAS

Ramta Semnia fu moglie di Laris Spitio

morta a 22 anni / lasciando tre figli

Iscrizione dipinta su una parete della tomba di Tarquinia, di cui alle iscrizione 887, 888.- SEMNI gentilizio femm. corrispondente a quello lat. *Semnius*.- LARISAL preferisco ricostruire così, anziché LARΘAL, per evitare il caso della identità di un marito per ben tre mogli (*TLE* 888, 889, Ta 1.166).

Iscrizione 403

(Ta 1.169 – 4:s; su sepolcro; CIE 5525 TLE 98)

RAMΘA MATULNEI SEX MARCES MATULN[AS] /

PUIAM AMCE ŚEΘRES CEISINIES CISUM TAMERU[NI] /

LAF[RE]NASC MATULNASC CLALUM CEUS CI CLENAR Ś[A] /

ANAVENCE LUPUM AVILS MAXS ŚEALXLSC EITVA PIA ME-(-)

Ramta Matulia figlia di Marco Matulio e fu moglie di Setre Caesinio

e tre anni istitutrice e di Lafrenio e di Matulio

e di ciascuno di questi tre figli allevò per sei (anni) e morta

in questi (in corso) sessanta cinque anni, di pia me(moria)

CLALUM sembra da dividere in CLAL-UM e corrispondere a CLEL «di questi-e» delle iscrizione 233, 570.- CEUS «di questi» (?), genitivo plur. di CA?- AVILS MAXS SEALXLS «di anni sessanta cinque».- EITVA «circa, quasi»; cfr. RIL / XXXVIII EITVA «di anni 38 circa» dell'iscrizione 170, 391.- PIA ME-(-) «di pia me(moria)»; se questa mia interpretazione è esatta, avrenno di fronte una frase rituale non etrusca, bensì latina (*DETR* 321).

Iscrizione 404
(Ta 1.170; CIE 5526; TETC, TLE 99)

LARΘ CEISINIS VELUS CLAN CIZI ZILAXNCE / MEΘLUM

NURΦZI CANΘCE CALUSIM LUPU / MEANI MUNICLEΘ

Lart Caesinio figlio di Uel per tre volte esercitò come pretore

/ per nove volte servì lo Stato come censore e morto per Calus

/ (è) in questo splendido monumento

Iscrizione dipinta su una parete di una tomba di Tarquinia, ora distrutta, probabilmente del IV sec. a. C.- Il gentilizio CEISINIS corrisponde a quello lat. *Caesinius*; la -S è quella dell'originario genitivo patronimico ormai fossilizzata (*TLE* 35).- CIZI «tre volte, per la terza volta» deriva da CI «tre».- ZILAXNCE «fu, è stato consigliere o pretore», preterito debole (*TLE* 91, 92, 133, 136, 173, 182).- MEΘLUM «stato, (con)federazione (etrusca)» (vedi *TLE* 131, nonché MEXLUM di *TLE* 233).- NURΦZI «nove volte, per la nona volta»; questo avverbio numerale e l'altro già visto CIZI sono caratterizzati dal suffisso iterativo -ZI.- CANΘCE probabilmente «servì come censore», preterito debole di un verbo che si connette a CAMΘI nome di una magistratura non ancora identificata con esattezza, probabilmente «censore» (*TLE* 145).- CALUSIM (CALUS-I-M) «e per Calus» (in dativo di interesse e con la copulativa enclitica) è il nome del dio del mondo sotterraneo e tenebroso dei morti (corrispondente al greco Ade), probabilmente da confrontare col lat. *calus «oscuro», donde *caligo,-inis* «fumo, vapore, nebbia, caligine, tenebra, offuscamento, vertigine», finora di etimologia incerta (*DELL*) e quindi di probabile origine etrusca (*TLE* 172, 173, 270, 642).- MEIANI (o MEANI?) forse è un aggettivo derivato da MEAN «Vittoria, Gloria».- MUNICLEΘ «in questo monumento, in questo sepolcro», è da distinguere in MUNI-CLE-Θ, in cui -CLEΘ è il locativo del pronome dimostrativo enclitico -CA.

Iscrizione 405

(Ta 1.171 – 2: su sepolcro; *TLE* 883)

C[UT]NAS LRIS VELΘURUS CLAN Θ[ANXVILC] MURINALS

SAVALΘAS AVIL LXX ....

Laris Cotinio figlio di Ueltur e di T[anaquile] Murinia

vivendo gli anni 70 ....

Iscrizione lunga 8 righe, di cui presento tradotta solamente la prima.

Iscrizione 406

(Ta 1.174; CIE 5487; TETC, TLE 118)

APRIES AR VΘ / TRUTNUΘ

Arunte Aprio (figlio) di Ueltur / interprete

Iscrizione scolpita su un cippo funerario rinvenuto a Tarquinia, del IV sec. a. C.- APRIES gentilizio masch. corrispondente a quello lat. *Aprius* (*RNG*); per la -S vedi *TLE* 35.- AR abbreviazione del prenome masch. ARNΘ.- VΘ abbreviazione del prenome masch. VELΘUR (qui ovviamente VELΘURUS, in genitivo).- TRUTNUΘ «interprete» dei segni celesti, dei sogni ecc.; probabilmente corrisponde al lat. *trutinator* «pesatore», «giudice, critico» (*TLE* 697). Questo appellativo latino fa capo a *trutina* «bilancia», il quale è derivato dal greco *trytánē* probabilmente attraverso l'etrusco (*DETR* 434).

Iscrizione 407

(Ta 1.182; CIE 5470; TETC, TLE 135)

CAMNAS LARΘ LARΘAL ŚATNALC CLAN AN ŚUΘI LAVTNI ZIVAS CERIXU

/ TEŚAMSA ŚUΘIΘ ATRŚRCE SCUNA CALTI ŚUΘITI MUNΘ ZIVAS MURŚL XX

Lart Camnio figlio di Lart e di Satenia; egli il sepolcro famigliare da vivo avendo ordinato che fosse

costruito e nel sepolcro (ci sono) i famigliari; da vivo concesse in questo sepolcro il corredo di 20 ossari

Iscrizione scolpita sul coperchio di un sarcofago della "Tomba Bruschi" di Tarquinia, del III sec. a. C.- CAMNAS gentilizio masch. corrispondente a quello lat. *Camnius*; la –S è quella dell'originario genitivo patronimico ormai fossilizzata (*TLE* 35).- LAVTNI «al/per la famiglia» (in dativo) (*TLE* 393, 450).- ZIVAS «vivente, vivendo, da vivo», cioè "ancora in vita" (*TLE* 195), gerundio pres., da confrontare con col greco *zoós* «vivo, vivente»; cfr. pure SVALAS della *TLE* 171.- CERIXU «curato, costruito» participio passivo; vedi CERIXUNCE della *TLE* 51.- TEŚAMSA «avendo comandato od ordinato» (in gerundio passato), il cui significato si evince anche dai lemmi TESINΘ E TEZAN delle *TLE* 227, 571, 621.- Per SUΘIΘ, SUΘITI «nel sepolcro» vedi *TLE* 91.- ATRŚRCE (ATRŚR-CE) «e (nel sepolcro) dei familiari», genitivo plur. di ATRS «casa, famiglia, parentado» (*TLE* 293, 301, 303, 318, 904, 908, 909).- Leggo SCUNA invece di SCUNA «cedette, concesse, assegnò» in pretetito debole.- CALTI SUΘITI «in questo sepolcro»; vedi CLΘ SUΘIΘ della *TLE* 91 e CALΘ MUTNAIΘI della 97.- MUNΘ è la base del lat. *mundus* «corredo, strumentario, acconciatura, ornamento, ordine cosmico, universo, mondo», già indiziato come di origine etrusca (*DELL*).- MURŚL genitivo di MURŚ «ossario, urna cineraria, sarcofago» (*TLE* 420); per la "declinazione di gruppo" non ha la desinenza del plur. perché questa è implicita nel numerale seguente.

Iscrizione 408

(Ta 1.183; CIE 5471; TETC, TLE 136)

LARΘ ARNΘAL PLECUS CLAN RAMΘASC APATRUAL ESLZ

/ ZILAXNΘAS AVILS ΘUNEM MUVALXLS LUPU

Lart figlio di Arunte Plecone e di Ramta Aptronia,

per la seconda volta essendo pretore, morto a quarantanove anni

Iscrizione scolpita su un sarcofago rinvenuto a Tarquinia, del III sec. a. C.- Il gentilizio APATRU è da confrontare con quello lat. *Aptronius* (*RNG*) e forse anche con *abpatruus* «fratello del trisavolo» oppure *adpatruus* «zio di quarto grado» (*DICLE*). APATRUAL «di Aptronia», mentre in *TLE* 138 APATRUIS «di Aptronio».- ESLZ «due volte, per la seconda volta» avverbio numerale da riportare ad ESAL «due» (*TLE* 324); è caratterizzato dal suffisso iterativo -Z(I) (*TLE* 99).- Per ZILAXNΘAS «essendo consigliere» (gerundio pres.) vedi *TLE* 91, 92.- ΘUNEM deriva da ΘU(N) «uno»; è da distinguere in ΘUN-EM e letteralmente significa «uno da»; cfr. *TLE* 166, 891.- MUVALXLS quasi certamente = «cinquanta» (in genitivo di età) (*TLE* 138, 142).

Iscrizione 409

(Ta 1.184; CIE 5472; TETC, TLE 137)

[--- L]ARISAL CRESPE ΘANXVILUS PUMPNAL CLAN ZILAΘ RASNAS

MARUNUX / [CEPE]N ZILC ΘUFI TENΘAS MARUNUX PAXANATI RIL LXIII

[---] figlio di Laris Crispo (e) di Tanaquile Pomponia, pretore

della (Federazione) Etrusca sacerdote maronico consigliere

una volta essendo maronico nella festa di Bacco, di anni 63

Iscrizione scolpita su un sarcofago rinvenuto a Tarquinia, del III sec. a. C.- All'inizio è caduto il prenome.- ZILAΘ «consigliere». Dopo ZILAΘ non è necessario integrare col vocabolo MEΘLUM o MEXLUM «stato o (con)federazione» (*TLE* 87, 99, 233), ma è sufficente sottintenderlo (*TLE* 632).- RASNAS è un aggettivo sostantivato in genitivo, probabilmente da riportare al nome *Rhasénna*, con cui, secondo Dionisio di Alicarnasso (I 30, 3), gli Etruschi chiamavano se stessi (*TLE* 233); per la traduzione faccio riferimento al gentilizio lat. *Rasennius*. Corrisponde a RASNEAS della *TLE* 233.- MARUNUX «(ufficio) maronico», aggettivo, anche sostantivato, variante di MARUNUXVA, derivato da MARU «marone» (*TLE* 134).- MARUNUX [CEPE]N la ricostruzione è stata fatta in base a *TLE* 133, 165, 894.- ZILC «consigliere, pretore» (già visto in *TLE* 91) da connettere con ZILAC- di *TLE* 874 e quindi con ZILAΘ (*TLE* 92, 894).- ΘUFI siccome sembra potersi riportare a ΘU «uno», è probabile che signifchi «una (sola) volta».- Per TENΘAS «esercitando, essendo» (gerundio pres.) vedi *TLE* 126.- PAXANATI (PAXANA-TI) «nella festa di Bacco, nel baccanale»; vedi PAXANA(-C) di *TLE* 131.

Iscrizione 410
(Ta 1.185; CIE 5473; TETC, TLE 138)

RAMΘA APATRUI LARΘAL SEX LARΘIALC ALEΘNAL CAMNAS

/ ARNΘAL LARΘALIŚLA PUIA APATRUIS PEPNESC \ HUZCNESC

VELZNALS[C ATI N]ACNA PURES NESIΘVAS/ AVILS CIS MUVALXLS

Ramta Aptronia figlia di Lart e di Lartia Aletina, moglie di Arunte Camnio quello (figlio) di Lart

nonna di Aptronio e di Bebenio \e di Hoscinio e di Uolsinia, morendo in purezza a cinquantatre anni

Due iscrizioni scolpite su un sarcofago femminile rinvenuto a Tarquinia, del III sec. a. C.; più esattam. la prima iscrizione è scolpita sul coperchio.- Il gentilizio femm. in genitivo ALEΘNAL corrisponde a quello lat. *Alethinus* (*CIL* VI 7947), che deriva dal greco *alethinós* «veritiero, sincero, schietto».- CAMNAS qui la -S è la vera desinenza del genitivo, diversamente da quanto avviene in *TLE* 135.- LARΘALIŚLA letteralmente «di quello di Lart», patronimico pronominale formato sul prenome masch. LARΘ (in genitivo) (*TLE* 103).- APATRUIS «di Aptronio», mentre APATRUAL «di Aptronia» (*TLE* 136).- Per la corrispondenza del gentilizio masch. PEPNE con quello lat. *Bebenius* vedi *LEN* 132.- VELZNALS[-C «(e) di Uolsinia» con genitivo rideterminato. Per ATI NACNA vedi *TLE* 95.- PURE(-S) forse «puramente, onestamente», da confrontare col lat. *purus* «puro, chiaro, sereno» (per me di origine incerta).- NESIΘVAS probabilmente «morendo» (gerundio pres.), da connettere con NEŚ «morto, defunto-a, il/la fu».- CIS «di tre», in genitivo (*TLE* 93).

Iscrizione 411

(Ta 1.186; CIE 5474; TETC, TLE 139)

PUMPUI LARΘI PUIA LARΘAL CLEVSI/NAS AVLEŚLA

SEX SENTINAL ΘANX/VILUS

Lartia Pomponia moglie di Lart Chiusi/nio

quello (figlio) di Aulo, figlia di Tanaquile Sentinia

Iscrizione scolpita su un sarcofago rinvenuto nella tomba della *familia Alsina* di Tarquinia, del IV sec. a. C. Vedi *TLE* 141, 142, 143.- Per il gentilizio PUMPU vedi *TLE* 101.- Il gentilizio masch. CLEVSINAS corrisponde a quello lat. *Clusinius*, il quale in origine era un *cognomen* col significato di «Chiusino», cioè "nativo di Chiusi" (*Clusium*).- AVLEŚLA letteralmente «di quello di Aulo», patronimico pronominale in genitivo.- Il gentilizio femm. SENTIN(-AL) (in genitivo) corrisponde a quello lat. *Sentinius* e inoltre all'appellativo *sentina* «sentina, stiva della nave», «cloaca, acqua sporca», finora privo di etimologia e quindi di probabile origine etrusca (*LELN* 232; *DICLE*).- Il gentilizio del padre si evince da quello della defunta: PUMPU.

Iscrizione 412

(Ta 1.188; 5476; TLE 140)

ULZNEI RAMΘA ARΘÁL AL[E]TNAL [ΘA]NAS \
SEΘREŚ A[LŚI]NA LARΘIALIŚLA [PUIA] SAS

Ramta Ulsonia (figlia) di Arunte (e) di Tana Aletia \ [moglie]
per sei (anni) di Setre Alsinio, quello (figlio) di Lartia

Due iscrizioni di cui la seconda dipinta su un sarcofago rinvenuto a Tarquinia, la prima nel suo coperchio, del III sec. a. C.- ULZNEI gentilizio femm. corrispondente a quelli lat. *Ulsius, Ulsonius* (*RNG*).- A[LŚI]NA in virtù della "declinazione di gruppo" non è necessario affiggere la desinenza del genitivo.

Iscrizione 413

(Ta 1.191; CIE 5479; TETC, TLE 141)

VELΘUR LARΘAL CLAN / PUMPUAL CLAN LARΘIAL

/ AVILS CEALXLS LUPU

Ueltur figlio di Lart / figlio di Lartia Pomponia

/ morto a trenta anni

Iscrizione scolpita su un sarcofago rinvenuto nella tomba della *familia Alsinia* di Tarquinia, del IV sec. a. C. Vedi *TLE* 139, 140, 142, 143.- Per la differenza fra LARΘAL genitivo del prenome masch. LARQ e LARQIAL genitivo del prenome femm. LARΘI(A) vedi *TLE* 138.- CEALXL(-S) «trenta» (in genitivo di età), da riportare a CI «tre»; vedi *TLE* 144.

Iscrizione 414

(Ta 1.192 – 4:s; su sarcofago; CIE 5480; TETC, TLE 142)

LARΘ AVLES CLAN / AVILS HUΘS / MUVALXLS LUPU

Lart figlio di Aulo / morto a cinquantaquattro anni

Iscrizione scolpita sul coperchio di un sarcofago rinvenuto nella tomba della *familia Alsinia* di Tarquinia, del IV sec. a. C. Vedi *TLE* 139, 140, 141, 143.- HUΘS «di quattro», genitivo del numerale HUΘ, HUT «quattro».- Per MUVALXLS «di cinquanta» (in genitivo) vedi *TLE* 136.

Iscrizione 415

(Ta 1.193- rec; CIE 5481; TETC, TLE 143)

LARΘ LARΘIAL AVILS HUΘS LU[P]U

Lart (figlio) di Lart morto a quattro anni

Iscrizione dipinta sul coperchio di un sarcofago di epoca recente, rinvenuto nella tomba della *familia Alsina* di Tarquinia, del IV sec. a. C. Vedi *TLE* 139, 140, 141, 142.- Per LARΘIAL vedi *TLE* 138. Per HUΘS vedi *TLE* 142.- AVILS HUΘS «di/ad anni quattro», in genitivo di età.

Iscrizione 416
(Ta 1.194; CIE 5482)

ALŚINAS MA SVALCE AVIL LXVI

Ma(rco) Alsinio visse anni 66

Iscrizione su sarcofago di marmo rinvenuto a Tarquinia, del IV/III sec. a. C.- ALŚINAS gentilizio masch. (in genitivo patronimico fossilizzato), che corrisponde a quello lat. *Alsinius* (*RNG*), in origine probabilmente *cognomen* = «nativo di *Alsium*» (Palo Laziale).- MA qui probabilmente è l'abbreviazione del prenome MARCE (*DETR* 373).

Iscrizione 417

(Ta 1.196, TETC, TLE 732)

A [C]URUNAS VELΘURUS / ΘANX[VILU]S PETRNIALC SPURAL MARV / AS

A(ulo) Corona (figlio) di Ueltur e di Tanaquile Petronia essendo marone della città

Iscrizione scolpita su un sarcofago rinvenuto nell'Etruria meridionale del III sec. a. C.- CURUNAS gentilizio masch. corrispondente a quello lat. *Corona*, nonché all'appellativo *corona* «corona, cerchio, anello» (*LELN* 106; *DICLE*); la -S è quella dell'originario genitivo patronimico ormai foilizzata (*TLE* 35).- Per SPURAL «della città» (*TLE* 487, 677, 689, 694).- MARVAS (Ta 1.196) «essendo marone»; oppure MARV AS ? in questo caso interpreterei, sia pure con dubbi, AS «che è, essendo», participio pres. del verbo copulativo. Vedi MARU (*TLE* 134).

Iscrizione 418

(Ta 1.197; CIE 5378; TETC, TLE 130)

RAVNΘUS FELCIAL FELCES ARNΘAL LARΘIAL VIPENAL

/ ŚEΘRES CUΘNAS PUIA

(è) di Ramtina Felicia (figlia) di Arunte Felicio (e) di Lartia Uibennia

/ *moglie di Setre Cotinio*

Iscrizione scolpita su un sarcofago di Tarquinia, rinvenuto nella "Tomba del Cardinale", del IV/III sec. a.C. (*CIE 5430*). Vedi iscrizione 103.- RAVNΘU(-S), che ricorre anche nelle varianti RAVNTU, RAVUNΘU, RAVUNTU, RANΘU, RAUNΘU, è il diminutivo del prenome femm. RAMΘA.- FELCE(-S) gentilizio che probabilmente corrisponde a quello lat. *Felicius* e inoltre all'aggettivo lat. *felix,-icis* «fertile, ferace, felice» (praticamente privo di etimologia e dunque di probabile origine etrusca; *DICLE*).- Per LARΘIAL «di Lartia» vedi iscrizione *TLE* 138.- ŚEΘRE(-S) prenome masch.- Per il gentilizio CUΘNA(-S) vedi la variante CUTNAS dell'iscrizione *TLE* 125.

Iscrizione 419

(Ta 1.199; CIE 5543; TETC, TLE 113)

MA MI MARXARS SENTIES XESTES

io sono (il cippo) del mercante Sentio Cestio

Iscrizione scolpita su un cippo funerario di tufo rinvenuto a Tarquinia, del VI/V sec. a. C.- Per MA «(io) sono» vedi iscrizione *TLE* 112.- MARXARS finora era stato intravisto soltanto che è un appellativo; io lo connetto col lat. *mercator,-oris*, con lo scambio delle vocali A/E abbastanza frequente nell'etrusco (*DICLE* 13).- SENTIES gentilizio masch. (in genitivo), da confrontare con quello lat. *Sentius* e forse con l'appellativo *sentis* «pruno, spino, rovo», finora privo di etimologia (*DELL*), indiziato come di matrice etrusca in virtù di un passo di Macrobio, *Sat.* III, 20, 3 (*DICLE* 157).- XESTES è un secondo gentilizio in genitivo.

Iscrizione 420

(Ta 1.200 - rec; CIE 5544; TLE 116)

ECLΘI ŚU[ΘI] / LARΘ ZALΘU / AVILS HUΘ

in questo sepolcro (c'è) Lart Salto / di anni quattro

Iscrizione su una lapide rinvenuta a Tarquinia, di epoca recente.- ECLΘI «in questo-a», locativo del pronome ECA (*TLE* 276).- In virtù della "declinazione di gruppo" non è necessario ricostruire ŚU[ΘIΘ]e HUΘ[S]. ZALΘU forse uguale al *cognomen* lat. *Saltus* (*RNG*).

Iscrizione 421

(Ta 1.205; CIE 5554; TETC, TLE 124)

LARΘ VELXAS ΘUI CESU

Lart Uulca (è) qui deposto

Iscrizione scolpita o dipinta forse su un sarcofago rinvenuto a Tarquinia, del IV/III sec. a. C.- Per il gentilizio masch. VELXAS vedi *TLE* 91.

Iscrizione 422

(Ta 1.213; CIE 5566; TLE 146)

S[PURINAS] ARNΘ VELUS CLAN / [CUCL]NAL ΘANXVILUS

MA[RUNUX Z]ILAΘ LUPUCE SURNU[S -5/-]

Arunte Spurin(n)a figlio di Uel (e) di Tanaquile Cuculnia

pretore maronico, morì serenamente [-----]

Iscrizione dipinta su un sarcofago rinvenuto a Tarquinia, di epoca recente.- S(...) è la iniziale del gentilizio scomparso.- MARUNUX ZILAΘ «consigliere maronico».- LUPUCE «morì, è morto-a», preterito debole.- ŚURNU potrebbe essere la base del tosc. *sornione* (privo finora di etimologia) e forse omoradicale del lat. *serenus* (indeur.).- Nella iscrizione dopo questo vocabolo sarà caduta la indicazione degli anni del defunto.

Iscrizione 423

(Ta 1.214 – rec; su sarcofago)

TREPI ΘANXVIL VIPENAS ARNΘAL ARNΘIALIŚLA PUIA

Tanaquile Trebia moglie di Arunte Vibennio quello (figlio) di Arunte

ARNΘIALIŚLA letteralmente «di quello di Arunte».

Iscrizione 424
(Ta 1.232 - rec; CIE 5583; TETC, TLE 121)

ANI ŚEΘRA / L SEC RIL VIII

Setra Annia / figlia di L(art) di anni 8

Iscrizione scolpita su un cippo funerario rinvenuto a Tarquinia di epoca recente.- Il gentilizio femm. ANI, da confrontare con quello lat. *Annius* (*TLE* 117), è documentato anche come ANNI (*ThLE* I 61, 379).- L può essere anche l'abbreviazione di LARIS (qui in genitivo).- SEC «figlia».- RIL, invariabile, si può intendere come = lat. *natus-a* oppure = lat. *aetatis*.

Iscrizione 425

(Ta 1.252 – rec; su sarcofago)

RAMΘA ΦURSEΘNEI ARNΘAL SEX ΘANXVILUS
SEITIΘIAL AVILS XXXII

Ramta Porsennia figlia di Arunte (e) di Tanaquile Setidia di anni 32

ΦURSEΘNEI «Porsennia», gentilizio femm., da confrontare con quelli lat. *Porsenna, Porsennius* (*RNG*).

Iscrizione 426

(Ta 2.5; CIE 10001*; TETC, TLE 154)

MI LARΘAS ARSINAIA

io (sono) per Lartia Arsinia

Iscrizione graffita su un *askos* corinzio a forma di fallo, di epoca arcaica, rinvenuto a Tarquinia, del VI sec. a. C.- ARSINAIA gentilizio femm. corrispondente a quello lat. *Arsinius* (*RNG*); è privo della desinenza del genitivo per la "declinazione di gruppo".

Iscrizione 427

(Ta 3.1 – 7:i; su vaso)

MI VELELΘUS KACRIQU NUMESIESI PUTES KRAITILES ΘIS PUTES

io (sono il) vaso di Veletio regalato a Numesio

vaso (opera) di questo Cratilio (?)

Probabilmente è la più antica iscriz. etrusca che si conosca.- KRAITILES ΘIS «di questo Cratilio» (quello che scrive) (?).

Iscrizione 428
(Ta 3.2; CIE 10021; TETC, TLE 156)

ITUN TURUCE VENEL ATELINAS TINAS CLINIIARAS

questo ha donato Uenel Atellio ai figli di Tinia

Iscrizione graffita sotto il piede di una *kylix* attica a figure rosse firmata da Oltos ed Euxitheos, del VI sec. a. C., rinvenuta a Tarquinia.- ITUN accusativo del dimostrativo ITA «questo-a» (*TLE* 50).- TURUCE «donò, ha donato» è variante di TURICE di *TLE* 42.- VENEL è un prenome masch. arcaico.- ATELINAS gentilizio da confrontare con quello lat. *Atellius*; probabilmente in origine era un *cognomen* che significava «nativo di Atella», città della Campania (per la -S vedi *TLE* 35).- TINA o TINIA è il dio etrusco corrispondente al lat. *Iupiter* e al greco *Zéus*.- CLINIIARAS plur. di CLAN, CLEN «figlio», in genitivo di dedicazione; i «Figli di Tina» erano i Dioscuri, cioè Castore e Polluce (etr. CASTUR, PULTUCE; cfr. *TLE* 208, 719). La locuzione etrusca è un calco del greco *Dióskourhoi* = «Figli di Zeus».

Iscrizione 429

(Ta 3.4 – 4: su vaso; CIE 10337*)

TURNS TURCE RAMTA VENAT{R}ES

a Turan ha donato Ramta (figlia o moglie) di Venate

TURNS (TURN-S) «di/a Turan o Venere», in genitivo, anche di donazione o dedicazione.

Iscrizione 430

(Ta 3.5 – 3/2: su gamba di terracotta; TETC, TLE 898)

ALCE VEL TIPLES

(l') ha data Uel Tifilio

ALCE (anche AS 1.9; OI 3.1) significato quasi certo «diede, donò; ha dato, donato» (in preterito debole) variante dell'arcaico ALICE.

Iscrizione 431

(Ta 3.6; CIE 10007*; TETC, TLE 149)

CN TURCE MURILA HERCNAS / ΘUFLΘAS CVER

questo ha donato Murilla (serva) di Hercenna / ex voto a Tufulta

Iscrizione incisa su un'asta frammentaria di bronzo rinvenuta a Tarquinia, del III/II sec. a. C.- CN «questo/quello-a», accusativo del pronome CA.- TURCE «donò, ha donato», preterito debole variante più recente di TURICE di TLE 42.- MURILA sembra corrispondere al *cognomen* lat. *Murilla* (*RNG*) (= «topolina»).- ΘUFLΘAS dio infernale in genitivo di dedicazione (*TLE* 558, 740); ricorre anche con le varianti ΘUPLΘA, ΘUFULΘA, TUPLTIA[L], TUXULXA (*TLE* 435, 447, 652, 654, 719) (corrige *DETR*). Propriamente è in genitivo di dedicazione.- CVER «dono, regalo, offerta votiva, ex voto»; variante CVERA in *TLE* 558 e 900.

Iscrizione 432
(Ta 3.9- rec; CIE 2403; TETC, TLE 559)

ECN TURCE LARΘI / LEΘANEI ALPNU / SELVANSL / CANZATE

Questo ha dato Lartia Litania come piccolo dono a Silvano Protettore

Iscrizione incisa su una statuina bronzea di uomo, di epoca recente e di rinvenimento incerto.- ECN accusativo del pronome ECA «questo-a».- TURCE «donò, ha donato» (preterito debole), variante di TURICE.- La corrispondenza del gentilizio femm. LEΘANEI a quello lat. *Litanius* è solo probabile; forse dal greco *litaneía* «preghiera, supplica».- ALPNU probabilmente diminutivo di ALPAN «dono» (*TLE* 14).- SELVANSL «di/a Silvano», in genitivo di dedicazione (*TLE* 504, 719).- CANZATE significato probabile «scansatore, deviatore, protettore», da confrontare col lat. *campsare* «deviare» [da cui l'ital. *(s)cansare*]; è privo di desinenza per la "declinazione di gruppo".

Iscrizione 433
(Ta 5.1; CIE 5327; TETC, TLE 78)

ARAΘ SPURIANA Ś[UΘ]I{L} HECECE FARICEKA

Arunte Spuriano fece il sepolcro e (lo) arredò

Iscrizione dipinta su una parete della "Tomba dei Tori" di Tarquinia, del VI sec. a. C.- SPURIANA gentilizio masch. corrispondente al *cognomen* lat. *Spurianus*.- Ś[UΘ]I{L} si tratta di una ricostruzione verosimile.- HECECE «fece, ha fatto» è un preterito debole (iscrizione *TLE* 566).- FARICEKA (FARICE-KA) probabilmente «arredò, ha arredato», da confrontare col lat. *farcire* «farcire, ficcare, guarnire, accrescere», che essendo privo di etimologia certa (*DELL*, *DELI*), può derivare proprio dall'etrusco; vedi FARCE dell'iscrizione *TLE* 329. -KA è una variante della congiunzione enclitica -K, -C; vedi TAMERESCA di *TLE* 874.

Iscrizione 434

(Ta 5.2; CIE 5357; TETC, TLE 84)

LARΘIALE HULXNIESI MARCESIC CALIAΘESI

MUNSL/E NACNVAIASI ΘAMCE LEI

*sotto (i pretori) Lart Fulginio e Marco *Caliatio*

l'avello per gli antenati ha disposto Leio

Iscrizione mutila dipinta su una parete della "Tomba dell'Orco" di Tarquinia, del IV/III sec. a. C.- LARΘIALE HULXNIESI MARCESIC CALIAΘESI sono tutti antroponimi in dativo temporale e costituiscono una formula che corrisponde a quella latina in ablativo assoluto, ad es., *Lucio Pisone Aulo Gabinio consulibus* «essendo pretori ecc.» (*TLE* 91). È da notare la diversità dell'allomorfo del primo antroponimo rispetto a quello degli altri tre.- MARCESIC presenta la copulativa enclitica -C, che corrisponde a quella lat. *-que*.- CALIAΘE probabilmente in origine era un *cognomen* che significava «nativo di *Cales*», due città, una nell'Umbria e l'altra nella Campania.- MUNSLE «avello, piccola tomba», diminutivo di MUNI; vedi MUNISULE(-Θ) delle iscrizione *TLE* 172, 173 e MUNICLEΘ della *TLE* 99.- NACNVAIASI (NACN-VA-IASI) «per i grandi, per gli antenati» è un dativo plur. dell'aggettivo sostantivato NACNA «grande», il quale corrisponde a quello lat. *magnus* (*TLE* 95) (*DETR*).- ΘAMCE, che nella iscrizione *TLE* 875 compare come ΘAMUCE, è un preterito debole che probabilmente significa «dispose, ha disposto».- LEI «Leio» gentilizio che corrisponde a quello lat. *Leius* (*RNG*); sembra il nome di colui che ha disposto la costruzione della tomba.

Iscrizione 435
(Ta 5.3 – 4:3; TLE 85)

[A SPUR]INAS SACNI ΘUI CESEΘCE

[Aulo Spur]ina consacrato qui ha trovato pace

Iscrizione destrorsa dipinta su una parete della "Tomba dell'Orco" di Tarquinia, del IV/III sec. a. C.- SPURINA gentilizio masch. conosciuto anche in latino (*RNG*).- SACNI «consacrato».- ΘUI «qui, qua», da confrontare col greco *tyí* «qua, qui» (*DETR* 218).- CESEΘCE «riposò, ha riposato, trovato pace», preterito debole; questo significato si desume da quello di CESU «deposto» (*DETR*).

Iscrizione 436

(Ta 5.5; CIE 5388; TETC, TLE 91)

ZILCI VELS HUL/XNIESI LARΘ VEL/XAS VEL[ΘUR]US APRΘN[AL]/C CL[A]N SACNIŚA ΘUI / [CL]Θ ŚUΘIΘ ACAZR

sotto la pretura di Uel Fulginio, Lart Uulca figlio di Ueltur e di Aburtennia

avendo consacrato qui in questa tomba gli oggetti (funerari)

Iscrizione dipinta su una parete della "Tomba degli Scudi" di Tarquinia entro un dittico tenuto aperto da un giovane demone, del IV/III sec. a. C. L'iscrizione fissa la data e l'autore della consacrazione del sepolcro, probabilmente appena finito di costruire (*TLE* 159, 303).- Alcune integrazioni di questa iscrizione sono state effettuate in base alla *TLE* 90.- ZILCI «consigliere, pretore» (in dativo temporale). Però è un fatto che la corrispondente magistratura etrusca resta ancora tutta da chiarire (*TLE* 92, 677, 689).- ZILCI VELUSI HULXNIESI è tutta una frase in dativo temporale corrispondente a quella vista in *TLE* 84.- Il gentilizio VELXAS corrisponde a quello lat. *Vulca* o *Volca* ed è omoradicale del nome della città di *Vulci* o *Volci*; per la -S dell'originario genitivo patronimico ormai fossilizzata cfr. *TLE* 35.- CLAN = «figlio».- SACNIŚA «avendo consacrato», gerundio passato (*TLE* 159, 303).- ΘUI «qui, qua».- In base all'iscrizione 159 ricostruisco [CL]Θ anziché *[ECL]Θ.- CLΘ ŚUΘIΘ «in questa tomba»; si noti la desinenza -Θ(I) del locativo (*TLE* 93, 125); cfr. CLΘI

MUTNAIΘI e CALTI SUΘITI delle *TLE* 93 e 135 e CLT della 683).- ACAZR (ACAZ-R) probabilmente «cose fatte, manufatti, costruzioni» (al plur.) ed è omoradicale di forme verbali che hanno la radice *AC- «fare, operare», da confrontare con quella del lat. *agere* (cfr. ACASCE «fece, ha fatto», ACIL «opera» iscrizione *TLE* 196).

Iscrizione 437

(Ta 5.7 – rec; su sepolcro; CIE 5533; TLE 109)

EΘ HANU [L]AVTN AUŚ[---]RV[---] / NA

questa cappella la famiglia (-----)

HANU «tempio, tempietto, cappella», variante grafica di FANU, ΦANU, da confrontare coi lat. *fanum*, *fanulum*, *hanulum* «tempio, tempietto».

Iscrizione 438

(Ta 6.1; CIE 10017; TETC, TLE 155)

AXAPRI RUTILE HIPUCRATES

per amore Rutilo ad Ippocrate

Iscrizione graffita su un vaso rinvenuto a Tarquinia, del VII sec. a.C.- AXAPRI dal contesto di questa iscrizione e dell'altra *TLE* 49 è probabile che significhi «per amore» (propriamente AXAP-RI «da amare», in gerundivo), da confrontare col greco *agapãn* «amare» (di origine incerta) (per la corrispondenza X/G vedi *DICLE* 13, 3).- RUTILE nome individuale, che corrisponde al *cognomen* lat. *Rutilus*.- HIPUCRATES altro nome individuale, che deriva dal greco *Hippokrátes*.

Iscrizione 439

(Ta 7.4, 11 – 6:s; su sepolcro; TETC, TLE 80)

ΦERSU

attore

Iscrizione dipinta accanto alle figure di uomini mascherati su una parete della "Tomba degli Auguri" di Tarquinia, della prima metà del VI sec. a. C.- Il significato di questo vocabolo è chiarito da quelli del lat. *persona* «maschera, attore, personaggio» che ne è derivato. Per spiegare esattamnte l'esito fonetico del vocabolo lat. si deve supporre che quello etrusco venisse pronunziato con la vocale -U nasalizzata (*LLE* 144).

Iscrizione 440

Ta 7.7, 8 – 6:s; su sepolcro; TETC, TLE 81)

TEVARAΘ

arbitro

Iscrizione dipinta accanto alle figure di due uomini che osservano la lotta fra due atleti, su una parete della "Tomba degli Auguri" di Tarquinia, della prima metà del VI sec. a. C.- TEVARAΘ «arbitro, giudice»; il suffisso -Θ - da non confondere con quello del locativo - lascia intendere che si tratta di un *nomen agentis*. Vedi [T]EURAT, TEVR, TEURS (*DETR*).

Iscrizione 441

(Ta 7.9, 10 – 6:s ; su sepolcro; TETC, TLE 82, 83)

APAS TANASAR / TANASAR

officianti di babbo / officianti

Iscrizioni dipinte accanto alle figure di due uomini piangenti ai lati della porta della parete di fondo nella "Tomba degli Auguri" di Tarquinia, della prima metà del VI sec. a. C.- Anche qui APA è stato usato in tono affettivo dai figli del defunto; (*TLE* 67, 68).- L'equazione TANASAR = lat. *histr(i)ones* è assicurata dalla iscrizione bilingue *TLE* 541; -R è la desinenza del plur. Gli *histriones* venivano assoldati sia per compiangere il morto, sia per dar luogo a mimi funerari.

Iscrizione 442

(Ta 7.13; CIE 5336; TLE 79)

CIVES ANA MATVES ICA LESECE :

EPRASE CLESVAS FESΘIXVAXA

(tomba) del cittadino An(n)io Matone; costui scelse :

-?- -?- e le festività

Iscrizione sulla parete di una tomba di Tarquinia, della fine del VI sec. a. C. Il testo è indiviso e di lettura controversa (*ThLE²* 550).- CIVES forse «del cittadino» (in genitivo), da confrontare col lat. *civis* (*DETR*).- ANA sembra il gentilizio corrispondente a quello lat. *An(n)ius*.- MATVES (in genitivo) sembra il *cognomen* corrispondente a quello lat. *Mato,-onis* (*RNG*).- ICA (Ta 7.13) «questo, costui», pronome dimostrativo da confrontare col lat. *hic* (indeur.) (*DETR*).- LESECE probabilmente «scelse, ha scelto», preterito debole. Vedi LEŚE (*Pulenas* 9).- EPRASE CLESVAS vocaboli di significato ignoto.-FESΘIXVAXA (FESΘI-XVA-XA) forse «e le festività» (plur.), da confrontare col lat. *festus* (di origine incerta; *DELL, DELI, DETR*).

Iscrizione 443

(Ta 7.59; CIE 5360; TLE 87)

[L SP]URINAS AN ZILAΘ AMCE MEXL RASNAL

/[-12/14-]Ś PURΘ ZIIACE UCNTM HEC[E]CE

(L. Sp)urina, egli fu pretore della Federazione Etrusca

(....) in onestà visse e fece la fine (?)

Iscrizione dipinta sulla parete di un sepolcro di Tarquinia, del IV/III sec. a. C.- AN «egli, ella».- ZILAΘ «pretore, consigliere» (*DETR* 180).- AMCE «fu, è stato».- MEXL abbreviazione di MEXLUM «lega, federazione, confederazione, comunità, stato», variante di MEΘLUM (la distinzione MEXL-UM dei *TLE Indice* e *ThLE* è errata; *TETC* 233).- Per RASNA (*Liber* XI 33) «Rasennio, Etrusco» vedi *TLE* 137, 233, 632.- PURΘ (PUR-Θ) probabilmente «in purezza, in onestà», in locativo figurato.- ZIIACE «visse, è vissuto».- UCNTM (UCN-T-M) forse «(e la) fine» (?), col pronome dimostrativo e con la congiunzione enclitici.- Ricostruisco HEC[E]CE in base a HECECE dell'iscrizione *TLE* 78, anch'essa rinvenuta a Tarquinia.

Iscrizione 444
(Ta 7.60; CIE 5360; TLE 87)

[R]AVNΘU / [Θ]EFRINAI / [AT]I NACNUVA

Ramtina Tiberinia bisnonna

Iscrizione dipinta sulla parete di un sepolcro di Tarquinia, del IV/III sec. a. C.- RAVNΘU è il diminutivo del prenome femm. RAMΘA.- ΘEFRINAI gentilizio femm. che corrisponde a quello lat. *Tiberin(i)us* (*RNG*).- Se ATI NACNA significa sicuramente «nonna», [AT]I NACNUVA probabilmente significa «bisnonna».

Iscrizione 445
(Ta 7.67; CIE 5368; TETC, TLE 88)

HINΘIAL / TERIASALS

ombra / di Tiresia

Iscrizione dipinta accanto alla figura di Tiresia, su una parete della "Tomba dell'Orco" di Tarquinia, del IV/III sec. a. C.; è da confrontare con le iscrizione *TLE* 295, 330, 335.- È la rappresentazione dell'Oltretomba greco, con Agamennone e Tiresia, mitico indovino tebano, cieco e così saggio che anche la sua "ombra" conservava l'intelligenza. Questa particolarità del mito greco probabilmente è implicita nella locuzione HINΘIAL TERIASALS «ombra di Tiresia»; ciò che non avviene per Agamennone, il quale è chiamato semplicemente AXMEMRUN (*CIE* 5369).- HINΘIAL (anche Vc 7.15) «ombra (di Tiresia, Patroclo)», in nominativo. Cfr. TRUIALS, HIULS, ΘEVRUMINES di *TLE* 296, 330, 333, 335, 691, 755, 797, 885.- TERIASALS è un "genitivo rideterminato" (*LEGL* 77).

Iscrizione 446
(Ta 7.71; CIE 5373; TETC, TLE 89)

TUPI SISPEŚ

sasso di Sisifo

Iscrizione dipinta accanto alla figura di Sisifo, su una parete della "Tomba dell'Orco" di Tarquinia, del VI sec. a. C.- È un riferimento al noto tormento dell'imbroglione Sisifo, costretto a spingere su un'erta un grande masso, che però, arrivato sulla cima, rotolava di nuovo giù.- TUPI appellativo che probabilmente corrisponde al lat. *tufus, tophus, tofus* «tufo, pietra porosa», finora di origine ignota, ma che è stato già connesso col lemma etrusco *(StEtr,* 6, 1932, 261 segg.; *AEI).*

Iscrizione 447

(Ta 7.78 – 3/2: su sepolcro; StEtr 30, 290, 10*)

XARUN LUFE

Caronte infernale (?)

Iscrizione dipinta nella parete di un sepolcro di Tarquinia, del III/II sec. a. C., che presenta l'immagine di quattro Caronti. La lettura però è molto incerta; manca nei *TLE* e *ThLE²*.- XARUN «Caronte», dal greco *Cháron*, in nominativo (*DETR*).- LUFE significato compatibile «mortuario», «infernale», da connettere con LUPU «morto-a» (*DETR*).

Iscrizione 448

(Ta 7.80 – 3/2: su sepolcro; StEtr 30, 291, 12*; TLE 884)

XARUN / XUNXU/LIS

Caronte color della porpora (?)

Iscrizione dipinta nella parete di un sepolcro di Tarquinia, del III/II sec. a. C., che presenta l'immagine di quattro Caronti.- XUNXULIS o XUNXULES significato probabile «del color della porpora» (in genitivo), da confrontare col greco *konchýlē* «conchiglia della porpora». E in questo modo effettivamente Caronte è rappresentato nelle tombe etrusche.

Iscrizione 449

(Ta 7.81; TETC, TLE 885)

XARU/N HU/ΘS

Caronte di quattro

Iscrizione dipinta nella parete di un sepolcro di Tarquinia, del III/II sec. a. C., che presenta l'immagine di *quattro* Caronti.- HUΘS «di quattro», genitivo di HUΘ, che dunque significa definitivamente «quattro» e non «sei» (*TCL* 5; *DETR*). Vedi HUTS.

Iscrizione 450

(Ta 7.82 – 2:2; su sepolcro; TLE 101)

LARIS PUMPUS / ARNΘAL CLAN / CEXASE

Laris Pomponio figlio di Arunte / giurista

CEXASE (Ta 7. 82, 83) «giurista» oppure «giudice»; è un derivato di CEXA «legge, norma, causa».

Iscrizione 451

(Ta 7.87 2: su sepolcro; TLE 95)

ATI NACNA / VELUS

(la) nonna di Uel

ATI «madre, mamma»; ATI NACNA «nonna», propriamente «madre grande», da confrontare col franc. *grand-mère*, ingl. *grandmother*, ted. *Großmutter* (*LEGL* 86).

Iscrizione 452

(Ta 8.3; CIE 10138; TLE 157)

EI MUX ARA AN EI SEΘASRI

non fare fine, questo non (è) da posare (?)

Gotto di argilla a tre bocche, imitante un otre, rinvenuto a Tarquinia, di epoca recente.- Forse l'iscrizione è un invito a continuare a bere vino dal gotto.- EI(*Liber* IV 13; XI 19; *TCap* 4, 13) «non» (particella negativa).- MUX significato compatibile«fondo, fine» forse da connettere con MUCUM (MUCU-M) (*Liber* X 29; XI 6, 33) significato compatibile «e al fondo, e alla fine», da confrontare col greco *mychós* «fondo».- ARA significato probabile «fa'!, agisci!, opera!», imperativo debole sing. (*LEGL* 121).- AN «esso, questo-a», si riferisce al gotto.- SEΘASRI significato compatibile «da (non) posare»; vedi SUΘV (*DETR* 363).

Iscrizione 453
(Um 1.7; TETC, TLE 697)

[L CA]FATIUS L F STE HARUSPE[X] / FULGURIATOR
/ CAFATES LR LR NETŚVIS TRUTNVT FRONTAC

Laris Cafatio f(iglio di) L(aris) (della tribù) Ste(llatina)

aruspice / interprete dei fulmini / L(aris) Cafatio

(figlio) di L(aris) aruspice / interprete fulgurale

Iscrizione bilingue scolpita su una lapide di epoca recente, rinvenuta a Pesaro. La parte latina è destrorsa, quella etrusca è sinistrorsa.- STE abbreviazione della lat. *Stellatina tribus*; dunque il personaggio era in possesso della cittadinanza romana.- Per il gentilizio masch. CAFATES vedi *TLE* 590; la -S è quella dell'originario genitivo patronimico ormai fossilizzata (*TLE* 35).- Per NETŚVIS «aruspice» vedi *TLE* 524.- Per TRUTNVT «interprete» vedi *TLE* 118.- FRONTAC «fulgurale», aggettivo come mostra il suffisso -AC; è da confrontare col greco *bronté* «tuono», sia pure a semplice titolo di convergenza fonosimbolica elementare. Ci saremmo aspettati *FRUNTAC, ma ormai gli Etruschi erano in fase di avanzata romanizzazione anche linguistica.-TRUTNVT FRONTAC = «interprete fulgurale», cioè "dei fulmini", = lat. *fulguriator*.

Iscrizione 454

(Um 2.3; TETC, TLE 695)

MI MALENA LARΘIA PURUHENAS

io (sono lo) specchio di Lartia Purennia

Iscrizione incisa su uno specchio bronzeo assieme con figure di saltatori, del V sec. a. C. e rinvenuto a Sassoferrato (*AN*).- Per MALENA «specchio», da connettere con MALNA (OI 3.2) e MALSTRIA (AH 3.3).- LARΘIA è privo della desinenza del genitivo per la "declinazione di gruppo".- La corrispondenza del gentilizio femm. PURUHENAS con quello lat. *Purennius* è soltanto probabile.

Iscrizione 455

(Um 3.2; TETC, TLE 696)

TN TURCE RAMΘA UFTA/{TA}VI SELVAN(SL)

questo ha donato Ramta Ottavia a Silvano

Iscrizione incisa su una statuetta bronzea di uomo, di epoca recente e rinvenuta a Carpegna (*PS*).- TN accusativo del dimostrativo TA «questo-a»; vedi ΘN di *TLE* 504.- UFTAVI gentilizio femm. che deriva daa quello lat. *Octavius*. L'errore dell'incisore è del tutto evidente.- SELVAN abbreviazione di SELVANSL in base a *TLE* 504, 559, 719; è in genitivo di dedicazione.

Iscrizione 456
Um S.4 – 4/3: TLE 691.

SNENAΘ TURNS \ TURAN \ UNI

\ MENR/VA \ ELXSNTRE \ TEURS

ancella di Turan \ Venere \ Giunone

\ Minerva \ Alessandro \ del giudizio

Scritte incise su uno specchio bronzeo di epoca recente, rinvenuto a Todi (*PG*), che riporta la scena del giudizio di Alessandro o Paride, del IV/III sec. a. C.- SNENAΘ è inciso accanto alla figura di una giovane ancella di Venere; per il suffisso -Θ sembra che si tratti di un *nomen agentis*; potrebbe pertanto essere tradotto anche «inserviente», cioè «ancella».- TURNS «di Turan o Venere», genitivo del seguente TURAN (*TLE* 45, 754, 854).- ELXSNTRE «Alessandro o Paride».- TEURS «del giudizio» (di Alessandro o Paride); vedi *TLE* 88, 295, 296, 330, 333, 335, 755, 797, 885.

Iscrizione 457

(Vc 1.4; CIE 5241; TETC, TLE 313)

ECA ŚUΘI LARΘAL TARSALUS SACNIU

questo (è il) sepolcro consacrato di Lart Tarsalo

Iscrizione scolpita su un cippo sepolcrale di epoca recente, rinvenuto a Vulci.- Il gentilizio TARSALU(-S) ha un certo riscontro nel gentilizio lat. *Tarsius*.- SACNIU «consacrato» può essere un aggettivo oppure un participio passivo; vedi iscrizione 173, 319, 912.

Iscrizione 458

(Vc 1.8 – rec; su lapide; CIE 5245; TLE 305)

[RA]MΘA PAPNI ARMNES APU[NAS / PUI]A HATRENCU SACNIŚ[A]

Ramta Papinia moglie di Arminio Aponio, nobildonna, avendo(la) consacrata

ARMNES APU[NAS sono due gentilizi masch. in genitivo.- HATRENCU «signora, dama, nobildonna» (soltanto a Vulci) probabilmente da connettere con AΘRE e lat.-etr. *atrium* «atrio, casa» e da confrontare – solo per il significato – coi lat. *domina* da *domus* (*DETR* 191). È il soggetto oppure l'oggetto del verbo seguente?- SACNIŚ[A] «avendo consacrato» (gerundio passato) (*TLE* 159, 303, 305).

Iscrizione 459

(Vc 1.9; CIE 5246; TETC, TLE 322)

ŚEΘRAS AN AMCE TETNIES LARΘA[L] ARNΘALIŚLA PUIA

(sarcofago) di Setra; ella fu moglie di Lart Tetenio di quello (figlio) di Arunte

Iscrizione scolpita su un sarcofago di epoca recente, rinvenuto a Vulci.- Per AMCE «fu, è stato-a» vedi *TLE* 103.- TETNIES «di Tetenio» qui è veramente un genitivo, mentre in *TLE* 319 e 321 è un nominativo.- ARNΘALIŚLA letteralmente «di quello di Arunte», è il patronimico pronominale in genitivo (*TLE* 428).

Iscrizione 460
(Vc 1.17; CIE 5247; TETC, TLE 303)

RAVN/ΘU SEI/TIΘI | ATIVU / SACNI/ŚA ATUR/Ś

Rantina Setidia | mamma / avendo(la) consacrata la famiglia

Iscrizione scolpita su due facce di un cippo sepolcrale del III/II sec. a. C., rinvenuto a Vulci (ma non nella "Tomba François"!).- Per il prenome femm. RAVNΘU vedi *TLE* 130.- SEITIΘI gentilizio femm. corrispondente a quello lat. *Setidius* (*RNG*).- ATIVU, ATIU «mamma, mammina», forma diminutiva e affettiva rispetto ad ATI «madre».- SACNIŚA «avendo consacrato» all'atto della sepoltura (*TLE* 91, 159).- ATURŚ «famiglia» corrisponde ad ATRŚ (*TLE* 293).

Iscrizione 461

(Vc 1.21 – 4: su sepolcro; TLE 301)

ΘANXVIL VERATI HELŚ ATRŚ

Tanaquile Ueratia; la famiglia di lei (pose)

Iscrizione dipinta sull'architrave della porta di accesso alla cella IV della "Tomba François" di Vulci; vedi iscrizione 293.- VERATI gentilizio femm. che corrisponde a quello lat. *Veratius-a*.- Per la formula HELŚ ATRŚ «la famiglia di lui» vedi *TLE*. 293, 303, 318, 904, 908, 909, 920.

Iscrizione 462

(Vc 1.26 - 4: su sepolcro; TETC, TLE 302)

TARNAI ΘANA SATIAL SEC

Tana Tarna figlia di Satia

Iscrizione dipinta su una parete della cella VII della "Tomba François" di Vulci; vedi iscrizione 293.- Il gentilizio femm. TARNAI, masch. TARNA, corrisponde a quello lat. *Tarna* (*LEN* 96/97).- Per la eventuale parentela dei defunti vedi *TLE* 318.

Iscrizione 463

(Vc 1.31 – rec; su parete di sarcofago; TETC, TLE 326)

VELA VIŚNAI PUIA ARNΘAL TUTES AMCE

Velia Vesnia fu moglie di Arunte Tutio

Iscrizione scolpita su un sarcofago rinvenuto a Vulci.- Per VELA «Uelia» vedi iscrizione 325.- TUTES «di Tutio» qui è veramente un genitivo, mentre nelle iscrizione 323 e 325 è un nominativo (*StEtr* 31,225).

Iscrizione 464

(Vc 1.57 – rec; su sepolcro; TLE 908)

MURAI RAMZA HELS ATRŚ

Ramtina Muria – la famiglia di lei (pose)

HELS «di lui, di lei», genitivo di HEL.- ATRŚ «casa, famiglia, parentado», forse da connettere con la glossa lat./etr. *atrium* (*DETR*).

Iscrizione 465
(Vc 1.64; NRIE 721; TETC, TLE 323)

LARΘ TUTES ANC FARΘNAXE VELUIS

/ TUTEIS ΘANXVILUISC / TURIALSC

Lart Tutio ed egli fu generato da Uel

/ Tutio e da Tanaquile / Turia

Iscrizione scolpita su un sarcofago di epoca recente, rinvenuto a Vulci.- TUTES gentilizio in nominativo (*TLE* 325; per la -S vedi *TLE* 35, 326) che corrisponde a quello lat. *Tutius* e probabilmente anche all'aggettivo *tutus* «sicuro, difeso», finora privo di etimologia *(DELL, DICLE)* e quindi di probabile origine etrusca.- Si deve sciogliere AN-C «ed egli». Per FARΘNAXE vedi *TLE* 321.- VELUIS TUTEIS ΘANXVILUIS(-C) TURIALS(-C) sono in ablativo.- TURIALS(-C) gentilizio femm. corrispondente a quello lat. *Turius*.- Si noti il polisindeto pleonastico -C...-C.

Iscrizione 466

(Vc 1.87; CIE 5321; TETC, TLE 315)

ECA ŚUΘIC VELUS EZPUS \ CLENSI CERINE

questo (cippo) e il sepolcro (sono) di Uel Espone \ (li) ha fatti per il figlio

Iscrizione scolpita su un cippo funerario a forma di edicola, con al centro la figura in rilievo di un giovane, di epoca recente e rinvenuto a Vulci.- ŚUΘIC (ŚUΘI-C) «e il sepolcro, e la tomba».- CLENSI «al/per il figlio», che evidentemente era morto prima del padre. Questa interpretazione è confermata dalla figura del giovane scolpita nel cippo.- Per CERINE «fece, ha fatto», preterito debole vedi *TLE* 131.

Iscrizione 467

(Vc 1.92; CIE 5313, 5314; TETC, TET 321)

ΘANXVIL TARNAI \ AN FARΘNAXE MARCES TARNES RAMΘESC XAIREALS \

LARΘ TETNIES \ AN FARΘNAXE ARNΘEALS TETNIS RAMΘESC VIŚN{AI}AL/Ś

Tanaquile Tarna \ *ella fu generata da Marco Tarna e da Ramta Chaeria*

\ *Lart Tetenio* \ *egli fu generato da Arunte Tetenio e da Ramta Uesnia*

Due iscrizioni scolpite su un sarcofago bisomo, del IV/III sec. a. C., rinvenuto nella tomba della *familia Tetenia* di Vulci; vedi *TLE* 320. Presento le due iscrizioni secondo un ordine differente da quello dei *TLE*, perché mi sembra più ovvio *TETC*.- TETNIES formalmente è un genitivo patronimico ormai fossilizzato (*TLE* 35, 319, 322).- FARΘNAXE «è stato partorito o generato-a», preterito debole attivo (*TLE* 278), che probabilmente in origine significava «fu creatura, cioè ragazzo o figlio-a», dato che è chiaramente da riportare a FARΘANA «ragazza, vergine, nubile» (*TLE* 583), al gentilizio masch. PARΘANA (*CIE* 2509) = lat. *Parthanius* e da confrontare col greco *parthénos* «vergine, ragazza nubile», finora privo di etimologia (*GEW, DELG, LELN* 208).- ARNΘEALS TETNIS RAMΘES VIŚNALŚ XAIREALS sembrano in caso ablativo; MARCES TARNES sono probabilmente in semplice genitivo per effetto della "declinazione di gruppo".- VIŚNAI gentilizio femm. che corrisponde a quello lat. *Vesnius*.- XAIREALS gentilizio femm. (in ablativo), da confrontare con quello lat. masch. *Chaerea* (*TLE* 794) e col toponimo *XAIRE «Caere» (Cerveteri).

Iscrizione 468

(Vc 1.93; CIE 5315; TETC, TLE 324)

TUTE LARΘ ANC FARΘNAXE TUTE ARNΘALS / HAΘLIALS RAVNΘU

ZILXNU CEZPZ PURTŚVANA ΘUNZ / LUPU AVILS ESALS CEZPALXALS

Lart Tutio ed egli fu generato da Arunte Tutio (e) da Ramtina Hatilia

fatto pretore otto volte, suddivisore una volta / morto a ottantadue anni

Iscrizione scolpita su un sarcofago masch. del sec. III/II a. C., rinvenuto nella tomba della *familia Tutia* di Vulci; vedi *TLE* 325.- Per AN-C vedi *TLE* 323.- Per FARΘNAXE vedi *TLE* 321, 323.- Il secondo TUTE è privo di desinenza per la "declinazione di gruppo".- ARNΘALS HAΘLIALS sono in ablativo (*TLE* 321).- ZILXNU «fatto pretore o consigliere» è una variante di ZILAXNU di *TLE* 133.- CEZPZ «otto volte» e ΘUNZ «una volta» sono caratterizzati dal suffisso iterativo -Z(I) già visto in *TLE* 99.- PURTŚVANA probabilmente «che fa le porzioni», cioè «distributore, divisore, suddivisore» [dei tributi da pagare o dei terreni da (as)segnare?], da confrontare col lat. *portio,-onis* «porzione», che è di origine molto incerta (*DELL, AEI, DELI, Etim*); sembra un aggettivo sostantivato. Ovviamente anche in questa iscrizione ci sfugge l'effettivo carattere e la differenza delle cariche ricoperte dal defunto in vita.- ESAL-S «di due» (in genitivo) richiama ESLZ «due volte» di *TLE* 136, 171, ESLEM di *TLE* 279 e ZAL «due» di *TLE* 170, 197.- Per CEZPALXAL-S «di ottanta» (in genitivo) vedi *TLE* 94, 97, 858.

Iscrizione 469
Vc 1.94; CIE 5316; TETC, TLE 325

TUTES ŚEΘRE LARΘAL CLAN PUMPLIALX VELAS ZILAXNU CIZ

/ ZILCTI PURTŚVAVCTI LUPU AVILS MAXS ZAΘRUMS

Setre Tutio figlio di Lart e di Uelia Pompilia fatto pretore tre volte

morto durante la pretura e la carica di suddivisore a venticinque anni

Iscrizione scolpita sul coperchio di un sarcofago masch. rinvenuto nella tomba della *familia Tutia* di Vulci, del III sec. a. C.; vedi *TLE* 324.- Per la -S di TUTES vedi *TLE* 35, 323.- In PUMPLIAL-X la copulativa enclitica è spirantizzata per la vicinanza con la liquida (*TLE* 312, 428). VELA, VELI (*TLE* 326) è il femm. del prenome masch. VEL.- Per ZILAXNU «fatto consigliere o pretore» vedi *TLE* 133, 169.- CIZ «tre volte, per la terza volta» è una variante di CIZI di *TLE* 99.- ZILCTI «nel consiglierato, nella pretura» è una variante di ZILCTE E ZILCΘI di *TLE* 125, 255.- PURTŚVAVCTI sembra da distinguersi in PURTŚVAV-C-TI e tradursi «e nella pretura», con una finora sconosciuta inserzione della copulativa enclitica –C.- Per MAX-S «di cinque» vedi *TLE* 165.- Per ZAΘRUMS «di venti» (in genitivo) vedi *TLE* 192, 279.

Iscrizione 470

(Vc 2.3 – 7: su vaso; StEtr 1972,406, 12; TETC pg. 156)

EI MIPI KAPI MI NUNAR AVEQUS MI

non mi prendere! io (sono un) regalo di Aequo io

EI MIPI KAPI «non mi prendere!», imperativo negativo.

Iscrizione 471

(Vc 2.8; CII 2184 bis; TETC, TLE 332)

MI RAMUΘAS KANSINAIA

io (sono) di Ramta Camsimnia

Iscrizione graffita su un vaso di bucchero rinvenuto a Vulci del VII/VI sec. a. C.- RAMUΘA-S è la forma arcaica del prenome femm. RAMΘA.- KANSINAIA(-L) gentilizio femm., da confrontare probabilmente con quello lat. *Camsimnius;* è in genitivo, ma la desinenza è caduta per la "declinazione di gruppo". Cfr. LARΘAIA (Vc 2.9).

Iscrizione 472

(Vc 2.50 - rec; su vaso; TLE 337)

MI APAS

io (sono) di babbo

Vedi iscrizione num. 529 (*TLE* 265, 337).

Iscrizione 473
(Vc 3.3 – 6:1; su vaso; TLE 914)

PUZNE QAXU \ MI MULVENECE PUTERE S CIARUΘIAX

Pusinnio Caco e S(etra) Ciartia hanno donato me (oinochoe)

PUTERE «boccale, orcio, idria», da confrontare col greco *potêr,-êrhos* «vaso da bere, coppa» (*LEGL* 100) (indeur.; *DELG* sub voce *pínein).*

Iscrizione 474

(Vc 3.4 – 6:m; su *oinochoe;* TLE 915)

MINE MULUVENE AVILE ACVILNAŚ

mi ha donato Aulo Aquilinio

MULUVENE (anche Ve 3.7; Vc 3.5) «diede, donò; ha dato, donato» (in preterito forte; *LEGL* 116).

Iscrizione 475

(Vc 3.9 – 5:m; su vaso; TLE 942)

AVLES V[I]PINAS ALPAN

dono di Aulo Vipinio

ALPAN «dono, regalo, offerta votiva, ex voto».

Iscrizione 476

(Vc 3.10 - 4/3; CII 2180; TETC, TLE 328)

VIPIA ALŚINAS TURCE / VERŚENAS CANA

Uersenio ha donato l'oggetto a Uibia (figlia) Alsinio

Iscrizione incisa sul manico di uno specchio bronzeo rinvenuto a Vulci, del IV/III sec. a. C.- VIPIA qui è prenome femm., mentre altre volte è gentilizio.- ALŚINA-S gentilizio masch. (in genitivo) da confrontare con quello lat. *Alsinia* (Caere; *RNG*) e inoltre col toponimo *Alsium*, che indicava uno dei porti di Cere (*TLE* 31).- VERŚENAS antroponimo in genitivo patronimico fossilizzato, corrisponde a quello lat. V*ersen(ni)us*.- Per l'appellativo CANA vedi *TLE* 260. Corrige *LLE* 205.

Iscrizione 477

Vc 4.1, 2, 3, 4; TETC, TLE 336.

FUFLUN[S]L PAXIES / VELCLΘI

FUFLUNS{U}L PAXIES VELCLΘI

FUFLUNSL PAX(IES VELCLΘI)

(FUFLUNSL P)AXIES

(sono) di Fufluns Bacco / in Vulci

Iscrizioni graffite su quattro vasi rinvenuti a Vulci, del V sec. a. C. - FUFLUNS-L «di Fufluns», in genitivo.- PAXIE(-S) «di Bacco», in genitivo (*TLE* 719).- FUFLUNSL PAXIES «di Fufluns Bacco»; però la frase si potrebbe interpretare anche come genitivo di dedicazione e tradurre «a Fufluns Bacco», con una formula che lascerebbe intravedere il passaggio dall'originario valore di genitivo di appartenenza a quello di dedicazione; cfr. *TLE* 625, 629, 642, 668, 733, 734, 748, 877. L'accostamento dei due teonimi mostra l'assimilazione che si era fatta tra il dio etrusco del vino e quello corrispondente greco, il quale del resto probabilmente era di origine lidia (*LELN* 66).- VELCL-ΘI «in Vulci», in locativo.

Iscrizione 478
(Vc 6.5, 6; TETC, TLE 196, 342)

RUVFIES ACIL

opera di Rufio

Marchio di fabbrica inciso su una lucerna fittile di epoca recente, rinvenuta forse a Vulci, e su un *askos* rinvenuto a Orbetello (*GR*). Vedi *StEtr*, 39, 1971, 368, num. 67. Cfr. anche *ET*, Ta 6.12. AV 6.2

Per il gentilizio masch. RUVFIE vedi *TLE* 171.- ACIL «opera» = lat. *opus* (cfr. ACAZR *TLE* 91).

Iscrizione 479
(Vc 7.1 - 6:3f; su vaso; TETC, TLE 333)

HIULS

(figura di) chiù (od assiolo)

Iscrizione dipinta su un k*yathos* a figure rosse del VI sec. a.C., rinvenuto forse a Vulci.- Il vocabolo HIULS è dipinto accanto alla figura di un chiù od assiolo, uccello notturno simile alla civetta; comunemente viene tradotto appunto con «civetta» (lat. *noctua*), ma la assonanza fonosimbolica di HIUL(-S) e di *chiù* col canto dell'assiolo ci spinge a pensare a questo uccello piuttosto che all'altro. Quasi certamente è in genitivo; cfr. iscrizione 88, 295, 296, 330, 333, 335, 755, 797. Cfr. TERIASALS, ΘEVRUMINES, TRUIALS.

Iscrizione 480
(Vc 7.15; CIE 5257; TETC, TLE 295)

HINΘIAL PATRUCLES

ombra di Patroclo

Iscrizione dipinta accanto alla figura di Patroclo che assiste alla immolazione dei prigionieri troiani in sua memoria, nella "Tomba François" di Vulci; vedi *TLE* 293.- Per HINΘIAL «ombra» (in nominativo) cfr. TERIASALS, TRUIALS, HIULS, ΘEVRUMINES di *TLE* 88, 296, 330, 333, 335, 399, 691, 755, 797, 885.

Iscrizione 481
(Vc 7.18, 21, 23; CIE 5260*; TETC, TLE 296)

TRUIALS

(figura) di Troiano

Iscrizione dipinta sopra la figura di tre Troiani che stanno per essere immolati da Achille al Mane di Patroclo, nella "Tomba François" di Vulci; vedi *TLE* 293.- TRUIALS è in genitivo; cfr. TERIASALS, HIULS, ΘEVRUMINES di *TLE* 88, 295, 330, 333, 335, 755.

Iscrizione 482

(Vc 7.20 – 4: su sepolcro; CIE 5262)

AIVAS TLAMUNUS

Aiace (figlio) di Telamone

Forse si potrebbe interpretare come «(figura) di Aiace Telamonio».

Iscrizione 483

(Vc 7.22 – 4: su sepolcro; CIE 5264*)

AIVAS VILATAS

Aiace Oiliade

Forse si potrebbe interpretare come «(figura) di Aiace Oiliade». VILATAS «Oiliade» = figlio di Oileo.

Iscrizione 484

(Vc 7.27 – 4: su sepolcro; CIE 5270; TETC, TLE 297)

LARIS PAPAΘNAS VELZNAX

Laris Papatio Volsiniese

Iscrizione dipinta nella "Tomba François" di Vulci accanto alla figura di un guerriero che viene ucciso da LARΘ ULΘES; vedi *TLE* 293.- Nel gentilizio masch. PAPAΘNAS la -S è quella dell'originario genitivo patronimico ormai fossilizzata (*TLE* 35).- VELZNAX corrisponde al lat. *Volsiniensis*, cioè "nativo di Volsinii" ed è un aggettivo etnico caratterizzato dal suffisso -AX; vedi SVEITMAX di *TLE* 298 e RUMAX di *TLE* 300.

Iscrizione 485

(Vc 7.28; CIE 5270; TETC, TLE 298)

PESNA ARCMSNAS SVEAMAX

dipinto di Arcumenna Sovanese (?)

Altra iscrizione dipinta nella "Tomba François" di Vulci accanto alla figura di un secondo guerriero che viene ucciso da RASCE; vedi *TLE* 293.- PESNA probabilmente «dipinto, pittura» (fatta col "pennello"), da confrontare col lat. *penna, pesna* «penna, ala» (di origine oscura; *DELL*) (*DETR* 317). Vedi PEISNA.- Probabilmente il gentilizio ARCMSNA(-S) corrisponde a quello lat. *Arcumenna* e richiama il toponimo odierno *Argomenna* (*FI*); è in genitivo oggettivo.- SVEAMAX è un etnico, ma è difficile che corrisponda al lat. *Suanensis*, cioè "nativo di *Suana*" (Sovana, *GR*); vedi VELZNAX di *TLE* 297 e RUMAX di TLE 300.

Iscrizione 486

(Vc 7.33 - 4: su sepolcro; TLE 300)

CNEVE / TARXUNIES / RUMAX

Cneo / Tarquinio / Romano

Altra iscrizione dipinta nella "Tomba François" di Vulci accanto alla figura di un terzo guerriero che viene ucciso da *Marce Camitlnas*; vedi iscrizione 293.- CNEVE (variante di CNAIVE *TLE 14)* è un prenome masch. da confrontare con quello lat. *Cnaeus, Gnaeus.* Il gentilizio TARXUNIES corrisponde a quello lat. *Tarquinius* ed è appena il caso di ricordare che i Tarquini hanno a lungo governato Roma come re; la -S è quella dell'originario genitivo patronimico ormai fossilizzata (*TLE* 35).- Per l'aggettivo etnico RUMAX «Romano», caratterizzato dal suffisso -AX, cfr. VELZNAx dell'iscrizione *TLE* 297 e SVEITMAx della 298.

Iscrizione 487
(Vc 7.36; CII 2147; TETC, TLE 335)

AIVAS XARU \ PENTALISA HINΘIA[L] / [A]TURMU/CAS

Aiace Caronte \ Pentesilea ombra di Andromaca

Iscrizione dipinta su un cratere a figure rosse di Vulci, accanto alla figura di una donna velata vicina a Caronte e a Pentesilea, del IV sec. a. C. La ricostruzione dell'iscrizione è un merito di G. Colonna, *StEtr* 51, 1985, 145, preceduto però da U. Coli, *Saggio di Lingua Etrusca*, Firenze, 1947, § 123.- AIVAS «Aiace» (eroe omerico) dal greco *AiFas*.- Per HINΘIA[L] «ombra», in nominativo, vedi TLE 88, 295, 330.- [A]TURMUCA(-S) è la greca *Andrómacha* «Andromaca», regina delle Amazzoni, uccisa da Achille (proprio come Pentesilea) e diversa pertanto dalla moglie di Ettore. Si noti anche come il significato originario di *Andromaca* = «che combatte virilmemte, cioè come un uomo» connette questa figura al mito delle Amazzoni.

Iscrizione 488
(Vc 7.38; CII 2598; TETC, TLE 334)

ATMITE ALCSTI \ ECA ERSCE NAC AXRUM FLERΘRCE

Admeto Alcesti \ costei se ne andò, così placò Acheronte (?)

Iscrizione dipinta su un cratere a figure rosse della seconda metà del IV sec. a. C., rinvenuto a Vulci. Vi è rappresentata la scena dell'addio di Alcesti ed Admeto, prima che la donna offra la propria vita a favore del marito.- ERSCE preterito debole che, in virtù della sua probabile connessione col verbo ARSE «allontana!» (*LEGL* 117, 132), probabilmente significa «si allontanò» (dal marito); oppure da emndrein ERCE, ARCE.- NAC «così»; altre volte significa «quindi» (*TLE* 399).- AXRUM «Acheronte», è il greco *Achérhon* usato qui come sinonimo di Plutone, re dei morti.- FLERΘRCE anch'esso preterito debole, che, in virtù della sua probabile connessione con l'appellativo FLER «ostia, vittima», probabilmente significa «placò».

Iscrizione 489
(Vc S.11; CII 2144; TETC, TLE 330)

HINΘIAL / TERASIAŚ TURMŚ / AITAŚ UTUZE

ombra di Tiresia, Ermes dell'Ade, Odisseo

Iscrizione destrorsa incisa accanto alla figura dell'indovino Tiresia in una scena di evocazione dei morti, raffigurata in uno specchio bronzeo che è stato rinvenuto a Vulci, del V sec. a. C. L'iscrizione è da confrontare con le altre *TLE* 88, 295, 296, 333, 335, 755, 797.- TURMŚ «Ermes, Mercurio», da confrontare col greco *Hermēs*. TURMŚ AITAŚ «Ermes dell'Ade», cioè *Ermes Psicopompo* «accompagnatore dei defunti all'oltretomba» (*DETR*).- UTUZE «Odisseo, Ulisse».

Iscrizione 490
(Vc S.23; CIE 11021; TETC, TLE 329)

AXLEI TRUIESI ΘESΘU FARCE

Testone (l') ha inciso per Achille Troiano

Iscrizione incisa su uno specchio bronzeo raffigurante la quadriga di Achille, della fine del sec. IV a. C., rinvenuto a Vulci.- AXLEI TRUIESI «ad/per Achille Troiano», "Troiano" perché vincitore su Troia, soprannome come quello di «Scipione l'Africano», datogli perché vincitore su Cartagine in terra d'Africa. Sono in dativo di comodo e derivano dal greco *Achilléus Tróios*.- L'antroponimo ΘESΘU corrisponde a quello lat. *Testo,-onis* (*LEN* 39), così come il gentilizio ΘESTIA di *TLE* 352 corrisponde all'altro lat. *Testius*.- FARCE «incise, ha inciso», preterito forte, è la variante sincopata di FARICE(-KA) di *TLE* 78; il significato del lat. *farsit* «ficcò, incise» si adatta alla perfezione ai contesti di quella e di questa iscrizione. Molto probabilmente questo verbo etrusco è alla base di quello lat. *farcire* «farcire, ficcare, accrescere, guarnire», che finora risulta privo di etimologia certa (*DELI*) e quindi potrebbe derivare proprio dall'etrusco.

Iscrizione 491

(Ve 2.1 – 7:p; su vaso)

QUTUMUZA / MI AVELEŚ AUKANAŚ

io (sono l') orciolo di Aulo Aucanio

QUTUMUZA «orciolo», diminutivo di QUTUM (*LEGL* 88, 144).

Iscrizione 492
(Ve 3.1, X.1; TLE 49)

MI ATIANAIA AXAPRI ALICE VENELIŚI /

VELΘUR ZINACE AZARU AZARU AZARUAS URUR

io (sono) di Atiania, per amore (l') ho donata a Uenel

/ Ueltur (l') ha fatta -?- -?- -?- -?-

Iscrizione graffita sull'anforetta di Formello, con alfabeto inciso, del VII sec. a. C. (Staccioli tav. 1; *NRIE* 841).- AXAPRI dal contesto di questa iscrizione e dell'altra *TLE* 155 è probabile che significhi «per amore» (propriamente AXAP-RI «da amare», in gerundivo), da confrontare col greco *agapãn* «amare» (di origine incerta) (per la corrispondenza X/G vedi *DICLE* 13, 3).- ALICE «diedi, ho dato; donai, ho donato» (in questo caso in I pers. sing.).- VENELIŚI «a Uenel», prenome masch. in dativo sigmatico.- VELΘUR ZINACE «Ueltur (l') ha fatto», praticamente è la firma del vasaio.- AZARU AZARU AZARUAS URUR vocaboli per ora incomprensibili di quella che sembra una filastrocca mnemonica per introdurre l'alfabeto.- URUR (Ve 9.1; X.1) sembra il plur. di URU «vuotato-a», ma con un significato dubbio; forse = «(bicchieri) vuotati!», come grido di gioia.

Iscrizione 493

(Ve 3.2 – 7:4 ; su vaso; TETC, TLE 38)

VELΘUR TULUMNES PESNU ZINACE MENE MUL[U]

Ueltur Tolumnio mi ha fatto come piccolo dono (?)

Iscrizione graffita su una *oinochoe* di bucchero, della prima metà del VII sec. a. C., rinvenuta nel santuario del Portonaccio di Veio.- VELΘUR prenome masch. da confrontare col gentilizio lat. *Voltorius, Volturius, Vulturius* e con l'appellativo *voltur, vultur* «avvoltoio», già prospettato come di origine etrusca (*DELL, AEI, LISNE 275*) (*TLE* 821).- PESNU forse = «piccolo, piccino», aggettivo al diminutivo da confrontare col lat. *pisinnus, pitzinnus*; dichiarazione di modestia da parte del donatore. Vedi PUZNU (*TLE* 14).- ZINACE lettura mia. Ricostruendo MUL[UVANICE) si intenderebbe che un membro della illustre *gens Tolumnia* facesse il vasaio! (corrige *LEE* 143).

Iscrizione 494

(Ve 3.5 – 6:i; su vaso; NRIE 844; TETC, TLE 34)

MINI MULUVANICE MAMARCE APUNIIE VENALA

mi ha donato Mamerco Aponio a(lla dea) Vena

Iscrizione votiva, con scrittura destrorsa e punteggiatura sillabica, graffita su una *oinochoe* di bucchero della prima metà del VI sec. a. C., rinvenuta nel santuario del Portonaccio di Veio.- Il pronome personale MINI (in accusativo) compare anche nelle varianti MINE, MENE e corrisponde a quello lat. *me* (indeur.).- MULUVANICE, con numerose varianti, è il preterito debole di un verbo che significa «donare, offrire, dedicare» (commento della *TLE* 27).- MAMARCE prenome masch., variante di MAMERCE della *TLE* 4, commento.- APUNIIE gentilizio masch. che corrisponde a quello lat. *Aponius* (*RNG*).- VENALA è un genitivo-dativo femm. come VESTIRICINALA (*TLE* 868). Probabilmente VENA era la divinità femminile delle sorgenti e il suo nome è da confrontare col lat. *vena* «vena, vena d'acqua, sorgente», finora privo di etimologia (*DELL, AEI, DELI*) e quindi di probabile origine etrusca. Pur essendo il santuario del Portonaccio dedicato a Minerva, dalle iscrizioni *TLE* 42 e 45 risulta che vi erano venerate anche altre divinità (commento *TLE* 40).

Iscrizione 495

(Ve 3.6; TETC, TLE 36)

MINE MULVANICE KARCUNA TULUMNES

mi ha donato Carconio a Tolumnio

Iscrizione graffita su una *oinochoe* di bucchero, della prima metà del VI sec. a. C., rinvenuta nel santuario del Portonaccio di Veio.- KARCUNA gentilizio corrispondente a quello lat. *Carconius* (*RNG*).- TULUMNES è il gentilizio corrispondente a quello lat. *Tolumnius* (*RNG*); la -S è quella dell'originario genitivo patronimico ormai fossilizzata (*TLE* 35). La *gens Tolumnia* è da noi conosciuta anche attraverso documenti letterari romani (*Lars Tolumnius rex Veientium;* Cicerone, Phil., IX; Livio IV 17).

Iscrizione 496

(Ve 3.11; TETC, TLE 35)

MINE MULUV[AN]ECE AVILE VIPIIENNAS

mi ha donato Aulo Uibenna

Iscrizione votiva, con punteggiatura sillabica, graffita su un vaso di bucchero, della prima metà del VI sec. a. C., rinvenuto nel santuario del Portonaccio di Veio (*StEtr* 13, 456, 1). Cfr. iscrizione *TLE* 34, 36, 37, 57, 429.- AVILE è la forma arcaica del prenome masch. AULE. La -S di VIPIIENNAS è la desinenza di un originario genitivo patronimico, ma ormai fossilizzatasi nel suo valore morfologico e semantico. Questo fenomeno trova riscontro nel campo antroponimico di numerose altre lingue: ad es., nei cognomi italiani *De Mauro, Del Dondo, Di Giovanni* i comuni parlanti non sentono più l'originario patronimico, cioè «(figlio) di Mauro», ecc.; tanto è vero che quei cognomi si trovano iscritti anche *Demauro, Deldondo, Digiovanni*. Ma più simile è il caso di cognomi dell'area linguistica germanica nei quali i comuni parlanti non sentono più la presenza del sost. *sen, son* = «figlio», in cognomi come *Andersen, Hamudsen, Hermansen, Martinsen, Johnson, Peterson, Wilson,* i quali in origine significavano rispettivamente «figlio di Andrea, di Hamud, di Ermanno, di Martino, di Giovanni, di Pietro, di Guglielmo».- Molto probabilmente l'offerente è l'eroe di Vulci ricordato, assieme col fratello Celio, da fonti letterarie latine (*TLE* 942).

Iscrizione 497

(Ve 3.13; TETC, TLE 40)

MINI MULVANICE VENALIA SLAPINAS EN MIPI CAPI MI NUNAR

mi ha donato Venalia benedicendo; non mi prendere! io (sono un) regalo

Iscrizione in scrittura continua e con punteggiatura sillabica, graffita su un frammento del collo di una *oinochoe* di bucchero, del VI sec. a. C. e rinvenuto nel santuario del Portonaccio di Veio.- VENALIA antroponimo femm., teoforico in onore della dea *Vena* (*TLE* 34).- SLAPINAS leggo in questo modo in virtù di SLAPINAŚ del *Liber* XI 10, significato probabile «benedicendo» (in gerundio pres.).- In base alle iscrizione *TLE* 12, 13, 483, 619; *SE*, 40, 1972, 406 num. 12 (commento *TLE* 483) si deve ritenere che in etrusco la particella negativa fosse EI, EIN, EN.- MIPI variante di MINIPI e MINPI di quelle medesime iscrizioni.- MI NUNAR ricostruzione fatta in base all'iscrizione Cm 2.46.

Iscrizione 498
(Ve 3.21;TETC, TLE 39)

ITAN MULVANICE Θ...)

questa ha donato T(...)

Iscrizione, con punteggiatura sillabica, su una *oinochoe* di bucchero, del VI sec. a. C., rinvenuta nel santuario del Portonaccio di Veio.- ITAN è l'accusativo del dimostrativo ITA «questo-a»; vedi ETAN della iscrizione TLE 620.- Θ(..) è assai probabilmente la consonante iniziale del nome del donatore o della donatrice. Cfr. *TLE* 42.

Iscrizione 499
(Ve 3.28; TETC, TLE 43)

MINI ALICE VELΘUR VE[---]

mi ha dato Ueltur Ue(..)

Iscrizione graffita su un vaso di bucchero del VI sec. a. C., rinvenuto nel santuario del Portonaccio di Veio.- ALICE preterito debole di un verbo che significa «dare, donare, offrire» (*TLE* 26, 27); in epoca recente subisce la sincope e diventa ALCE (*TLE* 777).- VE(..) prime lettere del gentilizio.

Iscrizione 500
(Ve 3.30; TETC, TLE 42)

MI MLA[X] MLAKAS / MINI ΘANIRSIIE TURICE HVULUVES

io (sto) sciogliendo un voto / Fulvio mi ha donato a Tanr

Iscrizione graffita su un vaso di bucchero del VII sec. a.C., rinvenuto nel santuario del Portonaccio di Veio.- ΘANIRSIIE significato probabile «a Tanr» (in dativo sigmatico; *LEGL* 80); vedi ΘANNURSI (Cr 3.14), cfr. ΘANURARI (*TCap* 23) significato probabile «a Tanr» (dea propiziatrice del parto e quindi della nascita e della morte; *DETR* 209).- TURICE «donò, ha donato» (anche TURACE, TURUCE), forma arcaica del più recente TURCE, TURKE, preterito debole da confrontare col greco *dedórhekē* «donò, ha donato».- Per HVULUVES vedi *TLE* 41; la -S è quella dell'originario genitivo patronimico ormai fossilizzata (*TLE* 35).- La formula MLA[X] MLAKAS ricorre in altri oggetti offerti a divinità (*TLE* 62, 864) e va interpretata come analoga a quella lat. *votum vovens*, con l'accusativo dell'oggetto interno; nell'epigrafia latina infatti è documentata la formula *votum vovere*, uguale all'altra più fequente *votum solvere* «sciogliere un voto». Per MLA[X] (anche MLAC) «dono, regalo, offerta (anche votiva)» vedi il commento alla *TLE* 27.- MLAKAS probabilmente gerundio pres. del medesimo verbo di MULU, MULUVANICE e MLACE (*TLE* 27, 34, 887).

Iscrizione 501
(Ve 3.32 – 6: su ansa di vaso)

MINI TULE

sollevami! (= alla salute!) (?)

TULE probabilmente «solleva!», «prendi!», imperativo debole sing., da confrontare col lat. *tolle* (*LEGL* 121).

Iscrizione 502

(Ve 3.34 - 6: su vaso; NRIE 867; TETC, TLE 45)

MI Θ[INA APU]NIIES ARITIMIPI TURANPI MI NUNA

io (sono un') olla di Aponio per Artemide (e) per Turan; io (sono un') offerta

Iscrizione graffita in senso verticale su un grande vaso di bucchero, del VI sec. a. C., rinvenuto nel santuario del Portonaccio di Veio.- Θ INA «tino, olla, orcio», da confrontare col lat. *tina* e col greco *dínos* «tino, tinozza» (*DETR* 216).- ARITIMIPI TURANPI «per Artemide (e) per Turan», da distinguere in ARITIMI-PI TURAN-PI. Per la preposizione PI, -PI vedi commento della *TLE* 12.- TURAN «Venere, Afrodite» dea dell'amore (*TLE* 691, 754, 854). Non è necessario ricostruire NUNA in NUNAR.- Per più divinità venerate nel santuario di Portonaccio vedi commento delle *TLE* 34, 42.

Iscrizione 503

(Ve 3.35 - 6: su tavoletta fittile; NRIE 885; TLE 46)

MI NUNAR

io (sono un') offerta

Frammento di vaso corinzio, del sec. VI a. C. rinvenuto nel santuario del Portonaccio di Veio.

Iscrizione 504
(Ve 3.44; TETC, TLE 37)

MINI MULUVANICE LARIS LEΘAIES

mi ha donato Laris Letteio

Iscrizione graffita su un vaso etrusco-corinzio della fine del VII o dell'inizio del VI sec. a. C., rinvenuto nel santuario del Portonaccio di Veio.- LEΘAIES probabilmente è una forma arcaica del più recente LEΘE (*TLE* 881, 890) e corrisponde al gentilizio lat. *Letteius* (*RNG*); la -S è quella dell'originario genitivo patronimico ormai fossilizzata (*TLE* 35) (*DETR* 253).

Iscrizione 505
(Ve 6.2 – 7:3; su vaso)

MI MAMARCE ZINACE

mi ha fatto Mamerco

ZINACE «fece, ha fatto», in preterito debole attivo. Vedi ZINEKE, ZINCE.

Iscrizione 506

(Ve 6.4 - 6: su vaso; TLE 48)

(...) AKASCE

(...) ha fatto

Iscrizione graffita su un vaso di bucchero, rinvenuto a Veio, del VI sec. a. C.- Probabilmente è la firma del vasaio, ma del quale è saltato il nome.

Iscrizione 507

(Vn 1.1 - 7; CIE 5312; TLE 363)

[MI A]VELEŚ FELUSKEŚ TUŚNUTAL /

PANALAŚ MINI MUL/UVANEKE HIRUMI[N]A ΦERSENAXS

*io (sono la stele) di Aulo Falisco (figlio) di Tussidia (figlia) di *Panalio.*

Mi ha donato Erminio (figlio) del Perugino (?)

Iscrizione arcaica, in scrittura continua, scolpita su tre bordi (destro, inferiore e sinistro) di una stele sepolcrale, che raffigura un guerriero armato di elmo, scudo e bipenne (arma e simbolo del comando). Rinvenuta a Poggio della Guardia di Vetulonia (Grosseto) (adesso è nel Museo Isidoro Falchi di Vetulonia) è stata riportata alla fine del VII o all'inizio del VI secolo a.C. Respingo le ricostruzioni azzardate effettuate dagli ET, mentre seguo sostanzialmente la lettura di M. Pallottino, TLE 363 (TETC 363; LEGL pag. 150; DETR 446 corrige).- Questa iscrizione si è rivelata di difficile interpretazione e traduzione sia per la difficoltà di recuperare le esatte lettere mancanti, sia per l'obbligo che esisteva di rispettare le norme dei legami parentali, che anche allora erano rigide.- [A]VELEŚ (AVELE-Ś): forma arcaica del prenome masch. AVLE, AULE; «di Aulo» (in genitivo).- FELUSKEŚ (FELUSKE-Ś) «di Falisco», gentilizio masch. in genitivo, da confrontare con quello lat. *Faliscus* (*RNG*), in origine *cognomen* = «nativo di *Falerii*» (odierna Civita Castellana, *VT*).- HIRUMI[N]A gentilizio masch. che può corrispondere sia a quello lat. *Herminius* sia all'altro *Firmin(i)us* (*RNG*). Sarà stato il commilitone ed amico di A. Falisco.- MINI significato certo «io», «mi, me», pronome pers. soggetto ed oggetto (indeur.), in questa iscrizione *oggetto*.- MULUVANEKE «donò, ha donato», preterito debole in 3ª pers. sing.- PANALAŚ (PANALA-Ś) significato probabile «di *Panalio», antroponimo in genitivo, da confrontare coi gentilizi lat. *Panarius, Panatius* (*RNG*). Probabilmente era il *cognomen* o soprannome del padre di Tussidia, che sarà stato *TUŚNUTE.- ΦERSENAXS (ΦERSEN-AX-S) significato probabile «del Perugino», soprannome o *cognomen* = «nativo di Perusia» (in genitivo). Suffisso aggettivale –AX; cfr. VELZNAX, RUMAX, SVEITMAX (*DICLE* 13; *DETR*).- TUŚNUTA*L* (TUŚNUTA-*L*) «di Tussidia», matronimico in genitivo femm. La corrispondenza col gentilizio lat. *Tussidius* (*RNG*) non è sicura. Il fatto che in questa iscrizione, come in molte altre etrusche, sia messo in evidenza il nome della madre non è affatto una prova di un "matriarcato" esistente fra gli Etruschi, ma è semplicemente una prova del ruolo notevole che la donna aveva fra loro. D'altronde il patronimico è implicito nel gentilizio di (AVELE) FELUSKE, che evidentemente era uguale a quello del padre. Vedi *GTLE* cap. 12.

Iscrizione 508

(Vn 1.3; CIE 5214; TETC, TLE 364)

HUSL HUFNI ΘUI

qui (c'è il) sepolcro di un bambino

Iscrizione scolpita sull'architrave della porta di una tomba trovata sul Colle alle Birbe di Vetulonia (*GR*), forse del IV sec. a. C. (*StEtr,* V 400).- HUS-L probabilmente «di un bambino» (in genitivo), richiama il lat. *pusus* «bambino» (*DICLE*). Mancando il nome del bambino, probabilmente egli era morto prima che gli fosse dato il nome in maniera ufficiale, come avveniva anche a Roma (cfr. I. Calabi, *L'uso storiografico delle iscrizioni latine*, Milano-Varese, 1953, pgg. 24-25).- HUFNI = lat. *dormitorium* «loculo, tomba» è una variante di HUPNI della *TLE* 53.

Iscrizione 509

(Vn 0.1; NRIE 701; TLE 366)

NAC EME URU IΘAL ΘIL EN IΘAL IX EME MESN AMER TANŚINA MULU

come (appena) c'è il vuoto di ogni mezzetta (e) non mezzetta

così (allora) è Tamsinio (che) riempie i bicchieri in offerta (?)

Iscrizione su fine *kyathos* di bucchero, rinvenuto nella Tomba del Duce di Vetulonia, del VII sec. a. C.- NAC .... IX letteralmente «così .... come».- EME probabilmente = AME «è».- URU probabilmente «vuotato-a», participio passivo (*LEGL* 126) (su tazze e ciotole; Vs 0.2, 3, 4, 5; Vn 0.1; Sp 2.8), da confrontare col lat. *haurire* «attingere, vuotare» (di origine incerta).- IΘA forse «metà», «mezzetta» (antica misura di capacità per liquidi; *GDLI*), da connettere con *iduare* «dividere» (vedi) (?) IΘAL probabilmente «della mezzetta».- ΘIL «di tutto-a, di ogni», genitivo di ΘI «ognuno, ciascuno, tutto-a».- MESN forse «mesce, riempie», da confrontare col lat. *miscere*.- AMER forse «bicchieri, tazze», plur. di un appellativo **ame* «secchio, caraffa, bicchiere», da confrontare col greco *áme* e lat. *(h)ama* «secchio».- La divisione di MESNAMER in MESN AMER è mia.- MULU «in dono!, alla salute!» dei commensali.- In maniera scherzosa, con due endecasillabi, uno piano e l'altro tronco, l'anfitrione Tansinio invita gli ospiti a vuotare i bicchieri, perché lui è pronto a riempirli di nuovo (corrige *DETR*). Comunque l'intera traduzione è dubbia.

Iscrizione 510
(Vs 1.4; CIE 4923; TETC, TLE 242)

MI MAMARCES VELΘIENAS

io (sono la tomba) di Mamerco Ueltinio

Iscrizione scolpita sull'architrave di una tomba della necropoli del Crocifisso del Tufo (Orvieto), della seconda metà del VI sec. a. C.- Per MAMARCE vedi TLE 4, 34. Il gentilizio VELΘIENA corrisponde a quello lat. *Veltinius*.

Iscrizione 511
(Vs 1.28; CIE 4966; TETC, TLE 245)

MI LARΘIA HULXENAS VELΘURUS CLE[N]S

io (sono) di Lart Fulcennio, figlio di Ueltur

Iscrizione scolpita sull'architrave di un'altra tomba della necropoli del Crocifisso del Tufo (Orvieto), della seconda metà del VI sec. a.C.- LARΘIA, LARΘIA(-L) HULXENAS «di Lart Fulcennio», in cui la desinenza del genitivo è caduta per la "declinazione di gruppo) (corrige *DETR*).- Il gentilizio masch. HULXENAS (in genitivo) corrisponde a quelli lat. *Fulcennius, Fulcinius, Fulginius* (*LEN* 169).- CLE[N]S è il genitivo di CLEN «figlio» (*TLE* 580).

Iscrizione 512

(Vs 1.86; CIE 4986; TETC, TLE 247)

MI LARICES TELAΘURAS ŚUΘI

io (sono il) sepolcro di Larce della famiglia Tellia

Iscrizione scolpita sull'architrave di un'altra tomba della necropoli del Crocifisso del Tufo (Orvieto), della seconda metà del VI sec. a. C.- LARICE(-S), con la variante LARECE, è la forma arcaica del prenome masch. LARCE.- TELAΘURAS (TELA-ΘUR-AS) «della famiglia Tellia»; la corrispondenza del gentilizio con quello lat. *Tellius* è soltanto probabile. Per il suffisso collettivo -ΘUR vedi *TLE* 176.

Iscrizione 513

(Vs 1.88; CIE 4978; TET, TETC 243)

MI ARAΘIA ARAΘENAS

io (sono la tomba) di Arunte Aretino

Iscrizione scolpita sull'architrave di un'altra tomba della necropoli del Crocifisso del Tufo (Orvieto), della seconda metà del VI sec. a.C.- ARAΘIA «di Arunte»; ARAΘIA(-L) ARAΘENAS «di Arunte Aretino», in cui la desinenza del genitivo è caduta per la "declinazione di gruppo) (corrige *DETR*) (*TLE* 489).- Il gentilizio ARAΘENA è da confrontare col *cognomen* lat. *Arretinus* = «nativo di Arezzo» (*RNG*) (alternanza A/E; *DICLE* 13) e inoltre col toponimo protosardo *Aratèna/Aradèna* (Olbia).

Iscrizione 514

(Vs 1.95; CIE 4997; TETC, TLE 252)

MI LARΘIA SUΘIENAS

io (sono) di Lart Sotinio

Iscrizione scolpita su un cippo funerario del VI/V sec. a. C., rinvenuto ad Orvieto.- LARΘIA «di Lart»; LARΘIA(-L) SUΘIENAS «di Lart Sotinio», in cui la desinenza del genitivo è caduta per la "declinazione di gruppo) (corrige *DETR*) (anche Vs 1.28) (*TLE* 54).- Per il gentilizio SUΘIENA(-S) = lat. *Sotinius* vedi *LEN* 236.

Iscrizione 515

(Vs 1.115 – 4/3; su cippo; CIE 5001)

ARNΘEAL CAICNAS ΘAMRES

(dono) di Arunte Caecina a Tanr

ΘAMRES «di/a Tanr», dea probabilmente propiziatrice del parto e quindi della nascita e della morte; è in genitivo di donazione o dedicazione.

Iscrizione 516

(Vs 1.126; CIE 5021; TETC, TLE 251)

MI VENELUS VINUCENAS

io (sono) di Uenel Vinucio

Iscrizione scolpita su una stele funeraria del VI/V sec. a.C., rinvenuta ad Orvieto.- Il gentilizio masch. VINUCENA(-S) corrisponde a quello lat. *Vinucius* (*LELN* 250).

Iscrizione 517

(Vs 1.128 – rec ; su cippo; CIE 5020)

MI VETUS MURINAS

io (sono il cippo funerario) di Murino il vecchio (?)

MURINA(-S) «Murino», gentilizio masch. in genitivo, da confrontare col *cognomen* lat. *Murinus* (*RNG*), nonché con l'aggettivo lat. *murinus* «relativo al topo, di colore del topo» (AS 1.408, 409, 411, 495; Cl 1.608, 1983, 1984).

Iscrizione 518
(Vs 1.161; CIE 5062; TETC, TLE 254)

MI AVE

io (sono) Avio

Iscrizione scolpita su un cippo funerario rinvenuto ad Orvieto, del VI sec. a. C. - Il gentilizio masch. AVE si trova anche nella variante grafica AUE e corrisponde a quello lat. *Avius*.

Iscrizione 519

(Vs 1.163 – rec; su cippo; CIE 5064; LEE 140)

LARΘ FELZA PE

qui (c'è) Lart Felsio

PE probabilmente «qua, qui», avverbio di luogo. Vedi PA iscrizione num. 526.

Iscrizione 520

(Vs 1.170 – rec; su cippo; CIE 4918)

TITE ECNATE TURNS

Tito Egnatio a Turan

TURNS «a Turan», in genitivo di dedicazione.

Iscrizione 521
(Vs 1.171; CIE 5071; TETC, TLE 260)

LARΘEAL CAICNA ΘAMRIES CANA

opera di Lart Caecina a Tanr

Iscrizione incisa su un grosso sasso a forma di scarabeo, rinvenuto ad Orvieto, del IV/III sec. a. C.- È appena il caso di ricordare che lo scarabeo, per lunga tradizione risalente agli Egizi, era in epoca antica considerato un animale sacro, per cui veniva spesso usato come amuleto.- LARΘEAL = LARΘIAL, per il contesto della frase è molto più probabile che sia masch. piuttosto che femm.- CAICNA gentilizio che corrisponde a quelli lat. *Caecina, Caecinius*; è privo della desinenza del genitivo per la "declinazione di gruppo", per cui non è necessario ricostruire CAICNAS.- ΘAMRIES «di/a Tanr», dea forse della nascita e della morte e propiziatrice del parto (*TLE* 42, 621, 733); è in genitivo di donazione o dedicazione.- CANA «opera, opera d'arte, oggetto prezioso, gioiello, opera statuaria, immagine scolpita, simulacro».

Iscrizione 522

(Vs 1.178; CIE 5092; TETC, TLE 232)

VEL LEINIES LARΘIAL RUVA ARNΘIALUM /

CLAN VELUSUM PRUMAΘŚ AVILS SEMΦŚ / LUPUCE

Uel Laenio fratello di Lart e figlio di Arunte

e pronipote di Uel; è morto a sette anni

Iscrizione dipinta su una parete della "Tomba Golini I" della *familia Laenia,* del IV/III sec. a. C. Vedi *TLE* 227, 233.- Il gentilizio LEINIES (in genitivo) è da confrontare con quello lat. *Laenius* e con l'appellativo lat. *laena* «toga duplice, pallio», già prospettato come di origine etrusca (*LELN* 173; *DICLE*). «Uel fratello di Laenio Lart e figlio di Arunte» pobabilmente questa formula è stata usata perché il defunto era minorenne.- RUVA ricorre soltanto in questa iscrizione e nella successiva *TLE* 233 e probabilmente significa «fratello». Cfr. TIU.- ARNΘIALUM ... VELUSUM sono da distinguere in ARNΘIAL-UM... VELUS-UM, in cui -UM = «e» è una congiunzione copulativa enclitica (*TLE* 233, 619, 675, 676).- PRUMAΘŚ «pronipote» è una variante di PRUMS di *TLE* 131 e di PRUMAΘNE di *TLE* 512.- SEMΦ(-Ś) numerale (in genitivo di età) che significa «sette»; è da confrontare con SEMΦALX(-LS) «settanta» di *TLE* 165 e inoltre col lat. *septem* (*LEGL* 94).

Iscrizione 523
(Vs 1.179; CIE 5093; TETC, TLE 233)

VEL LAƟITES ARNƟIAL RUVA LARƟIALIŚA CLAN VELUSUM /

NEFTŚ MARNUX SPURANA EPRƟNEC TENVE MEXLUM RASNEAS /

CLEVSINSL ZILAXNKE PULUM RUMITRINEƟI MLACE CLEL LUR[I]

Uel Latidio fratello di Arunte quello figlio di Lart e nipote di Uel fu maronico civico

e comandante della Federazione Etrusca fu pretore del(lo Stato) Chiusino

e dopo nel(lo Stato) Romano; diede a questi lustro

Iscrizione dipinta accanto alla figura di un uomo che banchetta, su una parete della "Tomba Golini I", del IV/III sec. a. C. Vedi *TLE* 227, 232.- LARƟIALIŚA siccome questo è il patronimico pronominale che letteralmente significa «quello di Lart», il seguente CLAN «figlio» risulta pleonastico.- MARNUX «maronico» è una forma sincopata di MARUNUX «maronico», aggettivo sostantivato.- Per SPURANA vedi *TLE* 165. EPRƟNEC (non EPRƟNEVC) «e pretore», da confrontare col greco *prýtanis*, finora privo di etimologia *(DELL, GEW, DELG)*; cfr. PURƟNE (vedi *TLE* 171, 463, 465).- TENVE «fu, è stato», preterito forte (*TLE* 131, 133).- MEXLUM è una variante di MEƟLUM «stato» oppure «(con)federazione» di

TLE 99. La divisione MEXL(-UM) dei *TLE* (indice) e del *ThLE* I 241 è errata; la forma MEXL di *TLE* 87 è abbreviata, proprio come METL è abbreviata rispetto a METLVM (*TLE* 719, 792). È da notare che MEXLUM sta a MEΘLUM come ZILAX- sta a ZILAΘ. Ci saremmo aspettati MEXLUMES, ma è intervenuta la "declinazione di gruppo", per la quale la desinenza del genitivo è indicata solo nell'aggettivo seguente.- Per RASNEA(-S) vedi *TLE* 137, 632.- CLEVSINSL «del(lo Stato) Chiusino» è un aggettivo sostantivato in genitivo, ma probabilmente è da interpretarsi CLEVSINSL(ΘI) con uno zeugma rispetto al seguente RUMITRINEΘI.- Leggo ZILAXNKE invece di ZILAXNVE «fu consigliere».- PULUM è da distinguere in PUL-UM = «e poi» (*TLE* 131).- RUMITRINEΘI «nel(lo Stato) Romano» (in locativo) può derivare da un *RUMIT- «abitante di Roma» col suffisso aggettivale -R(I)NE e pertanto significare «nel(lo Stato) Romano».- MLACE (anche AT 1.107) «diede, ha dato», preterito forte.- CLEL, che compare anche nel Cippo di Perugia (*TETC* 570), probabilmente significa «di/a questi-e».- LUR[I] «alloro, gloria, lustro» (vedi AT 1.107).

Iscrizione 524

(Vs 1.180 – 4/3; su sepolcro; CIE 5094; TLE 234)

ARNΘ LEINIES LARΘIAL CLAN VELUSUM / NEFTŚ HILSC MARNUX

TESC ESARI RU[VA] / L[AΘITES VELUS] AMCE

Arunte Laenio figlio di Lart e nipote di Uel / e con lui maronico

e di ciò (sia grazie) agli dèi / fu fratello di Uel Latidio

ESARI probabilmente ES-AR-I «agli dèi», in dativo plur. TESC ESARI «e di ciò (sia) grazie agli dèi» (*DETR* 137).- HILSC (HIL-S-C) forse «e con lui». Genitivo-ablativo di HIL probabilmente variante di HEL «egli, ella; esso, quello-a», da confrontare col lat. *ille* (alternanza E/I; *LEE*, Norme 1) .

Iscrizione 525

(Vs 1.205 – rec; su cippo; NRIE 536; TLE 255)

ARΘ ZERTNAS ZILCΘI ETER[AIAS LUPU]

Arunte Sertina [morto] durante la pretura clientelare

Iscrizione scolpita su un cippo funerario di epoca recente, rinvenuto ad Orvieto.- ARΘ variante grafica del prenome ARNΘ (*TLE* 521, 738). Non mi sembra necessario ricostruire in LARΘ, come fanno i TLE ed ET.- Il gentilizio ZERTNAS corrisponde a quello lat. *Sertinae* (*RNG* 159); la -S è quella dell'originario patronimico in genitivo ormai fossilizzata (*TLE* 35).- Per ZILCΘI «nella pretura, nel consiglierato» cfr. *TLE* 125, 325 ZILCTE, ZILCTI.- Ho ricostruito ETER[AIAS in base all'appellativo composto ZILETERAIAS «(del) consigliere di clientela».- ZILCΘI ETERAIAS «durante la pretura *oppure* il consiglierato di clientela» (*TLE* 122).- Pure mia è la ricostruzione di LUPU, fatta in base a *TLE* 125, 325.

Iscrizione 526

(Vs 1.208 – rec; su cippo; CIE 5146)

A KULNEI PA

qui (c'è) A(runtia) Cullia

PA probabilmente «qua, qui». Vedi PE iscrizione num. 519.

Iscrizione 527
(Vs 2.1; CIE 10887; CII 2261; TETC, TLE 344)

MI PUTERESA Ś KAIŚIEŚ

io (sono la) piccola idria di S(etre) Caesio

Iscrizione graffita su un'idria rinvenuta ad Ischia di Castro (*VT*) , del VII/VI sec. a. C. Mia nuova lettura.- PUTERESIA leggo PUTERESA (PUTERE-SA) «piccola idria», diminutivo di PUTERE. derivato dal greco *potẽr,-erhos* «vaso da bere, coppa» (*TLE* 914).- KAIŚIEŚ, varianti CAIS(I)E e CEISE (*TLE* 193, 353, 521), è un gentilizio (in genitivo) da confrontare con quello lat. *Caesius*.

Iscrizione 528

(Vs 2.11, 13; CIE 10607, 10659*; TETC, TLE 266)

MI ATIAL

io (sono) di mamma

Iscrizione graffita su due vasi del VI/V sec. a. C., rinvenuti ad Orvieto.- Si tratta di una formula affettiva scritta da un figlio su due oggetti del corredo funerario della madre. Vedi *TLE* 70, 161, 625, 752; cfr. *TLE* 265.

Iscrizione 529

(Vs 2.29; CIE 10525*; TETC, TLE 265, 337)

MI APAS

io (sono) di babbo

Iscrizione graffita su una patera di bucchero di epoca arcaica, rinvenuta ad Orvieto e su un piatto di epoca recente, rinvenuto a Vulci.- Evidentemente si tratta di un'iscrizione graffita su oggetti del corredo funebre di defunti fatta dai rispettivi figli secondo una modalità affettiva. Non erano necessarie le indicazioni onomastiche, in quanto erano implicite nella indicazione e nel possesso delle tombe da parte delle rispettive famiglie. Cfr. *TLE* 67, 68, 266.

Iscrizione 530

(Vs 2.40 – 3/2: su vaso; NRIE 530; TLE 213)

TURIS MI UNE AME

io sono la brocca dell'incenso (?)

UNE[2] forse «coppa, brocca», da connettere col greco *ónos* «asino» e «coppa, brocca». Probabilmente è un turibolo di argilla, che ha due aperture superiori, di cui una ha un diaframma forato per il tiraggio dell'incenso acceso (*LEE* 210).- AME «(io) sono».

Iscrizione 531
(Vs 2.48, 4.106; CIE 10720; TETC, TLE 263)

ŚUΘINA / VELUS LECNIES

arredo funerario di Uel Licinio

Iscrizione incisa su un vaso di bronzo e precisamente sul margine e sul piede, rinvenuto ad Orvieto, di epoca recente.- Il gentilizio masch. LECNIE(-S) è una variante recente dell'altro LECENIIE ed è da confrontare con quello lat. *Licinius* (*LELN* 178) (*TLE* 455).

Iscrizione 532
(Vs 2.54; CIE 10948; TETC, TLE 214)

LUVCANIES{S}CA

quella di Lucanio

Iscrizione graffita su una patera a vernice nera, rinvenuta a Bolsena, di epoca recente.- LUVCANIES{S}CA «quella di Lucanio» va distinto in LUVCANIES-CA come nelle iscrizione *TLE* 5, 8, 9, 67, 78, 215, 717, 900. La doppia SS sarà un errore.

Iscrizione 533

(Vs 3.2, 3 – 6:3; su vasi; TETC, TLE 267, 268)

MINE MULVUNUKE LARIS NUMENAŚ

mi ha donato Laris Numenio

Iscrizione graffita su due *oinochoe* del VI sec. a. C., rinvenute ad Orvieto.- MULVUNUKE «donò, ha donato» (preterito debole) è una variante di MULVANICE (*TLE* 27, 34).- NUMENAŚ gentilizio masch. da confrontare con quello lat. *Numenius*, nonché con l'appellativo lat. *numen* «cenno del capo, comando, volontà, volontà divina, nume»; la -Ś è quella dell'originario genitivo patronimico ormai fossilizzata (*TLE* 35).

Iscrizione 534
(Vs 3.4; NRIE 558; TLE 256)

LARΘ PAIΘUNAS / PREZU TURUCE

Lart Paetonio Presso ha donato

Iscrizione scolpita su una base, destinata a sostenere una statua, rinvenuta nel tempio del Belvedere di Orvieto, del V sec. a. C.- PREZU sembra il *cognomen*, che potrebbe corrispondere a quello lat. *Pressus* (*RNG*).

Iscrizione 535

(Vs 3.5, 4.4, X.18; NRIE 541; TETC, TLE 257)

MI PEΘNS | CAE TITI VUCI|NAS TURCE

io (sono) per piedistallo; Caio Titio mi ha donato a Vecenio

Iscrizione scolpita su tre facciate di una base cubica di nenfro destinata a sostenere una statua, di epoca recente, rinvenuta ad Orvieto.- Per PEΘNS «cippo, basamento» vedi iscrizione Pe 3.2.- TITI variante del prenome masch. TITE, il quale è da confrontare con quello lat. *Titus*. L'individuo pertanto aveva due prenomi.- VUCINAS gentilizio masch. da confrontare con quello lat. *Vecenius*; la -S è quella dell'originario genitivo patronimico ormai fossilizzata (*TLE* 35).

Iscrizione 536
(Vs 3.7; TETC, TLE 736)

TN TURCE VEL SVEITUS

questo ha donato Uel Suetone

Iscrizione incisa su una statuetta bronzea di aruspice, di epoca recente e di rinvenimento incerto.- SVEITUS gentilizio masch. corrispondente a quelli lat. *Sueto, Suito,-onis, Suetonius*; la -S è quella dell'originario genitivo patronimico ormai fossilizzata (*TLE* 35).

Iscrizione 537

(Vs 4.7; CIE 10560*; TETC, TLE 270)

TINIA CALUSNA

Tinia tenebroso

Iscrizione dipinta su una patera a vernice nera, rinvenuta nel tempio del Belvedere di Orvieto, del III sec. a. C.- Il lat. *caligo,-inis* «fumo, vapore, nebbia, caligine, tenebra» è di etimologia incerta e presuppone un aggettivo **calus* «oscuro» (*DELL*) (*TLE* 99); con questa base latina è probabilmente imparentato l'aggettivo etr. CALUSNA, il cui significato potrebbe essere «caliginoso, tenebroso, notturno, sotterraneo, ctonio, infero». Pertanto TINIA CALUSNA verosimilmente corrisponde al lat. *Iupiter Summanus* (*CIL* V 3256, 5660), il dio del cielo notturno e della folgore notturna, identificato tardivamente con *Plutone*; vedi *TLE* 257 (commento) e 642. È da precisare che, siccome esisteva il gentilizio lat. *Calusius* - che probabilmente era un antroponimo teoforico - l'etr. CALUSNA potrebbe essere tradotto **Calusio*.

Iscrizione 538

(Vs 4.8 – 3/2: su cippo votivo; TLE 900)

SELVANS / SANXUNETA / CVERA

Silvano / il Sanguinario / ex voto

SANXUNETA (SANXUNE-TA) probabilmente «il Sanguinario», con l'articolo determinativo enclitico (*LEGL* 107), da confrontare col lat. *sanguen, sanguis* «sangue» (finora privo di etimologia; *LEW, DELL, DELI*) » (Silvano era presentato come "avido di sangue"). La connessione che comunemente si fa di questo vocabolo col misterioso dio lat. *Sancus, Sangus* non mi sembra pertinente, a meno che pure il nome di questo dio sia da connettere con *sanguen (LELN* 229).

Iscrizione 539

(Vs 4.10, 11; TETC, TLE 258, 259)

TINIA TINSCVIL

dono votivo a Tinia

Iscrizione scolpita su due are lapidee di epoca recente, rinvenute ad Orvieto.- TINIA o TINA «Tinia» è il dio etrusco corrispondente al lat. *Iupiter* e al greco *Zéus*. TINIA va interpretato come TINIAS, in genitivo.- TINSCVIL «dono, regalo, offerta, ex voto», letteralmente TINS CVIL «dono del giorno, regalo giornaliero, offerta quotidiana» (*CVIL sembra il diminutivo di CVER «dono»).

Iscrizione 540
(Vs 4.12, 7.42, X.19; NRIE 529; TETC, TLE 290)

EŚTA ZINU HERMA TINŚCVIL \ ERUS \ LUSXNEI

questo vaso (è) erma ex voto (?) \ *Eros* \ *Luna*

Iscrizioni graffite su una patera di epoca recente; la prima è sul margine, la seconda accanto alla figura di un astro, la terza accanto alla figura della luna.- EŚTA «questo, quello-a» (anche sostantivato), da confrontare con l'umbro *este* e col lat. *iste* (*LEGL* 101). Vedi EISTA, ESTLA (*DETR*).- ZINU forse è da connettere col lat. *sinus,-um* «grande vaso vinario», sinora privo di etimologia (*DELL*).- HERMA probabilmente è da confrontare col protosardo *èrma* «piatto o vaso pieno di chicchi di grano fatti germogliare per la festa di san Giovanni e della Pasqua», simili a quelli usati ad Atene per la festa di *Ermes Aethonio* (A. La Marmora, *Voyage en Sardaigne*, Paris-Turin, 1839, I pg. 265; *DILS*).- ERUS probabilmente corrisponde al greco *Érhos* «Amore, Cupido» (finora privo di etimologia).- LUSXNEI «Luna», divinità, da confrontare col lat. *luna* (**leuksna, *louksna*) e col prenestino *losna*.

Iscrizione 541
(Vs 4.13; CIE 5168; TETC, TLE 205)

TINIA[S] TINSCVIL/{S} ASIL SACNI

altarino (?) sacro dono a Tinia

Iscrizione scolpita su un altarino di pietra a forma di piramide tronca e con un foro verticale al centro, di epoca recente, rinvenuto a Bolsena (vedi A. J. Pfiffig, *Religio Etrusca*, pg. 77 fig. 25).- TINIA TINSCVILS da intendersi come TINIAS TINSCVIL.- ASIL probabilmente corrisponde al lat. *arula* «altarino», diminutivo di *ara*, anticamente *asa*, che è di etimologia incerta (*DELL*) e che quindi potrebbe derivare proprio dall'etrusco.- SACNI «consacrato» (*TLE* 642).

Iscrizione 542

(Vs 4.36; CIE 10726*; TETC, TLE 273)

ŚUΘINA LARCNAS

arredo funerario di Largenna

Iscrizione graffita su un vaso di bronzo rinvenuto ad Orvieto, del IV/III sec. a. C.- Per ŚUΘINA vedi *TLE* 210, 211, 212.- Al gentilizio LARCNA possono corrispondere quelli lat. *Largenna, Largennius* o *Larginius* (*LELN* 176) oppure *Laricius* (*TLE* 246).

Iscrizione 543

(Vs 4.51, 61-65; CIE 10819; TETC, TLE 210)

LARISAL HAVRENIES ŚUΘINA

arredo funerario di Laris Haerennio

Iscrizione incisa su una situla di bronzo facente parte di un corredo funebre di Bolsena, del IV/III sec. a. C.; cfr. iscrizione 202, vedi iscrizione 211.- Il gentilizio HAVRENIES - da confrontare con quelli lat. *Haerenius, Herenius (RNG)* - si trova scritto HARENIES in una *oinochoe* di bronzo che è stata trovata nella medesima tomba e che ripete la stessa iscrizione- ŚUΘINA è un aggettivo sostantivato derivato da ŚUΘI «sepolcro, tomba» e indica la consacrazione funeraria di un oggetto, che ne interdice l'uso da parte dei vivi e quindi da parte di eventuali profanatori di tombe; significa pertanto «oggetto di corredo funebre» (*TLE* 69, 212, 216, 219, 263, 264, 355).

Iscrizione 544

(Vs 4.67-70; TETC, TLE 291)

ΘANIA LUCINI ŚUΘINA

Tania Lucinia; arredo funerario

Iscrizione incisa su un candelabro e su tre vasi di bronzo di un corredo funerario rinvenuto in località incerta, del IV/III sec. a. C.- Non mi sembra necessario integrare gli antroponimi in ΘANIAS LUCINIAL, come fa il Pfiffig (*DES* pg. 255).

Iscrizione 545
(Vs 4.71; CIE 10858*; TETC, TLE 292)

LUVCINAL / ŚUΘINA

arredo funerario di Lucinia

Iscrizione incisa su un orcio di bronzo rinvenuto in località incerta, del IV/III sec. a. C.- Il gentilizio femm. in genitivo LUVCINAL è una variante grafica dell'altro LUCINI di *TLE* 291.

Iscrizione 546

(Vs 4.74-78); CIE 10681; TETC, TLE 219)

CEIΘURNEAL ŚUΘINA

arredo funerario di Ceternia

Iscrizione incisa su cinque oggetti di un corredo funebre di epoca recente, rinvenuto a Porano, in territorio volsiniese.- Il gentilizio femm. (in genitivo) CEIΘURNEAL - che in uno degli oggetti compare nella variante CEΘURNEAL - è probabilmente da confrontare con quello lat. *Ceternius*, con l'ital. antico *cederno* «cedro» (già indiziato come di origine etrusca; *DEI)*, nonché coi toponimi umbro *Citerna* (*PG*) e protosardo *Chiterru* (*SS*).- Questa iscrizione è da confrontare con le *TLE* 210, 211, 212, 216.

Iscrizione 547

(Vs 4.79, 80, 81, 82, 83; CIE 10876; TETC, TLE 216)

LARΘ METIES ŚUΘINA

arredo funerario di Lart Metio

Iscrizione incisa su un vaso di bronzo di epoca recente, rinvenuto a Castel Giorgio, in territorio volsiniese. È da confrontare con le iscrizione *TLE* 210, 211, 212, 219.- LARΘ è privo della desinenza del genitivo perché questa si trova nel gentilizio seguente, per la "declinazione di gruppo".- METIES genitivo di gentilizio masch. corrispondente a quello lat. *Metius*.

Iscrizione 548

(Vs 4.96; CIE 10838; TETC, TLE 211)

ΘANIAS CEINEAL ŚUΘINA

arredo funerario di Tania Caenia

Iscrizione incisa su un vaso di bronzo facente parte di un corredo funebre di Bolsena, del III sec. a. C.; vedi iscrizione 210.- ΘANIA variante del prenome femm. ΘANA.- CEINEAL gentilizio femm. (in genitivo) variante dell'altro CAINEI (iscrizione 276) e corrispondente a quello lat. *Caenius-a*.- Per ŚUΘINA vedi *TLE* 210.

Iscrizione 549

(Vs 4.115; TETC, TLE 264, 355, 750)

MI ŚUΘINA

io (sono un) arredo funerario

Iscrizione incisa sulla faccia levigata di tre specchi di bronzo di epoca recente, rinvenuti rispettivamente ad Orvieto, a Sovana (*GR)* e in una località imprecisata; vedi *TLE* 210, 212.

Iscrizione 550

(Vs 6.5 – 3f2i; su vaso; CIE 10803)

[Θ]INA VIPIES VEΘUZ VELNALΘI

olla di Vibio Vettonio – in Volsini

VELNALΘI (VELNAL-ΘI) «in Volsini». In locativo.

Iscrizione 551

(Vs 6.7-9 – 2: su vasi; REE 56,54; 65-68,19, 78)

ACIL PUTINA CEIZRA

Putinio (ha fatto) l'opera – Caere

PUTINA «Putinio», gentilizio masch., da confrontare con quello lat. *Putinius* (*RNG*). Si tratta di un marchio di fabbrica.

Iscrizione 552

(Vs 6.19 – 2:m; su vaso; TLE 902)

VIPA LUNCANE PATNA VELSNALΘI

Vibio Longanio Patinio (fabbricante) nel Volsinese

oppure *Vibio Longanio - piatto (fabbricato) nel Volsinese*

Si tratta di un marchio di fabbrica.- PATNA «Patinio», gentilizio masch., da confrontare con quelli lat. *Patina, Patinius* (*RNG*); oppure potrebbe essere un appellativo, corrispondente al lat. *patena, patina* «piatto, padella, scodella» (*DICLE* 130).

Iscrizione 553

(Vs 6.24 – rec ; su vaso; CIE 10868; TETC, TLE 215)

ΘANSESCA NUMNAL ACIL

*opera quella di *Tanso (servo) di Numenia*

Iscrizione incisa su un *askos* del III/II sec. a. C., rinvenuto a Bolsena. Si tratta di un marchio di fabbrica; cfr. *TLE* 196, 342, 612, 903.- Per ΘANSESCA (ΘANSES-CA) «quella di Thanso» vedi *TLE* 67, 78, 214. ΘANSE è un nome individuale di schiavi o di liberti (*TLE* 158, 354).- NUMNAL genitivo di gentilizio femm. corrispondente a quello lat. *Numenius*.- Per ACIL «opera» vedi *TLE* 196.

Iscrizione 554
(Vs 7.3; CIE 5079; TLE 221)

ΘRAMA MLIΘUNS

figura di servetta (?)

Iscrizione su parete della "Tomba Golini I", accanto alla figura di una serva con due recipienti, del VI/III sec. a. C.- ΘRAMA probabilmente «trama, contorno, figura, immagine», da confrontare col lat. *trama*, finora privo di etimologia sicura (*DELL, DELI*).- MLIΘUNS forse «di servetta» (in diminutivo e in genitivo), da confrontare forse col lat. *miles,-itis* «milite», già prospettato come di probabile origine etrusca (*DELL*). Però l'intera traduzione è dubbia.

Iscrizione 555

(Vs 7.7 – 4:3; su sepolcro; CIE 5083; TLE 225)

PAZU MULU[V]ANE

inserviente distributore (?)

Traduzione interamente incerta.

Iscrizione 556
(Vs 7.9 – 4:3; su sepolcro; CIE 5085; TETC, TLE 227)

TESINΘ TAMIAΘURAS

capo della servitù (?)

Iscrizione messa accanto all'immagine di un domestico in una scena che raffigura la preparazione di un banchetto, dipinta su una parete della "Tomba Golini I" della *familia Laenia* di Sette Camini, del IV/III sec. a. C. Vedi *TLE* 228-236.- TESINΘ per il suffisso -Θ è un participio pres., che probabilmente significa «che comanda, che sovrintende» (*TLE* 135, 571, 621). Vedi TESNE.- TAMIAΘUR(-AS) «della servitù» (in genitivo), appellativo caratterizzato dal suffisso collettivo -ΘUR (*TLE* 176) e da un tema che probabilmente corrisponde a quello del greco *tamías* «dispensiere».

Iscrizione 557

(Vs 7.10 – 4:3; su sepolcro; CIE 5086; TLE 228)

AKLXIS MUIFU

prestatore d'opera (?)

Traduzione interamente incerta.

Iscrizione 558

(Vs 7.11 – 4:3; su sepolcro; CIE 5087; TLE 229)

RUNXLVIS PAPNAS

(figura) di falciatore avito (?)

Traduzione interamente incerta.

Iscrizione 559
(Vs 7.12 – 4:3; su sepolcro; CIE 5088; TLE 230)

ΘRESU PENZNAS

inserviente della macina (?)

Iscrizione messa accanto all'immagine di un domestico in una scena che raffigura la preparazione di un banchetto, dipinta su una parete della "Tomba Golini I" della *familia Laenia* di Sette Camini, del IV/III sec. a. C. Vedi *TLE* 228-236.- PENZNA(-S) forse «della macina», variante di PENΘNA «pietra, cippo, stele».

Iscrizione 560
(Vs 7.17; CIE 5096; TLE 236)

KURPU

buffone (?)

Leggenda dipinta accanto all'immagine di nano raffigurata su una parete della "Tomba Golini I"; vedi *TLE* 227.- KURPU forse «buffone, giullare» è da confrontare, oltre che col lat. *coprea*, *copria*, col greco *koprías* «buffone».

Iscrizione 561
(Vs 7.21; CIE 5102; TETC, TLE 240)

PRESNΘE

pubblico presente

Leggenda scritta accanto a un gruppo di musici e di domestici che assistono al convivio dipinto nella "Tomba Golini II" di Sette Camini, del IV/III a. C.- PRESNΘE «pubblico presente», che deriva dal lat. *praesens,-tis* e in questo caso participio sostantivato.

Iscrizione 562
(Vs 7.25; CIE 5106; TETC, TLE 241)

ZATLAΘ AIΘAS

guardiano di Ade

Iscrizione dipinta accanto all'immagine di due combattenti raffigurati nella "Tomba Golini II" di Sette Camini (*TLE* 240), del IV sec. a. C. Probabilmente si tratta della scena di un combattimento gladiatorio di valenza funeraria.- ZATLAΘ «satellite, accompagnatore, guardia del corpo, guardiano», dal quale è ormai pacifico che sia derivato il lat. *satelles,-itis*.- AIΘAS è il greco *Aídes* «Ade, Plutone, Orco» (in genitivo) (*LEGL* 47). In Orazio (*Carm.* II 18, 34) si trova l'espressione *satelles Orci*.

Iscrizione 563
(Vs 7.34; CIE 5113; TETC, TLE 217)

[V]EΘNACE HESCANAS

Uedinaco (servo) di Fescenna

Traduzione incerta.

Iscrizione 564

(Vs 7.38; CIE 5118; TETC, TLE 218)

PETINATE HESCANAS

Petinate (servo) di Fescenna

Due iscrizioni dipinte accanto alle figure di due servi su una parete della tomba della famiglia HESCANAS, situata a Porano, in territorio volsiniese, del III sec. a. C.- Ricostruisco [V]EΘNACE in base all'antroponimo lat. *Vedinacus*, il quale probabilmente è di origine gallica (*LEN* 15).- Il gentilizio masch. HESCANAS (nominativo e genitivo) probabilmente è da confrontare con quelli lat. *Fescenna* e *Fescennius* e col toponimo *Fescenna* (Etruria).- PETINATE nome individuale in questa iscrizione, gentilizio in altre, si trova anche in una iscrizione che erroneamente è stata ritenuta latina (*CIL* XI 7213).

Iscrizione 565
(Vs 7.39; CIE 5179; TETC, TLE 207)

MERA CILENS

Minerva - Notturno

Iscrizione incisa sulla base di un'antefissa fittile, che presenta le immagini di Minerva e di un'altra divinità, di epoca recente, rinvenuta a Bolsena. Vedi *TLE* 208, 209.- MERA è una abbreviazione di MENERVA «Minerva» (*LELN* 194).- CILENS (anche *Fegato*) «Notturno» (lat. *Nocturnus* «Dio della Notte»), con una corrispondenza suggerita dalla sequenza delle divinità indicata da Marziano Capella (cfr. A. Maggiani e E. Simon, in M. Cristofani, *Gli Etruschi ecc.,* pagg. 139-141).

Iscrizione 566

(Vs S.14 – 4f3i; su specchio; CIE 10840*)

MARIŚ ISMINΘIANS

Maris (figlio) dello Sminteo (Apollo)

ISMINΘIAN(-S) «Sminteo» =«uccisore dei topi», era un titolo di Apollo (anticamente la presenza di topi nei granai era una iattura, per cui si invocava una divinità per distruggerli).

Iscrizione 567
(Vt 1.45; CIE 49; TETC, TLE 387)

TA SUTI / MUCETIŚ / CNEUNAŚ / LAUTUNIŚ

questa (è la) tomba di Mogetio domestico di Cneunio

Iscrizione scolpita su un cippo sepolcrale rinvenuto a Volterra, di epoca recente.- SUTI «tomba, sepolcro» è una variante del più frequente SUΘI.- Il nome individuale MUCETI(-Ś) corrisponde al gentilizio lat. *Mogetius*, che sembra di origine gallica (*LEN* 22).- CNEUNA(-Ś) probabilmente è un gentilizio masch. formatosi sul prenome CNEUE = lat. *Cnaeus*, cioè uno dei "Vornamengentilicia".- LAUTUNI(-Ś) «domestico» è una variante, con anaptissi, del più frequente LAUTNI; vedi *TLE* 393, 450.

Iscrizione 568

(Vt 1.56 - 5: su stele; TETC, TLE 384)

MI MA LARISA HEKINAŚ

io sono (la stele) di Laris Fecinio

Iscrizione scolpita su una stele sepolcrale rinvenuta a olterra, del V sec. a. C.- LARISA genitivo del prenome LARIS, che ha perduto la desinenza –L per la "declinazione di gruppo" (*TLE* 246, 770).- HEKUNAŚ gentilizio masch. in genitivo, corrispondente a quello lat. *Fecinius* (*LELN* 130).

Iscrizione 569
(Vt 1.58; TETC, TLE 684)

MI LARUŚ ARIANAŚ ANAŚNIEŚ KLAN

io (sono) di Larino Arianio figlio di Annaena

Iscrizione scolpita su un cippo funerario del V sec. a. C., rinvenuto a Panzano (*FI*).- LARUŚ «di Larino», diminutivo del prenome masch. LARIS, in genitivo (*TLE* 17).- ARIANAŚ gentilizio masch. (in genitivo) corrispondente a quello lat. *Arianius*.- ANAŚNIEŚ genilizio femm. in genitivo, probabilmente da confrontare con quello lat. *Annaen(i)us* (*TLE* 586).- KLAN variante grafica di CLAN «figlio»; è privo della desinenza del genitivo a norma della "declinazione di gruppo".

Iscrizione 570
(Vt 1.72; CIE 14; TETC, TLE 411)

MI MA / L TARCSTE

io sono Lart Tergeste

Iscrizione scolpita su un cippo sepolcrale rinvenuto a Montaione (*FI*), del IV/III sec. a. C.- L'abbreviazione L può essere svolta anche con LARIS.- TARCSTE gentilizio masch. da confrontare col *cognomen* lat. *Tergeste* (anche nome lat. della città di *Trieste*).

Iscrizione 571

(Vt 1.73 – 6f5p; su sarcofago; CIE 177; TLE 414)

MI ARUNΘIA MALAMENAŚ

*io (sono) di Arunte *Malamenio*

ARUNΘIA «di Arunte», in genitivo arcaico.

Iscrizione 572
(Vt 1.77; TETC, TLE 428)

MI CAPRA CALISNAŚ LARΘAL /

ŚEPUŚ ARNΘALISLA CURSNIALX

io (sono l') urna del defunto Lart / Seponio

quello (figlio) di Arunte e di Corsinia

Iscrizione scolpita su un ossario bisomo della metà del III sec. a. C., rinvenuto a Monteriggioni (*SI*).- CAPRA «vaso, recipiente, urna, ossario», da confrontare col lat. *caprunculum* «vaso fittile» (P.-Festo § 34 pg. 42) (*TLE* 410).- CALISNAŚ «defunto», propriamente «calusio, infero, funebre», aggettivo di CALUS. Vedi CALUSNA, KALISNIŚ.- ŚEPUŚ gentilizio in genitivo, da confrontare col lat. *Seponius*.- ARNΘALISLA letteralmente «di quello di Arunte», patronimico pronominale in genitivo (*TLE* 51, 322).- CURSNI-AL-X gentilizio femm. (in genitivo) corrispondente a quello lat. *Corsinius*. La congiunzione enclitica è spirantizzata per la vicinanza della liquida; *TLE* 312, 325.- ARNΘALISLA CURSNIALX si osservi la differente resa del patronimico e del matronimico: il primo col patronimico pronominale, il secondo col semplice genitivo (*TLE* 191).

Iscrizione 573

(Vt 1.80 – 3f2i; su ossario; NRIE 254)

MI CAPRA ΘANAS FELMUIA

io (sono l') ossario di Tana Fulmonia

CAPRA «vaso, urna, ossario, sarcofago», da confrontare col lat. *caprunculum* «vaso fittile» (Paolo-Festo § 34 p. 42).

Iscrizione 574
(Vt 1.85; NRIE 287; TETC, TLE 407)

MI LARΘIA ΘARNIES / UXULNI MULUVUNEKE

io (sono la stele) di Lart Tarna / (l') ha donata Ogulnia

Iscrizione sui due margini di una stele che presenta scolpita la figura di un uomo armato, del VI sec. a. C., rinvenuta a Pomarance (*PI*).- LARΘIA sta per LARΘIAL «di Lart», con la caduta della desinenza per la "declinazione di gruppo".- Il gentilizio masch. ΘARNIE-S è da confrontare con l'altro *Tarna* e corrisponde a quello lat. *Tarna*.- UXULNI gentilizio femm. corrispondente a quello lat. *Ogulnius,* corrispondenza che toglie ogni dubbio circa la esatta lettura del vocabolo etrusco; Ogulnia sarà stata la vedova del defunto.- I *TLE* e il *ThLE[1] I* suppongono una lacuna fra le due parti dell'iscrizione; a me sembra che questa supposizione non sia necessaria.

Iscrizione 575

(Vt 1.95 – rec; su ossario)

ΘANA CAINEI RIL LEINE L

Tana Caenia riposa a 50 anni (?)

LEINE probabilmente «trovò, ha trovato pace» (= lat. *requievit)*, preterito forte da confrontare coi lat. *laenis, lenis* «lene, calmo, quieto», di origine incerta (*DELL*) (*DICLE*).

Iscrizione 576

(Vt 1.109; CIE 73; TETC, TLE 394)

RAV VELANI AR RIL XLII LEINE

Rantina Uelania (figlia) di Arunte di anni 42 (qui) riposa

Iscrizione scolpita su un ossario di epoca recente, rinvenuto a Volterra.- RAV ... AR abbreviazione rispettivamente di RAVNΘU (*TLE* 130) e di ARNΘ(-AL).- LEINE «riposa (in pace)» (indicativo pres. 3ª pers. sing.) probabilmente da confrontare coi lat. *laenis, lenis* «lene, calmo, quieto», finora di origine incerta (*DELL*) (*DICLE* 104). Inoltre è da confrontare con l'etr. LEINΘ «Quiete o Pace eterna, Morte», letteralmente "Quietatrice, Pacificatrice" (*CII* 480, 1067); anche a Roma la *Quies* era stata divinizzata e le era dedicato un *fanum Quietis* (Livio IV, 41, 8); vedi U. Coli, *Saggio di Lingua Etrusca*, Firenze 1947, § 100.

Iscrizione 577
(Vt 1.114; CIE 158; TETC, TLE 391)

ΘANA VELUI S EΘVIŚ AVILŚ LXII R(IL)

Tana Uelonia (figlia) di S(etre) di anni 62 di età con questo (in corso)

Iscrizione scolpita su un ossario di epoca recente, rinvenuto a Volterra.- EΘVIŚ probabil. «con questo (in corso)», ablativo di EΘ «questo-a»; cfr. EITVA.- R quasi certamente abbreviazione di RIL.

Iscrizione 578

(Vt 1.116, Vt 1.117; CIE 142°, 142b; TETC, TLE 395)

MI CAPI / L VERSNI L

io (ossario) contengo / L(art) Versinio (figlio di) L(aris)

CAPI vedi CAPIS dell'iscrizione num. 393.

Iscrizione 579
(Vt 1.117 TETC, TLE 395b)

MI CAPI / L VERSNI SE / L VERSNI LUPUVE

io (ossario) contengo / L(art) Versinio

(figlio di) Se(tre) /(e) L(aris) Versinio defunti

Iscrizione scolpita su un ossario e ripetuta - in maniera non esattam. uguale - sul suo coperchio, di epoca recente, rinvenuto a Volterra.- CAPI «prendo, contengo», pres. indicativo 1ª pers. sing. (corrige *LEGL* 114).- La lettera L può anche essere interpretata come l'abbreviazione del prenome LARIS.- VERSNI gentilizio masch. corrispondente a quello lat. *Versinius*.- LUPUVE (LUPU-VE) «defunti» è il plur. di LUPU «morto, defunto».- Nell'ossario dunque c'erano le ossa di due fratelli, uno chiamato *Lart Versinio* e l'altro *Laris Versino* (o viceversa). Probabilmente le ossa del secondo saranno state messe nell'ossario in un tempo successivo.

Iscrizione 580

(Vt 1.145; CIE 99; TETC, TLE 388)

MI MA / LARIS / ŚUPLU

io sono / Laris / Subulone

Iscrizione scolpita su un cippo sepolcrale rinvenuto a Volterra, del III sec. a. C.- Anche qui ŚUPLU è in funzione di gentilizio (*TLE* 362, 851).

Iscrizione 581
(Vt 1.149; TETC, TLE 382)

MI MA VELUŚ / RUTLNIŚ / AVLESLA

io sono di Uel / Rutileno / di quello (figlio) di Aulo

Iscrizione scolpita su un cippo sepolcrale rinvenuto a Volterra, del III sec. a. C.- RUTLNI(-Ś) gentilizio masch. in genitivo, corrispondente a quello lat. *Rutilenus*.- AVLESLA letteralmente «di quello di Aulo», è il patronimico pronominale in genitivo.

Iscrizione 582

(Vt 1.153 – rec; su coperchio di ossario)

A TITE {A} CALE CLANTI APUNAŚ RIL XXIIIX

Aulo Tito Calio figliastro di Aponio di anni 27

CLANTI in questa iscrizione è meglio interpretare «figliastro» che non «figlio adottivo».

Iscrizione 583
(Vt 1.168; CIE 118; TETC, TLE 389)

MI MA SUΘIC L FULUŚ LS

io sono il cippo funerario di L(art) Fullone

(figlio) di L(aris)

Iscrizione scolpita su un cippo sepolcrale di epoca recente, rinvenuto a Volterra.- SUΘIC probabilmente «cippo funerario», da SUΘI «sepolcro, tomba».- FULU(-Ś) gentilizio masch. da confrontare con quello lat. *Fullo,-onis*, anche appellativo = «follone, lavandaio, tintore», già prospettato come di origine etrusca (*LELN* 146; *DICLE* 88) (*TLE* 13, 415, 536; cfr. SUPLU *TLE* 362, 388).

Iscrizione 584

(Vt 2.12; TETC, TLE 410)

MI ΘANIAŚ NUVINAL CAPRA

io (sono il) vaso di Tania Novia

Iscrizione graffita su una patera a vernice nera, rinvenuta a Castiglioncello (*LI*), di epoca recente.- NUVINAL (NUVINAL) gentilizio femm. probabilmente da confrontare con quello lat. *Novius* (*RNG*).- L'appellativo CAPRA «vaso, recipiente» qui, altrove «ossario, urna», è da confrontare col lat. *caprunculum* «vaso fittile» (*DICLE*).

Iscrizione 585
(Vt 3.1; TETC, TLE 429)

MINI MULUVANICE VHLAKUNAIE VENEL

mi ha donato Uenel Flacconio

Iscrizione graffita su un *kyathos* di bucchero del VII sec. a. C., rinvenuto nella necropoli del Casone a Monteriggioni (*SI*). Cfr. *TLE* 36.- Il gentilizio VHLAKUNAIE presenta la trascrizione arcaica VH al posto della F; corrisponde a quello lat. *Flacconius* e probabilmente anche al lat. *flaccus* «fiacco, floscio, cascante», finora di etimologia incerta *(DELL)* e quindi di probabile origine etrusca.- Per il prenome masch. VENEL vedi *TLE* 156.

Iscrizione 586

(Vt 3.3 - rec; CIE 76; TETC, TLE 397)

MI CANA LARΘIAŚ ZAN[Ś]L VELXINEI ŚE[LV]ANŚL [TU]RCE

io (sono la) statua di Lartia genitrice. Uelcennia (mi) ha donato al (dio) Silvano

Iscrizione scolpita su una statua marmorea di donna che porta in braccio un bambino, del III sec. a.C., rinvenuta a Volterra. L'iscrizione corre sul braccio destro e sulla spalla della donna ed è unitaria (cfr. R. Bianchi Bandinelli, *L'arte etrusca*, Roma 1982, 304, 306).- Per CANA «statua» vedi *TLE* 260.- LARΘIAŚ allotropo di genitivo rispetto all'altro LARΘIAL; cfr. *TLE* 513, 514, 772.- ZAN[Ś]L «della (pro)genitrice» (in genitivo), da confrontare con SANŚL di *TLE* 624, 651 (Pe 3.3) (*DETR* 357).- Il gentilizio femm. VELXINEI corrisponde a quelli lat. *Volcinius* oppure *Velcennius*. *Uelcennia* sarà stata la figlia o la nipote.- ŚE[LV]ANŚL propriamente «di Silvano» in genitivo di donazione.

Iscrizione 587

(Vt 4.2 – rec; *tabula defixionis* su lamina plumbea; TLE 402)

ΘUSAΘUR SELASVA ΘLU ΘUPIT(LAS) AISECE TATI

Tatia ha consacrato la famiglia dei Tusi come vittime (?) giù (?) a Tupulta

ΘLU significato compatibile «giù», nell'Ade.- ΘUPIT(ULAS) «di/a Tupulta/Tufulta», abbreviazione di ΘUPITULA, in genitivo di dedicazione. Vedi ΘUFLΘAS.

Iscrizione 588

(Vt 4.5 - rec; CIE 53; TLE 398)

FL SUPRI MANINCE / VIPINALTRA ULXNISLA / CLZ TATANUŚ

ex voto alla pace e al Mane / la famiglia Uipinia

quella di Olcinio / qui (c'è) *Tatano

Iscrizione incisa su una statuina bronzea di uccello o di colomba, rinvenuta a Volterra, di epoca recente. Probabilmente FL(ER) SUPRI «statuetta votiva per il Sonno»; SUPRI «al/per il Sonno» (in dativo) da confrontare col lat. *sopor,-oris* «sopore, sonno», anche divinità: *consanguineus Leti Sopor* «Sonno parente della Morte» (Virgilio, *Aen.* 6.278).- MANINCE (MANIM-CE) «e al Mane (del capostipite)», con la congiunzione enclitica.- VIPINA-L-TRA «della famiglia Uipinia».- ULXNISLA «di quella di Olcinio» (= lat. *Olcinius*), è il patronimico pronominale in genitivo e indica una delle famiglie appartenenti alla *gens Vipinia*.- CLZ probabilmente corrisponde a CLΘ «qui». - TATANU-Ś antroponimo da confrontare col *cognomen* lat. *Tatianus* (*RNG*).- L'offerta della statuetta di un uccello sarà stata fatta a titolo sacrificale e forse anche per ricordo della divinazione effettuata dal defunto col volo degli uccelli.

Iscrizione 589
(Vt 7.2 – 2:p; su ossario; REE 45,2*)

VEL \ CEULNA \ PUIA \ ATI NACNA \ APA NACNA

Uel Cilnio (?) (e la) moglie \ nonna \ nonno

PUIA questa lettura è mia.

Iscrizione 590
(Vt S.2; TETC, TLE 399)

ECA SREN / TVA IXNA/C HERCLE / UNIAL CL/AN ΘRASCE

questa figura mostra come Ercole figlio di Giunone succhiò (il suo latte)

Iscrizione incisa su uno specchio del IV/III sec. a. C., rinvenuto a Volterra. Raffigura Ercole adulto allattato da Giunone a titolo di adozione fatta alla presenza di altri quattro dèi.- SREN probabilmente «figura, immagine».- Il significato di TVA «mostra» è compatibile.- IXNAC è da distinguere in IX NAC come il lat. *ita ut*.- UNIAL genitivo di UNI «Giunone» (*TLE* 644, 719, 877).- ΘRA{:}SCE probabilmente «succhiò, ha succhiato (il latte)», da confrontare col lat. *trahere, traxit* «trarre, trasse», che è di origine oscura (*DELL, AEI, DELI, Etim*). Anche io ritengo che la punteggiatura sia un errore dell'incisore e quindi sia da espungere.

Iscrizione 591
(NU N.8; TETC, TLE 797)

VERCNAS

della Vergine

Leggenda di una moneta di bronzo, che presenta la testa di Atena e un mostro marino, del III sec. a. C. e di rinvenimento incerto.- VERCNAS «della Vergine» (in genitivo), da confrontare col lat. *virgo,-inis*, finora privo di etimologia (*DELL*); la verginità era appunto un attributo della dea Athena (*TLE* 207). Il genitivo può presupporre sia il vocabolo «moneta» sia l'altro «immagine, figura» (cfr. *TLE* 88, 295, 296, 330, 333, 335, 691, 755, 885).

Iscrizione 592

(NU N.31 - 3: TETC, TLE 794)

XA VETALU FUFLUNA

Chiusi (Caere?) Vetulonia Populonia

Legenda di due monete di bronzo con testa di Vulcano, del III sec. a. C. e di rinvenimento incerto.- XA probabilmente abbreviazione di *Xamar(i)s, Camar(i)s,* antico nome di *Clusium* (Chiusi) (Livio X 25, 11); oppure, in subordine, di *XAIRS, CAIRS «Caere, Cerveteri».- XA VETALU FUFLUNA «Chiusi Vetulonia Populonia» evidentemente sono state coniate da una lega monetaria costituita dalle tre importanti città etrusche; cfr. *TLE* 379, 792.- Per VETALU «Vetulonia» vedi iscrizione 379, 795, 796.- FUFLUNA «Populonia» è una variante di PUPLUNA delle iscrizione 357, 378, 409, 459, 789.

Iscrizione 593
(REE 55,91; su piatto; ThLE²)

MI ALIXA VELELIAS MURUIA

io (sono una) donazione di Velelia Murronia

MURUIA è priva della desinenza del genitivo in virtù della "declinazione di gruppo".

Iscrizione 594

(REE 55,128; Vs, Bolsena, su statua; ThLE² 399)

ECN TURCE AVLE HAVRNAS TUΘINA APANA SELVANSL TULARIAS

questo ha donato Aulo Haerenio per paterna protezione a Silvano Confinario

TUΘINA «tutela, protezione, patrocinio», da confrontare coi lat. *tutela, tueri* (finora privi di etimologia certa; *DELL, DELI*) e che pertanto potrebbero derivare proprio dall'etrusco (*DETR* 220, 415; *DICLE*).- APANA probabilmente «paterno-a», aggettivo derivato da APA «padre».- SELVANSL TULARIAS «di/a Silvano Confinario», cioè "protettore dei confini" (in genitivo di dedicazione).

Iscrizione 595

(REE 56,69; su bronzetto di offerente; ThLE²)

ECN TURCE PIVI PATRUS UNIAL HUINΘNAIAS

questo ha donato Pia (figlia) di Patronio a Giunone Quintinia

ECN accusativo del pronome ECA «questo-a».

Iscrizione 596

(REE 64,36; su *kylix*; ThLE²)

MI ŚURIS CAVAΘAS

io (sono) di/per Suri (e) di/per Ca(u)ta

CAVAΘAS è una delle numerose forme in cui compare il nome di quesra dea. E' in genitivo di possesso oppure di donazione.

Iscrizione 597

(REE 65-68,15; su ciotola; ThLE²)

EI MENEPI XAPE MI VENELUŚ {MI} KARKUS

non mi prendere io (sono) di Uenel Carconio

EI MENEPI XAPE compare più spesso come EI MINIPI CAPI o simili.

Iscrizione 598
(REE 65-68,73; ThLE²)

MI ZINACE VEL[ΘUR A]NCINIEŚ

*mi ha fatto Ueltur *Ancinio*

ZINACE «fece, ha fatto». Vedi ZINEKE.

Iscrizione 599

(StEtr 54, 1988, 176 - sec. IV/III)

LARΘI CILNEI LUVXUMESAL

CILNIES SEX {ARI}ARITINIAL

MEANI AR SINCE CRΘLU

M LUPU FELZNEALC NAX

UMSE PUIA ARCE ARNΘAL SPU/

RINIS CVER PUΘSCE [S]UΘU

UZR EINX SAL LUICEΦUL

UIRCE [C]ES PUIA AMCE A

VIL XXX LUPUM AVILS LXXXIII

Lartia Cilnia figlia del locumone Cilnio (e) di Aretinia /

morto (il primo marito ?) l'illustre Ar(unte) Sincio Crotalone (figlio di) M(arco)

(e) di Felsinia - dopo andò sposa sfortunata ad Arunte Spurinna

- per voto terminò (?) il monumento sepolcrale -

e non (più) giovane sposò due coniugi (?)

Di quello (ultimo) fu sposa / 30 anni e morta a 83 anni

Iscrizione su 9 righe, trascritta con grandissima cura da un uomo di cultura su una carta cinquecentesca conservata nella Biblioteca Vaticana. L'epitafio è quello di una nobildonna della famosa famiglia Cilnia di Arezzo, la quale andò sposa a due differenti mariti. La sottolineatura del secondo matrimonio non è fatta a caso, dato che Lartia Cilnia (vedi iscrizione 240) probabilmente sposò il secondo marito, Arunte Spurinna, alla avanzata età di 53 anni (morì infatti a 83, dopo 30 anni di matrimonio). Evidentemente il secondo era un matrimonio di interesse, il quale mirava a stabilire o rinsaldare i legami tra le potenti famiglie Cilnia di Arezzo e Spurinnia di Tarquinia e magari a salvaguardare grossi interessi di eredità (*DETR* 454-455).- LUVXUMESAL «del lucumone» in carica (in genitivo). Siccome però potrebbe essere al diminutivo LUVXUME-SA-L, forse potrebbe significare «vice-locumone». Vedi LUVXMESAL (*LLE* 115).- MEANI probabilmente «glorioso, famoso, illustre, splendido», aggettivo derivato da MEAN«Vittoria, Gloria».- SINCE è il gentilizio che corrisponde a quello lat. *Sincius* (*RNG*). - CRΘLU probabilmente è il *cognomen* o soprannome, col significato di «chiacchierone», che sarebbe da riportare al greco *krótalon* «sonaglio», fig. «chiacchierone».- UMSE probabilmente «sfortunato-a» (perché restò presto vedova), da connettere col lat. *ominosus* «sfortunato, sventurato» [il lat. *omen* «presagio» è di etimologia ignota (*DELL*) e pertanto potrebbe derivare proprio dall'etrusco].- PUΘSCE forse = PUΘCE (AT 1.41) significato compatibile col contesto «terminò, ha terminato» (preterito debole), da confrontare col lat. *putare* «potare, tagliare le cime».- [S]UΘU se la ricostruzione è esatta, potrebbe essere l'accrescitivo di SUΘI «sepolcro».- UZR forse «giovane» (?), da confrontare con HUZRNATRE «gioventù», HUZRNEΘI «in gioventù», HUS(I)UR «giovani», HUSRNANA «bambino».- EINX (EIN-X) «e non».- LUICEΦUL forse «coniuge, consorte» in linguaggio ricercato: oppure «matrimonio».- UIRCE forse «sposò» oppure «contrasse» (preterito forte).- AVIL XXX io emendo in questo modo il numerale, che invece la carta cinquecentesca dà come XIIII; è infatti assurdo pensare che quando la donna contrasse il suo secondo matrimonio avesse 69 anni.- Per alcuni punti della traduzione, da me tentata per la prima volta (*DETR* 454-455), io stesso ho qualche dubbio.

Iscrizione 600

Saturnia, VI sec.; su cippo funerario; ThLE²; LEE 185)

LARΘ LAUCIES ΘAMEQU LARECESI KAISERIΘESI

C[E]LENIARASI MINI [CEXASI]EΘUR KAMARTEΘI

(cippo) disposto per Lart Lucio da Larce Cerite

ai figli mi (dedicò) il sodalizio dei giudici in Camerino

ΘAMEQU probabilmente «disposto». Vedi QAMICU, QAMUCE.- Camerino era una città degli antichi *Umbri Camertes* (Livio IX 36).-[CEXASI]EQUR ricostruzione mia in base all'iscrizione Ta 5.4).-KAISERIQE(-SI) «Cerite» = «nativo od originario di Caere» in origine sarà stato un *cognomen* (caduto nel *ThLE²* 83, 209).

INDICE

Premessa 3
Abbreviazioni degli "Etruskische Texte" di Helmut Rix 5
Altre abbreviazioni 7
Avvertenze per la lettura del lessico etrusco 9
ISCRIZIONI TRADOTTE E COMMENTATE 11
Iscrizione 1 13
Iscrizione 2 14
Iscrizione 3 15
Iscrizione 4 16
Iscrizione 5 17
Iscrizione 6 18
Iscrizione 7 19
Iscrizione 8 20
Iscrizione 9 21
Iscrizione 10 22
Iscrizione 11 23
Iscrizione 12 24
Iscrizione 13 25
Iscrizione 14 26
Iscrizione 15 27
Iscrizione 16 28
Iscrizione 17 29
Iscrizione 18 30
Iscrizione 19 31
Iscrizione 20 32
Iscrizione 21 33
Iscrizione 22 34
Iscrizione 23 35
Iscrizione 24 36
Iscrizione 25 37
Iscrizione 26 38
Iscrizione 27 39

Iscrizione 28 40
Iscrizione 29 41
Iscrizione 30 42
Iscrizione 31 43
Iscrizione 32 44
Iscrizione 33 45
Iscrizione 34 46
Iscrizione 35 47
Iscrizione 36 48
Iscrizione 37 49
Iscrizione 38 50
Iscrizione 39 51
Iscrizione 40 52
Iscrizione 41 53
Iscrizione 42 54
Iscrizione 43 55
Iscrizione 44 56
Iscrizione 45 57
Iscrizione 46 58
Iscrizione 47 59
Iscrizione 48 60
Iscrizione 49 61
Iscrizione 50 62
Iscrizione 51 63
Iscrizione 52 64
Iscrizione 53 65
Iscrizione 54 66
Iscrizione 55 67
Iscrizione 56 68
Iscrizione 57 69
Iscrizione 58 70
Iscrizione 59 71
Iscrizione 60 72
Iscrizione 61 73
Iscrizione 62 74

Iscrizione 63 75
Iscrizione 64 76
Iscrizione 65 77
Iscrizione 66 78
Iscrizione 67 79
Iscrizione 68 80
Iscrizione 69 81
Iscrizione 70 82
Iscrizione 71 83
Iscrizione 72 84
Iscrizione 73 86
Iscrizione 74 87
Iscrizione 75 88
Iscrizione 76 89
Iscrizione 77 90
Iscrizione 78 91
Iscrizione 79 92
Iscrizione 80 93
Iscrizione 81 94
Iscrizione 82 96
Iscrizione 83 97
Iscrizione 84 99
Iscrizione 85 100
Iscrizione 86 102
Iscrizione 87 104
Iscrizione 88 105
Iscrizione 89 106
Iscrizione 90 107
Iscrizione 91 108
Iscrizione 92 109
Iscrizione 93 110
Iscrizione 94 111
Iscrizione 95 112
Iscrizione 96 113
Iscrizione 97 114

Iscrizione 98	115
Iscrizione 99	116
Iscrizione 100	117
Iscrizione 101	118
Iscrizione 102	119
Iscrizione 103	120
Iscrizione 104	121
Iscrizione 105	122
Iscrizione 106	123
Iscrizione 107	124
Iscrizione 108	125
Iscrizione 109	126
Iscrizione 110	127
Iscrizione 111	128
Iscrizione 112	129
Iscrizione 113	130
Iscrizione 114	131
Iscrizione 115	134
Iscrizione 116	135
Iscrizione 117	136
Iscrizione 118	137
Iscrizione 119	138
Iscrizione 120	139
Iscrizione 121	140
Iscrizione 122	141
Iscrizione 123	142
Iscrizione 124	143
Iscrizione 125	144
Iscrizione 126	145
Iscrizione 127	146
Iscrizione 128	147
Iscrizione 129	148
Iscrizione 130	149
Iscrizione 131	150
Iscrizione 132	151

Iscrizione 133 152
Iscrizione 134 153
Iscrizione 135 154
Iscrizione 136 155
Iscrizione 137 156
Iscrizione 138 157
Iscrizione 139 158
Iscrizione 140 159
Iscrizione 141 160
Iscrizione 142 161
Iscrizione 143 162
Iscrizione 144 163
Iscrizione 145 164
Iscrizione 146 165
Iscrizione 147 166
Iscrizione 148 167
Iscrizione 149 168
Iscrizione 150 169
Iscrizione 151 170
Iscrizione 152 171
Iscrizione 153 172
Iscrizione 154 173
Iscrizione 155 174
Iscrizione 156 175
Iscrizione 157 176
Iscrizione 158 177
Iscrizione 159 178
Iscrizione 160 179
Iscrizione 161 180
Iscrizione 162 181
Iscrizione 163 182
Iscrizione 164 183
Iscrizione 165 184
Iscrizione 166 185
Iscrizione 167 186

Iscrizione 168 187
Iscrizione 169 188
Iscrizione 170 189
Iscrizione 171 190
Iscrizione 172 191
Iscrizione 173 192
Iscrizione 174 193
Iscrizione 175 194
Iscrizione 176 195
Iscrizione 177 197
Iscrizione 178 198
Iscrizione 179 199
Iscrizione 180 200
Iscrizione 181 201
Iscrizione 182 202
Iscrizione 183 203
Iscrizione 184 204
Iscrizione 185 205
Iscrizione 186 206
Iscrizione 187 207
Iscrizione 188 208
Iscrizione 189 209
Iscrizione 190 210
Iscrizione 191 211
Iscrizione 192 212
Iscrizione 193 213
Iscrizione 194 214
Iscrizione 195 215
Iscrizione 196 216
Iscrizione 197 217
Iscrizione 198 218
Iscrizione 199 219
Iscrizione 200 220
Iscrizione 201 221
Iscrizione 202 222

Iscrizione 203 223
Iscrizione 204 224
Iscrizione 205 225
Iscrizione 206 226
Iscrizione 207 227
Iscrizione 208 228
Iscrizione 209 229
Iscrizione 210 230
Iscrizione 211 231
Iscrizione 212 232
Iscrizione 213 233
Iscrizione 214 234
Iscrizione 215 235
Iscrizione 216 236
Iscrizione 217 237
Iscrizione 218 238
Iscrizione 219 239
Iscrizione 220 240
Iscrizione 221 241
Iscrizione 222 242
Iscrizione 223 243
Iscrizione 224 244
Iscrizione 225 245
Iscrizione 226 246
Iscrizione 227 247
Iscrizione 228 248
Iscrizione 229 249
Iscrizione 230 250
Iscrizione 231 251
Iscrizione 232 252
Iscrizione 233 253
Iscrizione 234 254
Iscrizione 235 255
Iscrizione 236 256
Iscrizione 237 257

Iscrizione 238	258
Iscrizione 239	259
Iscrizione 240	260
Iscrizione 241	261
Iscrizione 242	262
Iscrizione 243	264
Iscrizione 244	265
Iscrizione 245	266
Iscrizione 246	267
Iscrizione 247	268
Iscrizione 248	269
Iscrizione 249	270
Iscrizione 250	271
Iscrizione 251	272
Iscrizione 252	273
Iscrizione 253	274
Iscrizione 254	275
Iscrizione 255	276
Iscrizione 256	277
Iscrizione 257	278
Iscrizione 258	279
Iscrizione 259	280
Iscrizione 260	281
Iscrizione 261	283
Iscrizione 262	284
Iscrizione 263	285
Iscrizione 264	287
Iscrizione 265	288
Iscrizione 266	289
Iscrizione 267	290
Iscrizione 268	291
Iscrizione 269	294
Iscrizione 270	295
Iscrizione 271	296
Iscrizione 272	297

Iscrizione 273	298
Iscrizione 274	299
Iscrizione 275	300
Iscrizione 276	301
Iscrizione 277	302
Iscrizione 278	304
Iscrizione 279	305
Iscrizione 280	306
Iscrizione 281	307
Iscrizione 282	308
Iscrizione 283	309
Iscrizione 284	310
Iscrizione 285	311
Iscrizione 286	312
Iscrizione 287	313
Iscrizione 288	314
Iscrizione 289	315
Iscrizione 290	316
Iscrizione 291	317
Iscrizione 292	318
Iscrizione 293	319
Iscrizione 294	320
Iscrizione 295	321
Iscrizione 296	322
Iscrizione 297	323
Iscrizione 298	324
Iscrizione 299	325
Iscrizione 300	326
Iscrizione 301	327
Iscrizione 302	328
Iscrizione 303	329
Iscrizione 304	330
Iscrizione 305	331
Iscrizione 306	332
Iscrizione 307	333

Iscrizione 308	334
Iscrizione 309	335
Iscrizione 310	336
Iscrizione 311	337
Iscrizione 312	338
Iscrizione 313	339
Iscrizione 314	340
Iscrizione 315	341
Iscrizione 316	342
Iscrizione 317	343
Iscrizione 318	344
Iscrizione 319	345
Iscrizione 320	346
Iscrizione 321	347
Iscrizione 322	348
Iscrizione 323	349
Iscrizione 324	350
Iscrizione 325	351
Iscrizione 326	352
Iscrizione 327	353
Iscrizione 328	354
Iscrizione 329	355
Iscrizione 330	356
Iscrizione 331	357
Iscrizione 332	358
Iscrizione 333	359
Iscrizione 334	360
Iscrizione 335	361
Iscrizione 336	362
Iscrizione 337	363
Iscrizione 338	364
Iscrizione 339	365
Iscrizione 340	366
Iscrizione 341	367
Iscrizione 342	368

Iscrizione 343 369
Iscrizione 344 370
Iscrizione 345 371
Iscrizione 346 373
Iscrizione 347 374
Iscrizione 348 375
Iscrizione 349 376
Iscrizione 350 377
Iscrizione 351 378
Iscrizione 352 379
Iscrizione 353 380
Iscrizione 354 381
Iscrizione 355 383
Iscrizione 356 384
Iscrizione 357 385
Iscrizione 358 386
Iscrizione 359 387
Iscrizione 360 388
Iscrizione 361 389
Iscrizione 362 390
Iscrizione 363 391
Iscrizione 364 392
Iscrizione 365 393
Iscrizione 366 394
Iscrizione 367 395
Iscrizione 368 397
Iscrizione 369 398
Iscrizione 370 399
Iscrizione 371 400
Iscrizione 372 401
Iscrizione 373 402
Iscrizione 374 403
Iscrizione 375 404
Iscrizione 376 405
Iscrizione 377 406

Iscrizione 378	407
Iscrizione 379	408
Iscrizione 380	409
Iscrizione 381	410
Iscrizione 382	411
Iscrizione 383	412
Iscrizione 384	413
Iscrizione 385	414
Iscrizione 386	415
Iscrizione 387	416
Iscrizione 388	417
Iscrizione 389	418
Iscrizione 390	419
Iscrizione 391	420
Iscrizione 392	421
Iscrizione 393	422
Iscrizione 394	423
Iscrizione 395	424
Iscrizione 396	425
Iscrizione 397	426
Iscrizione 398	427
Iscrizione 399	428
Iscrizione 400	429
Iscrizione 401	430
Iscrizione 402	431
Iscrizione 403	432
Iscrizione 404	433
Iscrizione 405	435
Iscrizione 406	436
Iscrizione 407	437
Iscrizione 408	439
Iscrizione 409	440
Iscrizione 410	441
Iscrizione 411	442
Iscrizione 412	443

Iscrizione 413 444
Iscrizione 414 445
Iscrizione 415 446
Iscrizione 416 447
Iscrizione 417 448
Iscrizione 418 449
Iscrizione 419 450
Iscrizione 420 451
Iscrizione 421 452
Iscrizione 422 453
Iscrizione 423 454
Iscrizione 424 455
Iscrizione 425 456
Iscrizione 426 457
Iscrizione 427 458
Iscrizione 428 459
Iscrizione 429 460
Iscrizione 430 461
Iscrizione 431 462
Iscrizione 432 463
Iscrizione 433 464
Iscrizione 434 465
Iscrizione 435 466
Iscrizione 436 467
Iscrizione 437 469
Iscrizione 438 470
Iscrizione 439 471
Iscrizione 440 472
Iscrizione 441 473
Iscrizione 442 474
Iscrizione 443 475
Iscrizione 444 476
Iscrizione 445 477
Iscrizione 446 478
Iscrizione 447 479

Iscrizione 448	480
Iscrizione 449	481
Iscrizione 450	482
Iscrizione 451	483
Iscrizione 452	484
Iscrizione 453	485
Iscrizione 454	486
Iscrizione 455	487
Iscrizione 456	488
Iscrizione 457	489
Iscrizione 458	490
Iscrizione 459	491
Iscrizione 460	492
Iscrizione 461	493
Iscrizione 462	494
Iscrizione 463	495
Iscrizione 464	496
Iscrizione 465	497
Iscrizione 466	498
Iscrizione 467	499
Iscrizione 468	500
Iscrizione 469	501
Iscrizione 470	502
Iscrizione 471	503
Iscrizione 472	504
Iscrizione 473	505
Iscrizione 474	506
Iscrizione 475	507
Iscrizione 476	508
Iscrizione 477	509
Iscrizione 478	510
Iscrizione 479	511
Iscrizione 480	512
Iscrizione 481	513
Iscrizione 482	514

Iscrizione 483	515
Iscrizione 484	516
Iscrizione 485	517
Iscrizione 486	518
Iscrizione 487	519
Iscrizione 488	520
Iscrizione 489	521
Iscrizione 490	522
Iscrizione 491	523
Iscrizione 492	524
Iscrizione 493	525
Iscrizione 494	526
Iscrizione 495	527
Iscrizione 496	528
Iscrizione 497	529
Iscrizione 498	530
Iscrizione 499	531
Iscrizione 500	532
Iscrizione 501	533
Iscrizione 502	534
Iscrizione 503	535
Iscrizione 504	536
Iscrizione 505	537
Iscrizione 506	538
Iscrizione 507	539
Iscrizione 508	541
Iscrizione 509	542
Iscrizione 510	543
Iscrizione 511	544
Iscrizione 512	545
Iscrizione 513	546
Iscrizione 514	547
Iscrizione 515	548
Iscrizione 516	549
Iscrizione 517	550

Iscrizione 518	551
Iscrizione 519	552
Iscrizione 520	553
Iscrizione 521	554
Iscrizione 522	555
Iscrizione 523	556
Iscrizione 524	558
Iscrizione 525	559
Iscrizione 526	560
Iscrizione 527	561
Iscrizione 528	562
Iscrizione 529	563
Iscrizione 530	564
Iscrizione 531	565
Iscrizione 532	566
Iscrizione 533	567
Iscrizione 534	568
Iscrizione 535	569
Iscrizione 536	570
Iscrizione 537	571
Iscrizione 538	572
Iscrizione 539	573
Iscrizione 540	574
Iscrizione 541	575
Iscrizione 542	576
Iscrizione 543	577
Iscrizione 544	578
Iscrizione 545	579
Iscrizione 546	580
Iscrizione 547	581
Iscrizione 548	582
Iscrizione 549	583
Iscrizione 550	584
Iscrizione 551	585
Iscrizione 552	586

Iscrizione 553	587
Iscrizione 554	588
Iscrizione 555	589
Iscrizione 556	590
Iscrizione 557	591
Iscrizione 558	592
Iscrizione 559	593
Iscrizione 560	594
Iscrizione 561	595
Iscrizione 562	596
Iscrizione 563	597
Iscrizione 564	598
Iscrizione 565	599
Iscrizione 566	600
Iscrizione 567	601
Iscrizione 568	602
Iscrizione 569	603
Iscrizione 570	604
Iscrizione 571	605
Iscrizione 572	606
Iscrizione 573	607
Iscrizione 574	608
Iscrizione 575	609
Iscrizione 576	610
Iscrizione 577	611
Iscrizione 578	612
Iscrizione 579	613
Iscrizione 580	614
Iscrizione 581	615
Iscrizione 582	616
Iscrizione 583	617
Iscrizione 584	618
Iscrizione 585	619
Iscrizione 586	620
Iscrizione 587	621

Iscrizione 588 622
Iscrizione 589 623
Iscrizione 590 624
Iscrizione 591 625
Iscrizione 592 626
Iscrizione 593 627
Iscrizione 594 628
Iscrizione 595 629
Iscrizione 596 630
Iscrizione 597 631
Iscrizione 598 632
Iscrizione 599 633
Iscrizione 600 636
INDICE 637
Bibliografia essenziale con sigle 655
Opere scientifiche di Massimo Pittau.......................657

Bibliografia essenziale con sigle

AEI Devoto G., *Avviamento alla etimologia italiana*, Firenze 1968².
CIE *Corpus Inscriptionum Etruscarum*.
CII *Corpus Inscriptionum Italicarum*.
CIL *Corpus Inscriptionum Latinarum*, Berolini 1862 ....
DEI Battisti C. - Alessio G., *Dizionario Etimologico Italiano*, I-V, Firenze 1950-1957.
DELG Chantraine P., *Dictionnaire Étymologique de la Langue Grecque - Histoire des mots*, I-II, Paris 1968-1980.
DELI Cortelazzo M. - Zolli P., *Dizionario Etimologico della Lingua Italiana*, I-V, Bologna 1979-1988; *DELI²* II ediz. a cura di M. Cortelazzo e M. A. Cortelazzo, col soprattitolo *Il nuovo etimologico*, 1999.
DELL Ernout A. Meillet A., *Dictionnaire Étymologique de la Langue Latine*, IV édit., IV tirage, Paris 1985.
DETR Pittau M., *Dizionario della Lingua Etrusca*, Sassari 2005 (Libreria Koinè).
DICLE Pittau M., *Dizionario Comparativo Latino-Etrusco*, Sassari 2009, EDES (Libreria Koinè).
ESL Breyer G., *Etruskisches Sprachgut im Lateinischen unter Ausschluss des Spezifisch Onomastischen Bereiches*, Leuven 1993.
ET Rix H., *Etruskische Texte, Editio Minor, I Einleitung, Konkordanz, Indices; II Texte*, Tübingen 1991.
Etim Nocentini A., *l'Etimologico*, Firenze 2010, Le Monnier.
GDLI Battaglia S., *Grande Dizionario della Lingua Italiana*, I-XXI, Torino 1961-2002.
GEW Frisk H., *Griechisches Etymologisches Wörterbuch*, I-III, II ediz., Heidelberg 1973.
GTLE Pittau M., *I grandi testi della Lingua Etrusca tradotti e commentati*, Sassari 2010, C. Delfino editore.
LEGL Pittau M., *La Lingua Etrusca - grammatica e lessico*, Nùoro 1997 (Libreria Koinè Sassari).
LELN Pittau M., *Lessico Etrusco-Latino comparato col Nuragico*, Sassari 1984 (Libreria Dessì, Sassari).

LEN Schulze W., *Zur Geschichte Lateinischer Eigennamen* (1904) - Mit einer Berichtigungsliste zur Neuausgabe von Olli Salomies, Zürich-Hildesheim 1991.
LEW Walde A.& Hofmann J. B., *Lateinisches Etymologisches Wörterbuch*, I-III, Heidelberg 1938, 1954, 1956.
LIOE Pittau M., *Lessico italiano di origine etrusca – 407 appellativi 207 toponimi*, Roma 2012, Società Editrice Romana (Libreria Koinè Sassari).
LISNE Pittau M., *La lingua dei Sardi Nuragici e degli Etruschi*, Sassari 1981.
LLE Pittau M., *Lessico della Lingua Etrusca – appellativi antroponimi toponimi,* Roma, Società Editrice Romana, 2012.
NRIE Buffa M., *Nuova raccolta di iscrizioni etrusche*, Firenze 1935, Rinascimento del Libro.
REE *Rivista di Epigrafia Etrusca*, pubblicata nella rivista «Studi Etruschi».
REW Meyer-Lübke W., *Romanisches Etymologisches Wörterbuch*, III Auflage, Heidelberg 1935.
RNG Solin H. & Salomies O., *Repertorium nominum gentilium et cognominum Latinorum*, Hildesheim-Zürig-New York 1988.
StEtr Rivista «Studi Etruschi», Firenze 1927....
TCL Pittau M., *Tabula Cortonensis - Lamine di Pirgi e altri testi etruschi tradotti e commentati*, Sassari 2000 (Libreria Koinè).
TETC Pittau M., *Testi Etruschi tradotti e commentati - con vocabolario*, Roma 1990, Bulzoni Editore.
ThLE *Thesaurus Linguae Etruscae*, I Indice lessicale, Roma 1978; I Supplemento, 1984; Ordinamento inverso dei lemmi, 1985; II Supplemento, 1991; III Supplemento, 1998.
ThLE² II edizione, Pisa-Roma 2009.
ThLL *Thesaurus Linguae Latinae*, Lipsiae MDCCCC...
TLE Pallottino M., *Testimonia Linguae Etruscae*, II ediz., Firenze 1968.
TIOE Pittau M., *Toponimi Italiani di origine etrusca*, Sassari 2006, *Magnum Edizioni* (Libreria Koinè).

Opere scientifiche di Massimo Pittau

Questioni di linguistica sarda, Pisa 1956.
Il dialetto di Nùoro, Bologna 1956.
Il linguaggio - i fondamenti filosofici, Brescia 1957.
Studi sardi di linguistica e storia, Pisa 1958.
Filosofia e linguaggio, Pisa 1962.
Problemi di filosofia del linguaggio, Cagliari 1967.
Lingua e civiltà di Sardegna, 1ª serie, Cagliari 1970.
Aristotele, La Poetica, introduzione, testo critico greco, traduzione e commento, Palermo 1972, Palumbo Editore.
Grammatica del sardo-nuorese, Bologna, 2ª ediz. 1972, 5ª ristampa 1986.
Problemi di lingua sarda, Sassari 1975.
La Sardegna Nuragica, Sassari 1977, 5ª ristampa 1988; II ediz. riveduta e aggiornata, Cagliari 2006, Edizioni della Torre.
Pronunzia e scrittura del sardo-logudorese, Sassari 1978.
La lingua dei Sardi Nuragici e degli Etruschi, Sassari 1981.
Lessico etrusco-latino comparato col nuragico, Sassari 1984.
I Cognomi della Sardegna - significato e origine, Sassari, 1990, 2ª ristampa 2003.
Testi etruschi tradotti e commentati - con vocabolario, Roma 1990.
Grammatica della Lingua Sarda - varietà logudorese, Sassari 1991.
Ulisse e Nausica in Sardegna, Nùoro 1994.
L'origine di Nùgoro - i toponimi della città e del suo territorio, Nùoro 1995.
Origine e parentela dei Sardi e degli Etruschi - saggio storico-linguistico, Sassari 1995.
La Lingua Etrusca - grammatica e lessico, Nùoro 1997 (Libreria Koinè Sassari).
I nomi di paesi città regioni monti e fiumi della Sardegna - significato e origine, Cagliari 1997, 1ª ristampa, 2004.
Tabula Cortonensis - Lamine di Pirgi e altri testi etruschi tradotti e commentati, Sassari 2000 (Koinè).

Dizionario della Lingua Sarda - fraseologico ed etimologico, 2 voll., Cagliari, 2000, 2003.
La Lingua Sardiana o dei Protosardi, Cagliari 2001, Ettore Gasperini Editore.
Vocabolario della Lingua Sarda, Cagliari 2002 (Libreria Koinè Sassari).
Lingua e civiltà di Sardegna (II), Cagliari 2004, Edizioni della Torre.
Grammatica del Sardo Illustre, Sassari 2005, C. Delfino Editore.
Dizionario della Lingua Etrusca, Sassari 2005 (Koinè).
Dizionario dei Cognomi di Sardegna, 3 voll., Cagliari 2006.
Toponimi Italiani di origine etrusca, Sassari 2006.
La Sardegna Nuragica, 2ª ediz. riveduta e aggiornata, Cagliari 2006, Edizioni della Torre.
Storia dei Sardi Nuragici, Selargius 2007 (Koinè Sassari).
Il Sardus Pater e i Guerrieri di Monte Prama, Sassari 2008, 2ª ediz. ampliata e migliorata 2009, Editrice Democratica Sarda.
Dizionario Comparativo Latino-Etrusco, Sassari 2009 (Koinè).
I toponimi della Sardegna – Significato e origine, II Sardegna centrale, Sassari 2011, Editrice Democratica Sarda.
I grandi testi della Lingua Etrusca - tradotti e commentati, Sassari 2011, C. Delfino Editore.
Gli antichi Sardi fra i "Popoli del Mare", Selargius (CA) 2011, ediz. *Domus de Janas*.
Lessico italiano di origine etrusca – 407 appellativi 207 toponimi, Roma 2012, Società Editrice Romana (Koinè Sassari).
Lessico della Lingua Etrusca – appellativi antroponimi toponimi, Roma, Società Editrice Romana, 2013 (Koinè Sassari).
600 Iscrizioni Etrusche – tradotte e commentate, edizione digitale Ipazia Books, 2013 (Amazon).
Nuovo Vocabolario della Lingua Sarda – fraseologico ed etimologico, Domus de Janas, Selargius (CA)2014 (anche in edizione digitale; Amazon).
Luoghi e toponimi della Sardegna, edizione digitale Ipazia Books, 2015 (Amazon).

Credenze religiose degli antichi Sardi, Cagliari 2016, Edizioni della Torre.
Studi sulla Lingua Etrusca, edizione digitale Ipazia Books, 2016 (Amazon).
Luoghi e toponimi della Sardegna, edizione digitale Ipazia Books, 2015 (Amazon).
Toponimi Toscani di origine etrusca, edizione digitale Ipazia Books, 2016 (Amazon).
Nomi di Luogo etruschi o etrusco-latini in Italia Settentrionale, edizione digitale Ipazia Books, 2016 (Amazon).
L'espansione coloniale dei Sardi Nuragici, Nùoro 2017, edit. Atlantide.
Il Liber Ritualis *della Mummia di Zagabria*, III edizione riveduta e ampliata, IPAZIA Books 2017 (edizione digitale Amazon).
I Sardi Tirreni dominatori del Mediterraneo, IPAZIA Books 2017 (edizione digitale Amazon).

Ipazia Books
All Rights Reserved, MMXVIII

Printed by Amazon Italia Logistica S.r.l.
Torrazza Piemonte (TO), Italy